歌人源頼政とその周辺

中村文 編

青簡舎

序　言

二〇一六年春、頼政集輪読会が注釈作業を終え、『頼政集新注　下』の校正に入った頃、兼築信行から頼政やその和歌に関わる論考を集めて論集を作ってはどうかとの企画が提案された。兼築は辣腕を発揮して多くの研究者に寄稿を依頼し、ここに立派な一書が編まれることとなった。貴重な研究成果を寄せられた執筆者各位と、企画立案および編集の実際を担った兼築信行に、心より感謝の意を表したい。

本論集は、平安時代後期に活動した歌人源頼政とその家集や詠作などに関わる論考を収める。頼政は清和源氏の家系に生まれ、治承四年（一一八〇）に以仁王と共に平家討伐の兵を挙げた人物である。京武者としてのその生涯は、日本史上においても、また軍記物語の世界においても重要で、大きな問題を今も投げかけ続けている。本論集に収める十五篇も考察の方向性は多岐にわたるので、これを四部に分かち収載することとした。

Ⅰ「歴史の中の源頼政」には、内乱期にあって頼政とその一族がどのような位置を占め、あるいは、どのような存在として捉えられていたのかに関する論考三篇を収める。

永井晋「武家の棟梁摂津源氏の終焉」は、以仁王事件を生き延びた頼政の一族や家人のその後を追跡する。治承・寿永の内乱期に頼政郎党が御家人として頼朝の傘下に吸収されていく動向を示して、頼政息男の頼兼や嫡孫有綱が武士の棟梁の地位を回復しえなかった背景を明らかにする。

櫻井陽子「『平家物語』の源頼政」は、『平家物語』が頼政をどう描こうとしたかを論じる。頼政が登場する「御輿振」の段の虚構性について検討し、同じく歌人としての側面を描く忠盛や忠度の叙述と比較して、謀叛を起こした武士として描くことが目指されながら、武勲の少なさゆえに歌人としての要素がより多く描かれることになったとする。

北條暁子「後白河院の皇統意識―康和例を先例とした安徳誕生四日目の御幸―」は、誕生後四日目の言仁親王（安徳天皇）の許に御幸した後白河院の意図を探る。「不快」の例である鳥羽天皇誕生時の白河院御幸（康和例）に敢えて則ることで、「白河―堀河―鳥羽」に正統に連なる直系皇統として「後白河―高倉―安徳」を位置づけようとしたと論じる。

Ⅱ「和歌の〈場〉の展開」には、頼政の加わった和歌行事や、彼の詠作活動が後世にどう波及するかに関する論考四篇を収める。

家永香織「「法輪百首」考」は、頼政が父仲正と共に詠んだ「法輪百首」について検討する。歌題の特徴から百首歌としての特質を探り、催しの背景には父子共々官途に恵まれない不遇感が存したことを指摘する。また、仲正・頼政それぞれの表現上の特徴を分析し、新奇な表現の背景にある詠歌史にも言及する。

藏中さやか「後白河院供花会歌会小考―家集詞書の記載から―」は、後白河院が即位以前から催し、『頼政集』にもその詠が残る供花会歌会を取り上げる。供花会の記録および同歌会の詠を集成し、新たに忠度・教長・清輔が参加した可能性を指摘、院に親昵する官人層と当代代表歌人が交流する和歌の場であったことを論じ、歌題の流通にも言及する。

久保木秀夫「源頼政「木の間より」詠と『西行物語』」は、頼政の秀歌「住吉の松の木間より見渡せば月落ちかかる淡路島山」をめぐる論考である。後世の歌書類で難ぜられる「木の間より」の表現が同時代歌人の詠にしばしば見えること、また他文献には多く腰句「ながむれば」の形で載り、『西行物語』にも形態上の変奏を示しつつ引かれることを指摘する。

渡邉裕美子「『新和歌集』からみた宇都宮歌壇」は、頼政もその先駆けとなった武家の和歌活動の、鎌倉期地方都市における一結実たる「宇都宮歌壇」の実態と背景を探る。『新和歌集』詞書に見える和歌行事を検討、宇都宮氏紐帯のシンボルである宇都宮神宮寺における和歌行事やその出詠者の検討等も併せて同歌壇の構成や性格を論じる。

Ⅲ「頼政をめぐる歌人たち」には、頼政との交流が家集等から明らかな歌人に関わる論考四篇を収める。

日下力「源頼政の挙兵と歌世界」は、反平家貴族であった源資賢との間の人的繋がりを追い、藤原惟方や小侍従の家集に頼政への追憶を読みとる。また、頼政晩年の姿に接した藤原実家との贈答から、頼政が家集に残した病や老いの意識に言及し、死を親しく感じる老齢期に編纂された家集に見られる、自身の生涯の、特に恋愛生活について総括する姿勢を指摘する。

芦田耕一「『清輔集』にみる源頼政」は、同時代をともに歌界の重鎮として生き、親密でもあった清輔と頼政が、各々の家集で互いをどう捉えているのか検証する。清輔は私撰集等において頼政を評価する一方で、家集においては、二人の贈答四組を収める『頼政集』とは対照的に、『清輔集』が頼政への贈歌一首を宛名も明示せず収めるのみであることに注視し、清輔の意識を読み取る。

穴井潤「『入道大納言資賢集』の編纂意識をめぐって―源頼政との贈答歌群を中心に―」は、後白河院司で院の今様の師でもあった源資賢に焦点を当てる。資賢の履歴や家集の性格を明らかにした上で、以仁王事件の直前に交わされた頼政との贈答について検討し、当時の社会状況と関わらせながら、当該贈答に政治的意図が隠されていた可能性を論じる。

野本瑠美「源頼政と藤原惟方—『粟田口別当入道集』を中心に—」は、親密な交流が双方の家集に書き留められる頼政と惟方について、詞書や収載の形態の相違等に留意しつつ贈答の読解を試み、二人が互いを家集内にどう定位しようとしたのかを論じる。また、惟方が家集に留めようとした人生の節目から、彼が描こうとした自画像を読み取る。

Ⅳ「『頼政集』をめぐって」には、『頼政集』の伝本や内部の構造、また収載歌について考察した論考四篇を収める。

中村文「禁裏本系『頼政集』伝本群の再検討」は、二系統に大別される『頼政集』伝本のうち、宮内庁書陵部蔵桂宮本など禁裏周辺での書写が明らかな伝本群と同じ特徴を持つⅠ類本（禁裏本系）十三本の調査結果を紹介する。Ⅰ類本がさらに二群三種に分類できることを示し、中間的位相の伝本群が、二系統に枝分かれした地点の推定に資する可能性を指摘する。

小林賢太「『頼政集』恋部の構想—『伊勢物語』への意識を軸に—」は、当集に大きな比重を占める恋部について、女から詠みかける恋愛贈答に着目し、豊かな恋の諸相を描こうとした意図を読み取る。さらに、恋部の配列が恋愛の時間的推移ではなく人生の時系列に従うことを指摘し、『伊勢物語』との類比とも併せて、恋部が人生の縮図として構想されたと論じる。

安井重雄「「扇のつまを折りて」和歌を書きつけるということ—頼政集三六・三七番の贈答歌補説—」は、『頼政集』に見える内裏女房との贈答に付された詞書への疑問から、「扇のつま（はし）」を折る例を和歌・散文作品から集成して、その振る舞いの具体相を明らかにし、桜の時期の大内裏において注目を浴びる存在であった頼政に対する女房の心情を読み取る。

兼築信行「『頼政集』の女性たち」は、当集に多数見える女性たちとの恋愛贈答を集成・検討し、恋歌の比重の高さと併せて、「恋する頼政」像を定位しようとする意図を読み取り、家集巻軸に女性との濃密な離別贈答が配される理由を考察する。また、詞書の人物呼称を精査し、「恋する頼政」像の最初の読者として藤原実家が想定されていた可能性を指摘する。

以上紹介してきた通り、本論集には頼政という一人の人物を起点としながらも、文学と歴史の多様で豊穣な世界が繰り広げられている。頼政自身の多面性や、その詠作や家集に籠められた意図の解きほぐしにくさ、あるいは彼が生きた動乱期の時代相等にもよるのではあるだろうが、何より論考を寄せてくださった方々の熱意と意識が、頼政をめぐる問題群をより掘り下げ押し広げているのである。頼政とその生きた時代とが次々に違う表情で立ち現われ、論と論が呼応し合って、あたかも紙上に展開されるシンポジウムに立ち会うかのごとき、愉楽に満ちた論集の成ったことを、心よりの喜びとし、執筆者各位に深く感謝したい。

本論集には私の退職記念を冠してくださった。それにも関わらず、先輩研究者の皆さまをはじめ、研究会の多くの仲間が賛同し寄稿してくださったことに幾重にも御礼を申し述べたい。論考中に私の研究生活に対する配慮が密やかに鏤められてあるのにも心衝かれる思いである。本論集に寄せられた各論考を読み、『頼政集新注　下』の「解説」に示した私の頼政理解に多くの見落としや考えの及ばなかった点が残っていることに気づかされた。間もなく、大学の専任職は去ることになるが、今後も研究は続けるよう、この論集が背中を強く押してくれたように思う。感謝の気持を抱いて新たな道を歩み出したい。

二〇一九年三月

中村　文

歌人源頼政とその周辺　目次

I　歴史の中の源頼政

武家の棟梁摂津源氏の終焉

永井　晋

はじめに

治承寿永の内乱が始まった時、源頼政は院政期の洛中警固で成立した源平並立のバランスのもとで、平氏一門と共に洛中警固の任にあたる武家源氏の筆頭を勤めた(1)。武家としての源頼政は大内守護を勤める摂津源氏の庶流にすぎないが、従三位の位階に昇った非参議公卿であり、歌人として公家と交わることで、宮廷社会における武家源氏の筆頭として認められていた。摂津源氏の嫡流は多田行綱で、後白河院に仕える院の武者として京都で活動し、六位蔵人を勤めて従五位下に昇る「蔵人大夫」を通称としていた。公卿の位階まで昇った頼政と、五位の諸大夫で昇進が頭打ちになった多田行綱では、身分の差は歴然としていた。それと共に、源頼政は、西は因幡から東は下総まで規模は小さいが広域に家人を抱える武家の棟梁に成長していた(2)。身分においても、傘下にいる家人の実力においても、源頼政は嫡流の多田行綱を超えていた。

ところが、治承寿永の内乱を生き残って大内守護に復帰した源頼政の子頼兼は、京の武者として洛中で活動を再開したものの、父頼政が率いていた家人の多くは鎌倉幕府の御家人に吸収されていた。それは、内乱の間に源頼政の家が武家の棟梁の地位を失っていたことを意味していた。

この変化の根底にあるものを確認するため、本稿は治承寿永内乱期の摂津源氏とその家人の動向を追跡し、摂津源氏が京の武者として復活することはできたが、内乱以前に率いていた家人の集団が解体していく理由を明らかにしたいと考える。

なお、治承四年の以仁王挙兵とよばれる事件については、拙稿「以仁王事件の諸段階─嗷訴から挙兵への段階的発展─」（『鎌倉遺文研究』三六号、二〇一五年）で、以仁王には挙兵の意思がなく、平氏政権の追捕に対抗するために企てていた園城寺の嗷訴が予想を超えて反乱へと発展してしまった経緯を述べている。本稿が扱う課題の前段として、お読みいただければ幸甚である。

一　治承四年の宇治川合戦

治承四年五月二十六日、高倉宮以仁王は延暦寺が園城寺を焼き打ちすることを決定したとの情報を受け、園城寺を脱出して興福寺に向かおうとした。この時に通過した道筋は『平家物語』諸本に記されていて、現在も頼政道とよばれる古道の伝承が残っている(3)。

源頼政は、園城寺から興福寺に向かう以仁王一行を討つために派遣された追討使の足を止めるべく、以仁王に護衛をつけて先行させ、自らは宇治の平等院を本陣として追討使を待ち構えた。頼政と共に平等院に籠もった人々も、以仁王が興福寺に入るまでの時間稼ぎが目的なので、ここを死に場所と定めていたわけではなかった(4)。

まず、延慶本・長門本『平家物語』等の記述に従って戦いの展開を確認していこう。源頼政の軍勢は、合戦の準備として宇治橋の橋桁をハズして橋には骨組みのみを残した。騎馬武者は駆け抜けることができないので、下馬して戦わなければならない。徒歩の合戦になると、武者の太刀よりも、大衆（僧兵）が持つ柄の長い長刀の方が遠くから攻撃できるので、橋上の合戦は大衆が有利になる。また、橋桁をハズされたため矢を射られても回避することが難しい。戦場を橋の真ん中で徒歩で戦う人々は、眼前の敵の背後から支援の弓射をする人々の矢を浴び続けることになる。戦場を橋の周辺に限定されたため、一度に多くの人が橋を渡ることができないのも、制約となっていた。宇治橋を突破しようとする限り、頼政は防御側が圧倒的に有利な条件を造りだしていた。ただ、源頼政の軍勢は事態の急変によって駆けつけられる人が集まっただけの人数なので、頼政が合戦の準備をして集めることのできる総兵力ではない。園城寺に集まった軍勢は、合流した延暦寺・園城寺の大衆（僧兵）を合わせても五十余騎に過ぎなかった。(5)

追討使の第一陣は頼政の策にはまり、宇治橋の上で小競り合い程度の合戦を延々としたので、第二陣がしびれをきらして前進を始めたことから宇治橋周辺で渋滞が起きた。この時、平氏の陣営にいた足利忠綱がこの程度の川は馬筏を組んで渡ればよいと、家人や秀郷流藤原氏諸家の軍勢を率いて渡河を行った。彼らは、坂東で利根川の渡河に馴れていたので一気に押し渡り、騎馬武者が主導権を握る野戦へと持ち込んだ。足利忠綱に続いて、多くの軍勢が馬筏で渡河したことで、この合戦の勝敗は決した。騎馬武者が主役となる戦いは数と速度が勝負であり、頼政の軍勢は分断された状態になった。多くの大衆（歩兵）を多く含んでいること、宇治川を挟んだ弓戦の構えをしていたことから、騎馬武者への対応ができていなかった。平等院に陣取った人々は、もはや陣地を守って戦う術を失っている。

追討使の側では、飛騨判官景高が「宮は、さきたたせ給ひぬ」（長門本『平家物語』）と、頼政が以仁王を落とすために宇治橋に陣を敷いていることに気付き、頼政と戦っている本隊を離れて興福寺に向けて軍勢を走らせた。この軍勢が以仁王に追いついて、討ち取ることになる。

頼政は、南都への脱出を考えて残兵をまとめ、畿内の地理に詳しい渡辺党の人々を前陣として、仲綱・兼綱を伴って軍勢を南下させた。源兼綱は「父ヲ延サムトテ、引返々々、戦ケリ」（延慶本『平家物語』第二中「宮南都へ落給事、付宇治ニテ合戦事」）と源頼政が南都に脱出する時間を稼ごうと踏みとどまり、深手を負った。自害したのか、討死したのかは『平家物語』諸本によって異なるので断定しがたい。頼政の嫡子仲綱も、この南下の戦いで討死している。

源頼政は平等院を脱出することには成功したが、退却の途中で膝に矢を受けて動けなくなったのが原因で自害した。その場所を延慶本『平家物語』は「木津河ノハタニテ高キキシニ隠レテ」(6)と記している。『平家物語』はその場所を明記していないが、九条兼実は、頼政の一党が綺河原（京都府木津川市山城町綺田）で壊滅したという情報を聞いている。(7)長門本『平家物語』は、平等院の釣殿で頼政と仲綱が共に自害したと記している。延慶本以後の『平家物語』では、頼政一党の最期が、書き換えられていた可能性が高い。この場合、最も信頼を置くべきは追討使の報告である。

宇治川の合戦に、渡辺党の名前が多くでてくるのは、彼らが頼政の腹心として側にいたこと、道案内として前陣を勤めたことによる。渡辺党の個々の人物は、武士団としての規模は小さい。頼政の戦いが最終段階に入っていた時期も、下総国の下河辺一族は「下河辺のものとも、あまたありけるも、みなおちにけり」(8)と秩序を保って戦っていた。追討使の報告に下総国住人を討ち取ったと記述があるため、在京していた下河辺氏が出陣していたことは考えてよい。(9)下河辺氏は、頼政自害を合図として東山道から帰国したと長門本『平家物語』は記している。伊豆国の工藤兄弟も、伊勢国を目指して落ちていった。伊豆国在庁官人で源頼政の家人となっている工藤介茂光は、伊勢の加藤氏と婚姻関係にある。工藤兄弟は加藤氏を頼って伊勢国に向かい、大湊から船で伊豆国に帰国した。

頼政の子頼兼は一族と共に園城寺に入ったと記されているが、(10)宇治川合戦に名前が出てこない。園城寺まで行動を共にしていることから、宇治川合戦に参加して戦場を離脱したと考えることはできるが、確定的なことはいえない。

頼兼は美濃源氏とよばれていたことから、東山道から帰国した下河辺氏と行動を共にした可能性が高い。[11]

延慶本『平家物語』は「源三位入道頼政郎党、皆散々ニ成テ、一ムレニテモ宮ノ御共ニモ不参」と記している。[12]頼政は綺田まで南下したが、負傷により、合流を断念して自害した。以仁王と合流できた人はいなかったということであろう。追討使が以仁王追撃のために綺田で撃破した頼政の軍勢の掃討を徹底しなかったことが、頼政本隊から多くの生き残りをだすことになった。

二　東国の動向

治承四年五月の合戦が終わった後、朝廷は高倉宮以仁王の事件に与した人々の処罰が課題となっていった。以仁王と源頼政はすでに亡くなっているので、処罰の対象は園城寺と興福寺が中心になった。園城寺は、事件の首謀者として寺門流の僧侶の僧官・僧位の停止と寺領・末寺の没収が取り沙汰された。[13]高倉院政・平氏政権は、興福寺が園城寺に与力することを約束したとして、嗷訴を指導した人々を謀反の張本として引き渡すよう要求した。しかし、興福寺に敵対の意思はないものの、内部分裂を起こし、収拾がつかなくなっていた。[14]また、興福寺は藤原氏の氏寺なので、摂政近衛基通が藤氏長者として間に入って、交渉の主導権を確保していた。興福寺に対する対応が遅々として進まないことが、後の南都焼き打ちへとつながっていくことになる。

以仁王事件に直接関与している園城寺と興福寺への対応に方向性がでると、次の課題が、以仁王・源頼政の残存勢力に対する対応になる。源頼政の知行国伊豆国は、事件後に没収され、平時忠が新たな知行国主となり、国司には平時兼が補任された。目代は、平氏の内訌で検非違使少尉を解任されて伊豆国に蟄居になっていた山木兼隆が勤めた。

伊豆国は、平氏の勢力圏に入ったことになる。この国には、源頼政の嫡孫有綱が在国し、伊豆国在庁官人工藤介茂光の一族は、宇治川合戦に出陣していた。平清盛は、有綱追捕のために、大庭景親を相模国に帰国させ、非常時には坂東の平氏家人に軍勢催促できる権限を与えた。大庭景親の相模下向を聞いた源有綱は、この派遣が自分に対して向けられたものであることを理解し、藤原秀衡を頼って奥州に出奔した(15)。伊豆国を離れられない工藤一族はそのまま在国し、源頼朝の挙兵に加わることになった(16)。工藤氏は石橋山合戦で前陣をつとめて壊滅し、工藤介茂光も討死したので、頼朝はその子狩野介宗茂に対してその恩顧を返した。頼朝が在世中は、宗茂の伊豆国在庁官人の立場を尊重し、伊豆国の管理を狩野介宗茂と北条時政に分掌させる運営とした(17)。舅の北条時政に独占させなかったことが、工藤一族に対する配慮である。この恩から、工藤氏は、源有綱から源頼朝に仕えるべき主を変えたと考えてよい。

下総国の下河辺氏は、平治の乱で下河辺庄司行義（行泰）が源頼政の郎党として優れた射芸を披露したことが「平治物語」に記されている。宇治川合戦でも長門本『平家物語』や『源平盛衰記』では下河辺清親が源仲綱介錯の場にいたこと、軍勢として組織だった退却をしたことが記されており、源頼政の有力な家人であったことが伝えられている。また、下総国下河辺庄は八条院領荘園として立荘されている。二条天皇・八条院に出仕した源頼政やその娘二条院讃岐が下河辺氏と八条院の間に入って仲介したことが推測される(18)。下河辺庄内には頼政の一族深栖頼重や春日部実平が郷村単位で所領を得て下向しており、源頼政が開発領主下河辺氏に影響力を持っていた荘園とみてよい。下河辺庄は中世利根川の水系に属する広大な荘園であり、水は十分にあるので、治水の技術を持つ人々が開発できる低地帯を広大に抱えていた。

治承寿永の内乱が始まると、下河辺氏は小山朝政の一族として源頼朝の陣営に参加した。源頼朝は下河辺行平に対し、下河辺庄司の職を安堵することで御家人に加えた(19)。下河辺氏は源頼政の家人なので、源頼朝からみて重代の家人ではない。頼政の遺志を継ぐ立場から参陣した味方という立場が適切な表現になるのであろう。源頼朝が下河辺庄司を安堵した時をもって、頼朝の家人に加わったとみてよい。ただし、この時代は複数の主人に仕える「兼参」が普通の宮仕えであった。重代の主人は源頼政の後継者であるが、小山氏の一党として行動する時は源頼朝のもとに参陣するという仕え方も可能である。もうひとつ注目すべきは、『吾妻鏡』は鎌倉幕府の設置した地頭職を勤めることを前提とするので、「庄司」や「下司」という荘園の役職を表す通称は例外として認める人物にしか用いない。畠山重忠も、『明月記』では「(畠山庄の)庄司二郎」であるが、『吾妻鏡』では畠山二郎と記される。このあたりは、『吾妻鏡』編纂の際に、表記の統一がされたとみてよい。頼政の家人として活動した下河辺行平は、源頼政の重代の家人を率いた同盟軍という特殊な立場を取る。下河辺氏が源頼朝につくと決めたことで、深栖氏・春日部氏といった下河辺庄にいた頼政の一族・家人や、大井・品川・潮田といった武蔵国南部の源頼政の家人も頼朝に合流したとみられる。工藤氏と下河辺氏が源頼朝を新たな主として受けいれたことで、坂東にいた源頼政の一族や家人は頼朝の傘下に吸収される道を歩んでいった。

三　治承五年の美濃国合戦

『尊卑分脈』や『続群書類従』に収められた「紀氏系図」に、美濃国池田郡司の系譜が記されている。本稿では、主に『尊卑分脈』本を中心に考察を進めていく。池田奉政には、「実兵庫頭源仲正子頼政卿舎弟」の傍注が付されている。池田郡は、近江国から美濃国にはいる東山道の国境の要衝である。この地域は、京都に滞在して仕事をする「京貫」の範囲内であり、在京して仕事をする武者が多い。治承四年の宇治川合戦は京都の急激な政局の展開に追いつかず、着到が間に合わなかったのかも知れないが、源頼政が京都に駐留させる軍勢の主要な供給源のひとつとなる人々である。これが従来注目されなかったのは、池田奉政の弟貞政の傍注に「子息三人治承五合戦之時、於鎌倉為平氏被誅」の意味がとれなかったためであろう。傍注の鎌倉を相模国の鎌倉と理解すれば、後世の不用意な加筆と理解できよう。ここでいう鎌倉は、『玉葉』治承五年正月二十三日条に「美濃国逆賊等被討伐了〔籠蒲倉城、悉被誅殺了云々〕、件事去廿日事云々、」と記された蒲倉である。近江国から美濃国に入った平知盛を総大将とする追討使が最初に衝突した美濃源氏は、蒲倉城に籠もる源頼政の一族池田奉光の率いる摂津源氏の残存勢力であった。現在、大垣市静里町の杭瀬川沿いの公民館など公共施設の名前として鎌倉が残るので、蒲倉城はこのあたりと考えてよい。静里からみて、杭瀬川の対岸に大垣城がある。交通の要衝を守るための要害として設けられた平城である。『玉葉』は、この合戦の重要人物として土岐光長の名を出す。源頼政と土岐氏は、保元・平治の乱を共に戦い、二条天皇親政を共に支えた武家として友好関係にあったので、土岐氏が池田氏に加勢したと見てよいだろう。京都における知名度は、二条天皇の乳母を出した京の武者として四位に昇った土岐氏がまさる。長門本『平家物語』巻第十二「木曽合戦事」には「十郎蔵人というけんし、みのの国蒲倉といいふ処にたてこもりたりける」を、追討使が討ったとしている。源行家とするのは完全な誤伝であるが、蒲倉城は追討使の主力が攻め落とさなければならない交通の要衝であった。

この戦いに敗れた後、池田一族は本領の美濃国池田郡小島郷（岐阜県揖斐川町）に城郭を構えて抵抗を続けた。『尊卑分脈』の池田奉光の傍注には、「治承五二一、為頼朝卿御方、於当郡内小嶋庄城郭、相逢平氏知盛卿手、散々致合戦、一門郎等百五十余人被追討、奉光討死、五十三才」とある。この段階で源頼朝の勢力は美濃国まで伸びていないので、頼朝に与力したとするのは後代の加筆である。池田氏が近いのは、源頼政が養子とした源仲家の弟で信濃国木曽郡で兵を挙げた木曽義仲である。治承五年二月一日は、前年十二月から追討を指揮している平知盛が体調を崩し、軍勢の後退を考えていた時期である。その直前に、残しておくと目障りになる勢力を潰しておこうというのが、この追討の目的であろう。美濃国池田郡は東山道を近江から美濃に入る場合に街道の北側を扼する場所に進出できる。この地を治める池田氏は蒲原城は攻め落とされたものの、本領に退いて、小島郷に城を築いて抵抗を続けている。小島は川の合流部にあたる低地の集落なので、近隣の城台山などに城郭を構えて籠もった可能性はある。知盛は、維盛・通盛・忠度の諸将を残して退くので、後任の平重衡の軍勢が到着するまでの安全を確保する必要があった。池田氏を討って、東山道を近江から美濃に入る出入口の安全を確保するのが、既に体調を悪化させている知盛の考えであろう。この合戦の後、美濃国における頼政残党の動きはみられなくなる。

四　埴生氏と渡辺党の動向

美濃国で池田氏が追討を受けた後、源頼政の残存勢力として活動をする人々はいなくなった。残された人々は、雌伏してそれぞれに道を探していくことになる。

因幡国の家人埴生盛兼は、宇治川合戦に参加し、戦場を離脱して京都に潜伏した。北陸道の合戦で京都が騒然としていた養和元年九月二十一日、以仁王に帝王の相が現れていると観相した側近相少納言藤原宗綱と共に潜伏しているところを平宗盛の家人に発見され、自害している(20)。因幡の埴生氏と摂津源氏との関係は、彼の死を最後に後が追えなくなる。

摂津国渡辺党は、個々の武者が率いる武士団は規模が小さいが、一族の広がりは大きな人々である。延慶本『平家物語』第二中「宮南都へ落給事、付宇治ニテ合戦事」には、省・連・至・覚・授・競・唱・列・配・早・清・遙・

嗣・与など三十余騎が出陣したと延慶本『平家物語』は記している。長門本には、渡辺省が宇治合戦で退かずに自害した一段が立てられている[21]。嵯峨源氏の末裔渡辺党は、淀川河口部にあった渡辺津を名字の地としている。源頼光の四天王の一人に数えられた渡辺綱が摂津源氏とのつながりを示す初見で、その時から重代の関係に入った古参の人々である。

渡辺党は、六位官人の中で最も座次の低い蔵人所滝口を重代の官職とし、そこから六位の武官を順次転任する家なので、都に馴む者である[22]。それと共に、院武者所にも祗候していた。滝口は、天皇が退位すると総入替えするので、上臈の人々は院御所に移る例になっていた。源頼政は、朝廷や院に祗候する渡辺党の人々を都に馴む武者として側近に使っていた。一方で、源頼政は地方で優勢を誇る武者を上洛させていたので、都にはある程度の田舎武者が常駐していた[23]。『平家物語』の頼政最期の物語に渡辺党が多くでてくるのは、側近として側を離れなかったためである。

源頼政は、渡辺党を橋合戦の先陣に使い、宇治からの退却戦でも前陣を務めさせている。彼らは渡辺津を管理する湊の管理人であり、坂東武者のような騎馬武者ではなく、水軍の武者として弓射の術に秀でた人々であった可能性がある。源頼政は、自害の場面で渡辺嗣に静かに自害をするための防ぎ矢を命じ、渡辺唱に介錯をした後に首を隠すことを命じた。橋合戦や南への退却戦で討死する者がいたことは当然考えられることであるが、死亡が明記されているのは、省と「渡辺系図」（『続群書類従』）に傍注の付された競だけである。省は、宇治橋で自害する時に一緒に居た子供に所領に戻って供養することを命じた[24]。省は、この合戦の敗北によって渡辺党が没落するような厳しい追及はないと考えていたのであろう。後に、子の渡辺授は鎌倉幕府の御家人となり、肥前国松浦庄執行となっている[25]。松浦庄の件で相論の相手となった渡辺馴も、競の子である。彼らは、鎌倉幕府の御家人となることで、存続していった。その契機となったのは、一ノ谷合戦である。寿永二年、東国は飢饉となり、木曽義仲追討のために上洛した源頼朝の軍勢は京都の人々の期待を遙かに下回るものであった。[26]そのため、後白河院は院武者にも一ノ谷合戦の出陣を命ずると共に、追討使に対して軍勢催促の権限を与えた。追討使の総大将源範頼が一ノ谷合戦の軍勢を集めるために摂津国に廻した廻状の写しが『雑筆要集』（『続群書類従』所収）に文例として収録されている。そこには、摂津国御家人等として豊島太郎源留と遠藤七郎為信が「奉」と回答したことが記されている。これが、渡辺党と鎌倉幕府が公式に接触した最初の例となる。一方で、源及のように平氏に従って一ノ谷合戦で討死した者もいる。[27]渡辺党は蔵人所滝口を重代とした家なので、まず天皇や院に仕える武官としての立場があり、その上で摂津源氏に仕えていた人々いたということである。摂津源氏衰退後は、朝廷の武官や鎌倉幕府の御家人として活動していったと考えてよい。

五　生き残った一族の人々

寿永二年七月に木曽義仲が入京をはたした時、美濃から伊勢・伊賀・大和と進んで南側から京都に迫った源行家のもとには、「頼政入道党」とよばれる人々が加わっていた。この人々に関する研究は、長村祥知「源行家の上洛と「頼政入道党」」（『古代文化』六八巻一号　二〇一六年）があり、長村氏は頼政の所領が大和国宇陀郡にあってそこに隠れていたのではないかと推測している。頼政入道党とよばれる人々のうち、吉野山（金峯山寺）の僧が庇護していた仲綱の遺児やその従者は南都のさらに奥の吉野に潜んだかもしれないが、疑問のあるのが「次郎蔵人」とよばれた人物で、「三郎蔵人大夫」を通称とした頼兼とは別人であろう。「次郎蔵人」は六位蔵人に在任するか、六位蔵人のまま職を離れて五位に昇らなかった侍身分の者で、九条院非蔵人から五位に昇った諸大夫の身分を持つ頼兼とは身分があわない。名前の伝わっていない仲綱次男の可能性が高い。彼らは源行家と共に上洛したが、嫡流であっても、頼政の後継者となることはなかった。

木曽義仲が源頼政の後継者として朝廷に認めさせたのは、美濃源氏とよばれた蔵人大夫頼兼である。頼兼は独立した勢力として行動のできる人物であり、大内守護の職を継承している。頼兼のもとには治承寿永の内乱を生き残って朝廷の官職を保ち続けた紀氏の一族が残っていたので、木曽義仲から割り振られた大内守護の役職を勤めることができた。その実績が評価され、京の武者として地位を復活させることもできた。しかし、源頼朝のもとで戦った家人は頼兼のもとに戻ってはこず、大内守護の仕事をするにも、頼朝の支援を必要とする弱い立場にたたされた(28)。

奥州の藤原秀衡を頼って平泉に落ちていった源有綱は、源頼朝のもとに参上していた。『吾妻鏡』寿永元年十一月二十日は、有綱が土佐国の反平氏勢力と連絡をとる使者として派遣されたことを伝える条文で、源頼朝との関係を伝える初見史料となる。源頼朝は、土佐国で弟希義を保護して挙兵しようとした夜須行宗と協力し、平氏が四国に持つ基盤を崩すことを考えたのであろう(29)。後白河院と源頼朝は既に木曽義仲滅亡後を話し合っていたので、来るべき平氏との戦いの準備と見てよい交渉である。鎌倉幕府に属した有綱であるが、源義経の娘婿となっていたことから、義経与党として追討を受ける立場となり、朝威に背く者という判断が下された(30)。有綱は、文治二年六月二十八日に大和国宇陀郡で北条時定の追捕を受け、自害した(31)。有綱の死により、嫡流である源仲綱の一流は歴史の表面から姿を消した。源行家に合流した仲綱の遺児は、その後が明らかでない。

源広綱は、源頼朝が庇護した生き残りで、頼朝は木曽義仲の推挙によって大内守護に就任した頼兼の対抗馬として、広綱を支援した気配がある。元暦元年六月五日、源広綱は源頼朝の推挙によって駿河守に補任された(32)。この時に国司に補任されたのは、弟の三河守源範頼、平治の乱を共に戦った盟友武蔵守平賀義信と、摂津源氏の生き残り駿河守源広綱の三人である。この補任によって、源広綱の背後に源頼朝がいること、源頼兼よりも高い官位にあることを世に示した。しかし、源広綱は摂津源氏の残存勢力を糾合することができず、建久元年の源頼朝上洛の時に院参できなかったことを恥辱として醍醐寺で出家をとげた。その理由は駿河守が名国司で吏務をとれなかったこと、源家一門の中で高い格付けを与えられていないことが京都の人々に知れ渡ったことをあげている(33)。広綱は鎌倉幕府の中で源頼朝の門葉として生きていくのではなく、摂津源氏の家督を継ぐために源頼朝のもとに参加したと推測される。ただし、広綱は頼兼のように自力で武家としての地位を回復し、摂津源氏の再建を図ろうとはしなかった。源頼朝の後押しで駿河守に補任されたが、その地位は源頼朝に仕える諸大夫であった。摂津源氏の一族として京武者として復活できなかったことが、遁世につながったと考えれる。

治承寿永の内乱が終わってみると、武家として地位を回復できたのは源頼兼一人であった。その頼兼も朝廷の武官としては復活したが、内乱以前に多くの軍勢を率いて洛中警固にあたる武家の棟梁の地位は失っていた。

おわりに

本稿は、鎌倉幕府成立史の裏返しの課題を解こうとしている。摂津源氏は、治承四年の以仁王事件や養和元年の美濃国合戦で平氏政権と戦い、多くの討死を出して損失も少なくはなかった。新しい時代の幕開けとなる合戦で総大将を勤め、平氏の主力の軍勢を消耗させたのであるから、その功績は小さくはない。頼政の死をもって終わりとする今までの評価が、過小評価といえる。

しかし、平氏との戦いで多くの死傷者を出し、負傷者の回復や世代交代による人材の補充など一時的な勢力退潮はやむをえない状況に追い詰められていた。また、頼政自害後に主導的な役割を果たせる人物がいなかったことも、武士団としての結束を解体させる要因となった。

一方で、地元に残った工藤一族や下河辺一族は源頼朝に合流して地域にいる摂津源氏の一族・家人を束ねて合戦を続け、最終的には源頼朝の傘下に入っていった。源頼朝も、初めは合流した与党の源氏の家人として扱ったが、摂津源氏には武家の棟梁がいないことから鎌倉幕府の御家人に吸収していった。

畿内近国では、源頼政の一族池田氏が美濃国で激しい抵抗をみせたが、追討使によって本領を占領された後は雌伏を余儀なくされた。寿永二年の木曽義仲上洛では頼政入道党とよばれた生き残りの人々が合流したが、独自の勢力を再建した源頼兼以外は独立した勢力として地位を回復した人がいなかった。また、源頼朝が平氏追討の命令を受けて畿内近国の武者に対して行った出陣要請に応じた人々は御家人として登録され、そのまま鎌倉幕府に吸収されていった。源頼兼のもとに残ったのは、朝廷の武官として存続する道を選び、兼参の主人として摂津源氏との主従関係を維持して朝廷に仕える立場を変えなかった人々であった。このように、鎌倉幕府が御家人制をつくりあげていくなかで、摂津源氏の家人の多くは鎌倉幕府に吸収されていった。その結果、摂津源氏は朝廷の武官として残ったものの、治承寿永の内乱以前に持っていた武家の棟梁の地位を失うことになる。

注

（1）摂津源氏の嫡流が多田行綱であることは、摂津国多田院を継承することから問題はないと考える。一方で、洛中警固の任にあたる家として平氏政権がみていたのが源頼政であることは、頼政が摂津源氏を代表する勢力とみられていたことを意味している（拙著『源頼政と木曽義仲』中公新書　二〇一五年）。源頼政の本拠地については、多賀宗隼『源頼政』（吉川弘文館　人物叢書　一九七三年）は、摂津国渡辺津を想定している。また、生駒孝臣「源頼政と以仁王」（野口実編

『中世人物2　治承文治の内乱と鎌倉幕府の成立』　清文堂出版　二〇一四年）は、「多田荘に近在した淀川以北の北摂津の小規模な所領」を想定している。しかし、筆者は『源頼政と木曽義仲』（中公新書　二〇一五年）で、源頼兼が以仁王事件の前から美濃源氏とよばれていること、土岐氏や池田氏との親密な関係から、この一族の本領を美濃国と考えている。源頼政の武士団が全国規模に拡大していて、畿内の源氏と連携しながら動いた多田行綱の武士団よりも大きくなっていることから考えても、仲正・頼政は美濃国に本拠地を構えていたと考える方が妥当である。

（2）源頼政の重要な家人としては、摂津国渡辺党の人々（『平家物語』）・下総国の下河辺氏（「平治物語」・『平家物語』）・伊豆国の工藤氏（「保元物語」・『平家物語』）・遠江国の井伊氏（『平家物語』）・因幡国の埴生氏（『平家物語』・『山槐記』）などの人々がいる。親族には、美濃国池田郡司や美濃国の山県氏がいる。これらの人々の多くが、鎌倉幕府の御家人となっている。また、源頼兼は、角田文衞『平家後抄』（朝日選書　一九八一年）の中に叙述が散見し、拙稿「源家一門考」（『金沢文庫研究』三一九号、二〇〇七年）、『源頼政と木曽義仲』（中公新書　二〇一五年）で頼政の後継者として述べている。

（3）増田潔著『京の古道を歩く』「巽　頼政道」（光村推古書院　二〇〇六年）。

（4）『平家物語』の叙述の特徴として、平家一門・源頼朝・木曽義仲・奥州藤原氏の四大勢力に関わる武者には関心を寄せるが、国々の駆武者とよばれる地方の武者を一段低くみて、簡略な叙述ですませる傾向がある（拙著『平氏が語る源平争乱』　吉川弘文館　二〇一八年）。また、平氏の一門や家人を中心に武者とあるべき姿や死に様に関する叙述に美意識がみられる。この合戦は典型的な遅滞戦闘を特徴としていので、殿軍である以上はある程度の損害は覚悟していても、以仁王の安全が確保できる足止めをした後は後退というのが当初から予定の行動であったと考えられる。

（5）『玉葉』治承四年五月二十六日条。

（6）延慶本『平家物語』第二中「源三位入道自害事」。

（7）『玉葉』治承四年五月二十六日条。

（8）長門本『平家物語』第八「源三位入道父子自害事」。

（9）『山槐記』治承四年五月二十六日条。追討使が討ち取った以仁王与党の報告に「安房太郎　下総国住人」の名前がみえる。下河辺の一族とみてよいであろう。
(10) 長門本『平家物語』巻第八「源三位入道馳参三井寺事」。
(11) 『玉葉』安元二年六月二十九日条、同条は頼兼を「九条院非蔵人五位」・「美乃源氏」のふたつの通称で呼んである。九条院の院司であったこと、本領が美濃国であったことが確認される。
(12) 延慶本『平家物語』第二中「宮被誅事」。
(13) 『玉葉』治承四年五月二十七日条。園城寺に対する罪科の決定は、『玉葉』治承四年六月十七日条。
(14) 『玉葉』治承四年六月七日条・七月十四日条。
(15) 『玉葉』治承四年九月十一日条。
(16) 『吾妻鏡』治承四年八月二十日条。
(17) 佐藤進一著『増補　鎌倉幕府守護制度の研究』(東京大学出版会　一九七一年)第二章「東海道」駿河・伊豆項。
(18) 『春日部市史　通史編Ⅰ』(春日部市役所　一九九四年)。
(19) 『吾妻鏡』治承四年十月二十三日条。
(20) 『吉記』養和元年九月二十一日条。
(21) 長門本『平家物語』巻第八「源三位入道父子自害事」。
(22) 正六位上の位階にある官職は数が多いので、この位階の仲での官職の序列を「六位座次次第」(『拾芥抄』)として定めている。蔵人所滝口は正六位上の中で最も座次の低い官職で、この官職を勤めた後、「馬允→兵衛少尉→衛門少尉→検非違使少尉」と同じ位階の中で上位の官職に転任し、検非違使の労で、従五位下の位階に昇る(「官職秘鈔」『郡書類従』官職部)。滝口よりもひとつ上席の内舎人も、おなじ昇進の型に属する。
(23) 源頼政の武士団が洗練された畿内の武者だけでないことは、『古今著聞集』興言利口第二十五「兵庫頭仲正美女沙金を秘蔵の事并佐実髻を切らるる事」には、「ことに物の心もしらす、なさけも哀もかへりみぬゐ中武者」が藤原佐実の髻を切ってしまっ騒動で明らかになる。
(24) 延慶本『平家物語』第二末「平家ノ人々駿河国ヨリ逃上事」は、斎藤実盛の言葉によって坂東の武者と畿内西国の武者の気質の違いを説明している。自分は自害するからと子供に落ち延びて供養せよと命ずる源省も、畿内の武者の気質を表している。宮廷文化に触れ、極楽往生を願う武者の心である。

(25)『吾妻鏡』寛元三年十二月二十五日条。
(26)『玉葉』元暦元年正月十四日条。
(27)「渡辺系図」(『続群書類従』)。
(28)拙稿「源家一門考」(『金沢文庫研究』三一九号、二〇〇七年)。
(29)下石敬太朗「土佐国の治承寿永の内乱」(『古代文化』七〇―一号　二〇一八年)。
(30)『吾妻鏡』文治元年五月十九日条。
(31)『吾妻鏡』文治二年六月二十八日条。
(32)『吾妻鏡』元暦元年六月二十日条。
(33)注(28)拙稿。

『平家物語』の源頼政

櫻井陽子

はじめに

『平家物語』巻四に登場する源頼政は、以仁王を唆して平清盛に反旗を翻した謀反人である。しかしながら、以仁王が発した令旨は、後に源頼朝の挙兵を促し、やがて平家一門を滅亡させることになる。最終的に、頼政は頼朝挙兵のきっかけを作った功労者に反転する。

頼政は巻四に先んじて巻一に登場し、その武的側面と和歌の素養が紹介される。稿者は頼政についてかつて論じたことがあるが、(1)本稿では、巻一に登場する頼政が作為的に描かれたものであることを確認し、改めて『平家物語』の武家歌人への関心と、その描出の方法と特質について考えていきたい。『平家物語』諸本の中では、主に延慶本を用いることになるが、延慶本の頼政説話を求めるのではない。延慶本の不足を他本によって補い、延慶本を溯る形で『平家物語』の頼政を考えていきたい。なお、旧論と重なるところのあることを先にお断りしておく。

一 巻四の頼政

頼政の特性として『平家物語』が重視した要素の一つは、源氏の武将であることである。よって、頼政の武的側面は強調されなくてはならない。ところが、実際には頼政にまつわる勲功譚はほとんどない。保元の乱では、平清盛・源義朝らと共に戦うが、『保元物語』では彼らと共に名が添えられる程度である。平治の乱においては、途中から加わって清盛の側に付く。『平治物語』では義平や義朝に裏切り者と罵倒される。頼政は天皇を守ることこそ武士の本義と切り返し、逆に藤原信頼に同心した義朝を非難する。但し、武人として戦う場面は描かれない。

僅かに『十訓抄』第十―五十六には弓射の名人と称えられた逸話が載る。宮中で鳴く不吉で小さな鵺を、五月闇の雨降る夜に射落とす話である。忌むべき鳥の退治は、宮廷を警護し、天皇を守る役を負う武士として生涯を過ごしてきた頼政の行動としてふさわしい逸話である。『十訓抄』は困難な命令をやり遂げた直後に、それを題材にして詠みかけられた上句にすぐに下句をつけて返す頼政の即興の詠みぶりも含めて、武と文事の二つに長けている頼政を称賛している。

『平家物語』はこの『十訓抄』の説話をもとにして、短連歌の遣り取りは上句を詠みかけた人物を変更する程度で、鵺退治の部分を変化退治に拡大して、謀反を起こした頼政の武的側面を勇ましく彩った(2)。

頼政にとってもう一つ忘れてはいけない要素が、歌人としての側面である。『平家物語』に登場する武人の中では数少ない歌人でもある頼政のこの一面は、『平家物語』にとって重要な要素である。巻四においては、先述した短連歌の他にも、戦の中で敵の無様さを和歌で嘲ったり、自刃に際して和歌を残すなど、数首記される。変化退治の話の前には、やはり『十訓抄』第十—三十四に載る和歌（人知れぬ大内山の山守は木隠れてのみ月を見るかな）にまつわる説話を用いて、更に他の和歌も加えて、歌人的側面を強調している（これについては第三章で触れる）。

二　巻一の頼政

巻一の頼政の登場は、語り本系でいう「御輿振」の章段である。巻一は序章に続き平家興隆の前史を語り、その後、清盛の時代の物語が動き出す。平家悪行の第一としての殿下乗合事件が記され、ついで、平家の栄華独占を妬んだ藤原成親が平家討伐の密議を諮り（鹿谷事件）、この鎮圧をめぐって平家悪行の物語が本格的に始動する。しかし、物語は一旦話題を他に移す。謀議の発覚、首謀者・加担者の捕縛、処刑は巻二に入ってから描かれることになる。

巻一後半から巻二にかけては、白山事件と称される事件が入り込み、そこに頼政が登場する。少し長くなるが、主に延慶本（巻一—三十六「山門衆徒内裏へ神輿振奉事」）に拠って粗筋を紹介する。

白山事件は藤原師高が加賀守となったことから始まる。その弟師経が目代となって下った加賀国鵜川寺で起こした暴力事件に端を発するが、やがては鹿谷事件に組み込まれる。というのは、師高・師経兄弟は、鹿谷謀議に加担していた西光法師（後白河法皇の近習）の息子であったからである。鵜川寺の本寺、白山は京に逃げ帰った師経を訴えて、神輿を山門に振り上げる。山門は師高・師経兄弟の処罰を朝廷に要求するが、父の西光の存在もあって朝廷の動きは鈍く、埒が明かない。業を煮やした山門の悪僧たちは、日吉七社の神輿を振り、強訴に及ぶ。安元三年（一一七七）四月十四日、悪僧一行が向かったのが、内裏の北の陣（覚一本・源平盛衰記は「朔平門」）であった。ここを固めていたのが頼政の一軍であった。無勢の頼政たちは馬を下り、神輿を拝して大衆の興奮を鎮める。頼政は渡辺競（覚一本は

「渡辺省」）を使者として、以下の内容を伝える。それは、頼政は僅かに残る源氏の代表として今ここにいるが、山門に理があるのは承知している。しかし命令に背くこともできず、神輿を禦ぐこともできない。山門が無勢の頼政軍を押し破ったとしたら、山門にとっても恥であろう。重盛の多勢の軍勢が固める東面の左衛門陣（覚一本・盛衰記は「待賢門」）に向かうように、というものであった。

そこに「三塔一ノ言ヒ口、大悪僧（覚一本は「三塔一の僉議者」）」と評される摂津竪者豪雲（覚一本は「豪運」）が進み出て、頼政の提案に賛意を示す。豪雲は更に、

①且ハ又頼政ハ六孫王ヨリ以来、弓箭ノ芸ニ携テ未ダ其不覚ヲ聞カズ。於武芸者為当職者ヲ、イカヾハセム。②加之風月ノ達者、和漢ノ才人ニテ、世ニ聞ユル名人ゾカシ。一年セ故院ノ御時、鳥羽殿ニテ中殿御会ニ、深山ノ花ト云題ヲ簾中ヨリ被出タリケルヲ、当座ノ事ニテ有ケレバ、左中将有房ナド聞エシ歌人モ読煩タリシヲ、頼政召シヌカレテ、則チ仕タリ、

ミ山木ノソノ梢トモワカザリシニ桜ハ花ニアラハレニケリ

ト読テ、叡感ニ預シゾカシ。③弓箭取テモ並ブ方ナシ。歌道ノ方ニモヤサシキ男ニテ、山王ニ頭ヲ傾ケ進セタル者ノ固メタル門ヨリハ、争カ情ナク破テ可奉入。頼政ガ申請旨ニ任セテ、東面ノ左衛門陣へ神輿ヲ舁キ直シ進セヨヤ

と、頼政が武芸のみならず、歌人としても優れた人物であると紹介する。その証拠として、「深山木の」の名歌を紹介し、頼政との争いを避けるように述べる。それで一行は左衛門陣に移動することになった。

頼政に関する話はここまでだが、その先も紹介しておく。大衆一行は重盛の固める方角に向かうが、重盛配下の武士が矢を射かけて神輿を射て怪我人を出す。宮中でも避難すべきかと大騒ぎになる。やがて師高・師経の二人、及び

神輿を射た武士たちが処罰される。その後、二十八日に大火が起こって内裏まで炎上する。この展開の中で、重盛配下の武士の起こした不敬な行いは、偶発的ではあっても、平家の悪行として挙げてもしかるべき事態ではあるが、そのような方向には話は向かわない。清盛が直接関わらない限りは「平家の悪行」とはされないからである。ただ、内裏炎上を不穏で不吉な社会事件と評して、巻一を閉じる。

三 「御輿振」の虚構

白山事件が起こり、山門と朝廷との膠着状態を打破すべく、大衆が強訴に及び、神輿に矢が射られたことは事実である。その中で『平家物語』に描かれる頼政の出動は、結局、物語の進展に何ら寄与することなく終わる。この頼政の出動は事実に反する。頼政の登場を含めて、「御輿振」の章段は、嘉応元年（一一六九）十二月に起きた神輿乱入と強訴事件を安元三年四月の強訴事件に持ち込み、取りあわせて作られたものと指摘されている。このことは、既に美濃部重克氏により、詳細に論証されている(3)。以下に氏の指摘によりながら、その虚構性を確認していくが、問題は、なぜ頼政がここに登場しなくてはならないのか、にある。

さて、嘉応元年の強訴では、頼政が出動して左衛門陣を守り、大衆の行動を抑えることができた（「先年、依成親卿事、大衆参陣之時、左衛門陣方〈雖〉頼政禦之、大衆不能敗軍陣」（『玉葉』安元三年四月十九日条））。このような頼政の行動をもとにして、『平家物語』は安元三年の事件に頼政を登場させたのではないかと推測されている。

『平家物語』では、安元以前の強訴の例が、「永久元年ヨリ以来、既六カ度」（延慶本巻一―三十七「豪雲事　付山王効験之事　付神輿祇園へ入給事」）とあげられている。嘉応元年の強訴はその一つである。嘉応元年の強訴の発端は成親にある。延慶本巻二―二十一「成親卿流罪事　付鳥羽殿ニテ御遊事　成親備前国へ着事」で、成親が配流される途上で、嘉応元年の事件のあらましが紹介される。そして成親が山門に訴えられて神輿が振られて流罪に決定したものの、途中で召還され、逆に昇進したことも記される（諸本とも同様）。このように嘉応元年の強訴は『平家物語』にも強く認識されていた。そして、鹿谷事件の首謀者も成親である。『平家物語』では、鹿谷事件と白山事件とがやがて渾然となって進展していくこともあり、安元三年の強訴と嘉応元年の強訴の親近性がうかがえる。但し、『平家物語』では、嘉応元年の内裏への神輿乱入については、読み本系に「近衛ノ門ヨリ入テ、建礼門ノ前ニ神輿ヲ比《ならべ》スへ奉」ったと書かれるだけである。嘉応元年の強訴の詳細を、安元三年の強訴に流用したとの推測は十分に納得できる。

安元三年の強訴は閑院内裏に押しかけようとしたものであった。延慶本・長門本は事実のままに閑院内裏とするが、覚一本・盛衰記は大内裏とする。(4) ここで注意したいのは、重盛も出動したと描かれることである。

其時平氏ノ大将ハ小松内大臣重盛公、俄事ナリケレバ、直衣ニ袙サシハサミテ、金作リノ大刀帯テ、連銭葦毛ノ馬ノ太ク逞マシキニ、黄伏輪ノ鞍置テゾ乗レケル。伊賀、伊勢両国ノ若党共三千余騎相具セラレタリ。東面ノ左衛門陣ヲ固メタリ。

この記事にはどれほどの信頼性が置けるのであろうか。たとえば、嘉応元年の強訴の時に出動した人々の中で記録に残っているのは、修明門が平経正（従五位下）・源重定（従五位上）とその郎従（『玉葉』十二月二十三日条）、待賢門が平経盛（正四位下内蔵頭）（『兵範記』同日条）、左衛門陣が頼政（従四位上兵庫頭）（前掲『玉葉』安元元年四月十九日条）であった。実際の衝突も予想される門の守護に出動したのは四位以下の人々であった。重盛（正二位前権大納言）、宗盛（正三位参議右中将）、頼盛（正三位前参議右兵衛督大弐）の出動も提案されたが、反対にあい、結局取りやめになった。重盛たちを招集することになったら、まさしく国家の非常事態であった。大臣・左大将以下公卿十余人は院の殿上で善後策を講じていた（『兵範記』十二月二十三日条）。

安元三年の強訴の時、重盛は嘉応元年と同じく正二位ではあったが、内大臣左大将になっている。嘉応元年の人々の動きから見て、武門貴族とは言っても現任の内大臣重盛が門を守るために自ら武装して出動したとは考え難い。『平家物語』においては頼政の出動のみならず、重盛出動も創作されたものと考えてよかろう。二人が守った陣の配置も虚構となる。重盛の登場は、重盛配下の武士の行動との関わりから要請されたものであろうが、強訴の一行を迎えた朝廷側の重盛・頼政の出動はすべて作為されたものとなる。『平家物語』では、頼政と重盛の出動が一対になって創作された。

美濃部氏は、頼政をこれほどまでに大写しにした理由について、『平家物語』前半部の主要な登場人物の一人である頼政を、「御輿振りに対処した源平の武者の功罪を対照的に印象づけるかたちで登場させ」、「以仁王の挙兵事件での登場に備えたものかもしれない(5)」と推測する。氏の指摘する「源平の武者の功罪」の「罪」とは、重盛配下の武士が神輿を射たことである。氏は重盛が実際に出動したと考え、重盛に対比させて、頼政を「功」を上げた人物として、新たに登場させたかと考えたようである。しかし、述べたように、重盛の登場も『平家物語』の創作と考えられる。むしろ、「文武二道の達者として源頼政を称揚するとともに源平二つの勢力を対比的に印象づけることがこの句の中心であるかにみえる(6)」という指摘のように、源平を並べて非常事態を演出したかったと考えることが妥当とも思われる。但し、渡辺競によって語られる頼政の言辞は、平家と比べて劣勢であることを自認し、無勢であることを理由に衝突を避けようという屈折した、あるいは戦略的なものであった。第二章で紹介した豪雲による頼政についての紹介も、武芸については「未ダ其不覚ヲ聞カズ」とか、「当職者」というだけであり、③で「弓箭取テモ並ブ方ナシ」というほどには、勇猛さが具体的に浮かび上がってこない。

豪雲の言葉を考えるにあたって、次の『十訓抄』巻十―三十四の表現（傍線部分）に注目したい。

頼政三位は多田満仲が末にて、武芸、その氏を継げりといへども、和歌の浦波、立ち遅れざりけり。久しく大内の守護にてありながら、雲のかけはし、よそにのみ年を経けることの、歎かしくおぼゆるままに、

人知れぬ大内山の山守は木隠れてのみ月を見るかな

と奏して、昇殿ゆりにけり。

この「人知れぬ」の和歌は『千載集』(978)に載る和歌だが、『十訓抄』の「昇殿ゆりにけり」の表現を前提にしないと、述懐の和歌によって昇殿が叶い、昇進もしたという『平家物語』巻四の展開は生まれない。よって、『平家物語』巻四の「人知れぬ」の和歌説話は、『千載集』を参考にしているとしても、主に『十訓抄』を参考として作られたものと考えられる。(7) 変化退治の説話も『十訓抄』の影響下にあることは第一章で紹介している。すると、『平家物語』巻一の豪雲が語る頼政の紹介の冒頭部分（且ハ又頼政ハ六孫王ヨリ以来、弓箭ノ芸ニ携テ未ダ其不覚ヲ聞カズ。於武芸者為当職者ヲ、イカヾハセム。加之風月ノ達者、和漢ノ才人ニテ、世ニ聞ユル名人ゾカシ）にも『十訓抄』の右の傍線部分が意識されていると考えられないだろうか。『十訓抄』があげる多田満仲は、『平家物語』が記す六孫王（経基）の息にあたる。『十訓抄』の話は、武芸よりも和歌の才を語ることが主眼にあるために、傍線部分のように始まる。この表現を『平家物語』が参考としたために、頼政の武的側面がそれほど浮かび上がってこないのではないか。

また、美濃部氏は、「御輿振」の重心は、神輿に矢を射かけたことを内裏炎上と連絡させることにあると述べる。覚一本や盛衰記が事件を大内裏で起きたものとすることによって、その効果はより明確に表われるが、首肯すべき指摘である。確かに、重盛の部下が矢を射かけ、そのために処罰されたことは事実であり、『平家物語』にもそのように書かれている。『平家物語』には、矢を射かけたことが山王の怒りを買って、大火となったのではないかとの因果

も記される。尤も、重盛や清盛に批判の矛先が向かうことはない。対立の構図は、あくまでも朝廷と山門である。こうした物語の流れの中では、頼政を登場させて源平勢力を印象づけようという作為は、あまり物語的効果を生んでいないようにも思われる。

いっぽう、頼政についての記事に今一度注目すると、先述したように競の言葉も豪雲の言葉も、武芸については表面的にすぎないが[8]、和歌については虚構ではあっても具体的な逸話を加える。なぜここまで、頼政の和歌の事跡を記す必要があるのだろうか。

四　豪雲の存在

本章では、頼政の和歌の才能を紹介した豪雲という人物がここに登場した理由について考えたい。勿論、敵対する山門側の人物までが称賛したと記すことで、頼政の歌才の認知度の広がりを示すことになるが、「豪雲」なる人物を登場させた意味をもう少し探ることとする。

豪雲は架空の人物ではない。確かに同時代に実在した。『尊卑分脈』によれば、父は憲雅。生没年未詳だが民部大輔に上っている。豪雲は山門の「法眼」となる。『天台座主記』（『華頂要略』所載）に、「以阿闍梨豪雲叙法眼」（第六十一代法印顕真の建久元年十月一日条）とある[9]。兄弟には性憲・道俊、叔父には公胤がいる。『僧綱補任残欠』によれば、性憲は永治元年（一一四一）生まれ、道俊は久寿元年（一一五四）生まれとなる。豪雲も一一四〇〜五〇年代の生まれであろうか。とすれば、安元三年当時は二、三十代となる（覚一本は「老僧」）。

父の憲雅は『言葉和歌集』に和歌を一首（196）残している。『言葉集』は散佚私撰集で、「言葉集下」一帖（六巻）

が現存する。編者は惟宗広言。広言は今様もよくし、『梁塵秘抄口伝集』にも登場する。『言葉集』の成立は、承安二年（一一七二）十二月〜文治四年（一一八八）七、八月頃、あるいは治承元年（一一七七）〜寿永元年（一一八二）十一月まで狭められるかと推定されるが、遅れる可能性もあるとされる。十二世紀の当代・前代の歌人が大半で、当代の著名歌人の和歌が多く載る（『和歌文学大辞典』古典ライブラリー）。頼政も『言葉集』に和歌を七首残している。また、性憲は『千載和歌集』(1276)、『月詣和歌集』(1064)に各一首、和歌を残す。

公胤（久安元年（一一四五）〜建保四年（一二一六））は園城寺長吏も務め、明王院僧正と号された。後白河法皇や源家将軍の信頼を得る。後年、法然にも傾倒し、また道元との対話なども残され（『古今著聞集』釈教、『沙石集』、『法然上人絵伝』、『正法眼蔵随聞記』等）、幅広く活躍をした。能説の人でもあり（『古今著聞集』）、『新古今和歌集』(1934)、『万代和

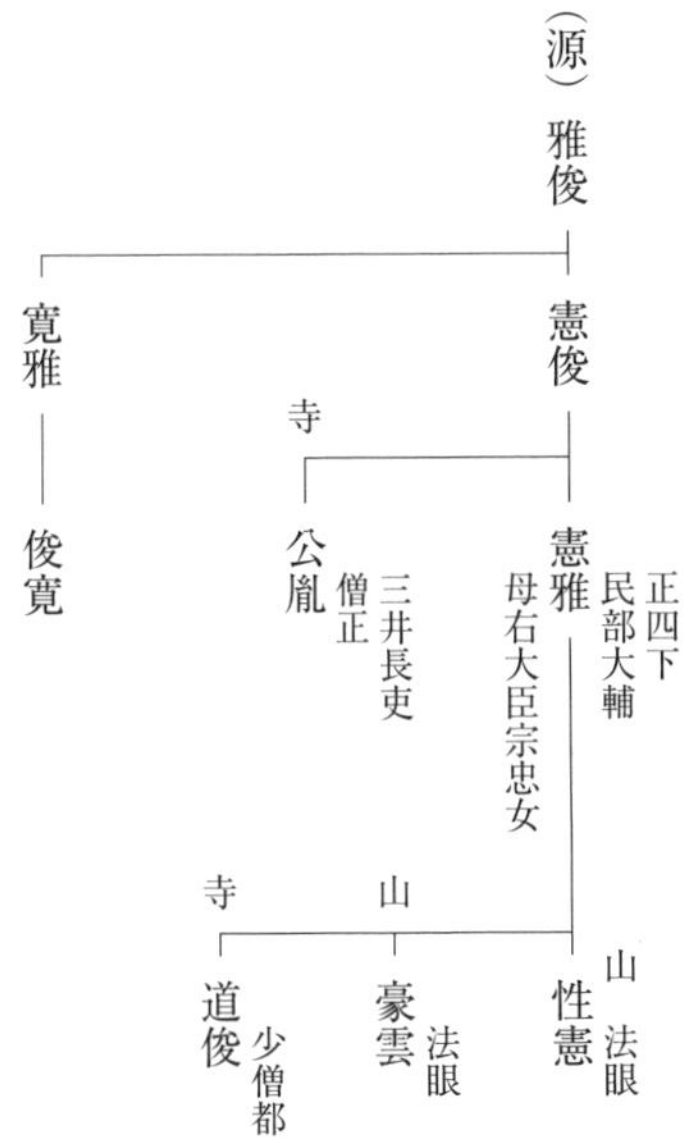

（『尊卑分脈』）

歌集』(1693)、『言葉集』(290)に各一首の和歌を残した。

憲雅や公胤は、頼政とは和歌を通じて交流があった可能性があろう。また、豪雲の兄弟も歌を嗜む。豪雲自身は歌歴を残すほどの歌才に恵まれなかったにせよ、頼政の歌人としての活躍を知るには十分な環境にあったと想定される。頼政の歌歴を語るその言葉に信憑性を感じさせる人物として登場したことが理解される。

また、豪雲は「竪者」として登場する。竪者は「大法会の論議のとき、探題の提出した論題に義を立てて問者の難問に答える僧」(『日本国語大辞典』)とあり、弁舌が巧みであることがその特徴である。豪雲が安元三年までに実際に竪者を務めたことがあったのかは不明だが、叔父の公胤は能説法の人であった。豪雲の能弁も担保されることになる。

読み本系では、衆徒一行が重盛の守る陣に赴いた後、神輿に武士が矢を射かけて怪我人が出たことに驚いた大衆が神輿を捨てて比叡山に帰ったと記して、延慶本ならば三十六章段を終える。続く三十七章段で、豪雲がかつて後白河院の前で、山門の僉議の様を再現してみせたという逸話を載せる。豪雲の面目躍如たる場面であるが、叔父の能説とも通じるものがあり、これも読者には、豪雲という人物の登場を納得させることとなる。

強訴事件における頼政の登場そのものが虚構であるだけに、豪雲その人が実際に出動したと考える必要はない。しかし、如上述べてきたような環境にある豪雲をわざわざ登場させることによって、頼政の和歌をめぐる紹介内容についての信憑性が高まる。虚構ではあっても具体性を伴うなら尚更である。そのようにして、『平家物語』は頼政の歌人としての人生を押し出したかったと考えざるを得ない。

五　忠盛と頼政

頼政と同様に、武人であって和歌も嗜む登場人物として、平忠盛がいる。忠盛と頼政については、拙著でも考察を加えた。(10) 忠盛は巻一と巻六に登場する。忠盛は平家一門を武門貴族へと押し上げ、栄華を切り開いた人物であったが、『平家物語』に語られる彼自身の武士としての活躍は、刃（実は金箔を張った木刀）をちらつかせて貴族を震え上がらせて、忠盛殴打計画の実行を回避し、しかもその機転が鳥羽院を感心させた殿上闇討事件（巻一）と、みごもった祇園女御をもらい受けるきっかけとなった、不審な法師を素手で捕えて無益な殺生を回避して、白河院を感心させた話（巻六）の二つである。頼政と同様、忠盛も宮廷と天皇・院を警護する武士としての立場からの活躍が描かれている。

更に、忠盛の紹介として、殿上闇討事件の前には得長寿院造進記事を載せて、その財力と鳥羽院からの信頼の厚さを紹介している。『平家物語』にとって、武的側面は忠盛の特性の一つとして描かれはするが、それのみではないことが巻一の初めで理解される。

忠盛には、左掲の女房との和歌の贈答の話もある（延慶本巻六―十七「太政入道白河院御子ナル事」による）

オボツカナタガソマ山ノ人ゾトヨコノクレニヒクヌシヲシラバヤ（女房）

雲間ヨリタゞモリキタル月ナレバオボロケナラデイハジトゾ思フ（忠盛）

この贈答は、延慶本・長門本では祇園女御の話の前に、盛衰記は祇園女御の話のうち、法師捕縛の後に、四部合戦状本は祇園女御の話を挿んで載る。語り本系では巻一に載せるが、女房の和歌を削り、忠盛の和歌を女房の詠歌とする。女房の素性も、話の記載場所も、詠者も、諸本によって区々であるが、風流を示す和歌説話として載せようとした意図は明らかである。貴族社会の一員としてふさわしいふるまいを、女性との和歌の贈答で示す。

ここで注意したいのが、「雲間ヨリ」の和歌が当意即妙を旨として、名前を詠み込んでいることである。右に見たように、諸本によっては女房が詠む場合もあるが、「ただもり」を詠み込んでいることはかわらない。他にも、祇園

女御の話の中に、夜泣きがひどい幼子に困った女御の夢に、

夜ナキストタダモリタテヨコノ児ハキヨクサカフル事モコソアレ

と、和歌による示現が下る話がある。「ただもり」と「清盛」が詠み込まれている。(11) このように、名前を詠み込む当意即妙の歌が繰り返される。(12)

加えて、忠盛には鳥羽院を感心させた和歌説話が載る。

忠盛、備前ノ任ハテヽ、国ヨリ上リタリケルニ、「明石ノ浦ノ月ハイカニ」ト、院ヨリ御尋有ケルニ、忠盛御返事ニ、

有明ノ月モ明石ノ浦風ニ波バカリコソヨルトミヘシカ

ト申タリケレバ、院御感アリテ、『金葉集』ニゾ入サセマシ〳〵ケル。（延慶本巻六―十七）

延慶本はこれを巻六の祇園女御の話の直前に、盛衰記は祇園女御の話の最後、清盛誕生後の話も記した後に載せる。四部本は巻一の忠盛に関する説話の冒頭に載せる。他本はすべて巻一の殿上闇討事件の次に載せる。このように、諸本によってその位置は揺れているが、四部本・源平闘諍録以外の諸本は全て、この和歌が勅撰集に入ったことを記し留めている。

しかも、延慶本（巻六）・闘諍録（巻一）・語り本系（巻一）は、女房との贈答とこの和歌説話とを連続させて載せる。長門本は巻一には語り本系によって連続して載せ、巻六相当巻には、延慶本と同様の女房との贈答を載せて、「雲間ヨリ」が重複することになる。但し、盛衰記（巻六相当巻）は、法師捕縛の後に女房との贈答を、清盛誕生後の和歌・連歌記事の後に「有明ノ」を載せており、連続してはいない。

文化的・貴族的な一面は、『平家物語』が忠盛を紹介するにあたって重要な属性の一つであった。忠盛は殿上人と

なっても、巻一の殿上闇討事件に描かれるように、他の貴族と異なり、武士であることが尾を引いていた。急速な昇進に対する貴族たちの妬みのみならず、武士出身であることへの蔑視にも耐えなくてはならなかった。が、貴族社会の一員として宮中で活躍することになる平家一門の先駆けとしても忠盛は存在した。貴族の教養である和歌を使いこなして女性との贈答歌も残し、また、勅撰集に入集するほどの才もあることを記すことで、文化的な一面を備えていることが強調される。武力や武技と同様に、教養があることを示すための道具として、『平家物語』は忠盛の歌才を強調した。

このような忠盛の造型要素は、武芸と和歌の両面を描く頼政の造型と共通している。忠盛の「有明の」の和歌と頼政の「深山木の」の和歌は、求められて詠んだ和歌が院に認められるという構造まで同じである。出典となる勅撰集から二人の該当歌を掲出する。

月のあかかりけるころあかしにまかりてつきをみてのぼりたちけるに、みやこの人々月はいかがなどたづねけるをききてよめる

平忠盛朝臣

ありあけの月もあかしのうらかぜになみばかりこそよると見えしか

（『金葉集』秋・216、『忠盛集』115）

題不知

源頼政

みやま木のそのこずゑともみえざりしさくらははなにあらはれにけり

（『詞花集』春・17、『頼政集』46「白河にて人々花見侍りしに」）

和歌が院の御感を得たという『平家物語』の記述がどちらも虚構であることは明瞭である。但し、忠盛の場合は『金葉集』入集まで言及されるが、頼政は、『詞花集』に入集したこと、つまり、勅撰歌人であることについての言及は

ない。

また、頼政については、第一章でも触れたが、読み本系の巻四（相当巻）には、「深山木の」の和歌以外にも、

（女房）ツキ〴〵シクモアユブモノカナ　（頼政）イツシカニ雲ノ上ヲバ踏ナレテ

（盛衰記による。他に闘諍録・『頼政記』）

という短連歌や、

宇治川ノセゼノ岩波ヲチタキリヒヲケサイカニヨリマサルラン

（『頼政記』による。他に盛衰記・長門本）

等が載っていたと思われる。(13)特に、後者は「桐火桶」と「頼政」を詠み込むことを命じられて即座に詠んだ和歌だが、『今物語』十三話（第二句は「瀬々の白波」）を利用した改作である。盛衰記は「宇治川」と「藤鞭」を加えて「岩波（白波）」が「淵々」となる。長門本は「左巻の藤鞭」が加わり、上句が「水ひたりまきのふち〳〵おちたぎり」と、「宇治川」を「槙島」に代えて詠んでいる。(14)諸本による異同はあるが、和歌の中に「よりまさ」を詠み込んでいることが重要である。自分の名前を詠み込む和歌を記す点で、忠盛と頼政は共通している。

和歌以外でも、巻四に描かれる頼政の変化退治説話が、巻一の物語始動の時期（平治の乱以降）と重なる時代に設定されていることがあげられる。(15)巻一前半に立ち戻らせる時間の遡行である。平家興隆前史を飾る忠盛は物語の本格的な始動以前の人物ではあるが、巻一前半の登場人物である。以上を踏まえると、頼政の造型には忠盛の存在が意識されていると考えてよかろう。

頼政は都に残る唯一の源氏である。美濃部氏が、巻一の「御輿振」の重盛と頼政の描写から源平の二つの勢力の対比を描くという観点を指摘したことは貴重である。ただ、頼政の説話は重盛よりも忠盛を意識して作られていったのではないか。勿論、忠盛の説話も虚構性は濃厚であるが、平家興隆の歴史を語る上で、また、清盛の出生と出世の秘

密を語る上で要請された虚構と言える。それに比べると、頼政の説話は、先述したように物語の展開への寄与という点では必然性が薄い。

たまたま二人が共に武人であり、しかも勅撰歌人であったという偶然が呼び寄せた結果ではあろう。しかし『平家物語』においては、忠盛は勅撰集に載ったことが記し留められ、頼政は記されなかった。忠盛は武士であることを踏まえつつ、さらに、財力を持つことも点描され、そして、宮廷人としての風流なふるまいが、女房との遣り取りを含めて、和歌説話によって描かれる。(16) それに対し、物語の展開上、頼政はあくまでも武士であることが先にあった。その上で、忠盛の和歌説話と共通の構成をとりつつ、和歌が詠めることが添えられ、和歌及び和歌に関する話が加えられていく。頼政の歌人的側面が忠盛よりも多く書かれるのは、実際の頼政の歌人としての評価の高さが影響しているのであろうか。

忠盛と頼政の説話の類似性については、夙に阪口玄章氏が源平盛衰記について(17)、また、高山利弘氏が四部本の武勇譚を中心に指摘している。(18) 阪口氏は二人の和歌の類似性から、「忠盛につけた説話を又、源氏の大将頼政にも附加したかったのではないかとも思はれるのである」(19) と述べる。先に述べてきたように、諸本の異同から古い形を類推していくと、氏の指摘は盛衰記の問題に留まらず、『平家物語』の志向性から生み出されたものと捉え直すことができそうである。源平の対比を意識して頼政を巻一に登場させ、忠盛の説話をもとに頼政の説話が作られ、実際とはかけ離れた「御輿振」での活躍が生み出され、更に和歌が増えることになったと推測される。

六　忠度

永長元年（一〇九六）生まれの忠盛と長治元年（一一〇四）生まれの頼政は八歳しか違わず、ほぼ同世代とも言えるが、その活躍時期は異なる。忠盛は仁平三年（一一五三）に没するが、頼政は壮年期まで官に恵まれず、歴史の表舞台に立つことはなかった。兵庫頭になったのは久寿二年（一一五五）、内昇殿が許されたのは仁安元年（一一六六）である。『平家物語』巻四の変化退治説話の舞台も、平治元年（一一五九）以降に設定されている。最も活躍したのは治承四年（一一八〇）五月、以仁王の謀反から死までの短期間である。『平家物語』において、忠盛と頼政の活躍した時代は、一世代ほどずれてしまう。しかし、巻一で対比的に扱うべく、類似した構成の説話が重ねられた結果、同時代に活躍したと思わせるのみならず、同様の価値観――武士が貴族社会で認められるには、文化的な教養として「和歌も詠める」ことが求められる――のもとで描かれることになった。たとえば、漢詩や音楽なども教養の一つであるが、『平家物語』はもっぱら和歌にその役目を負わせている。[20]

いっぽう、忠盛の子供や孫の世代になれば、和歌を好む平家歌人も増えてくる。『平家物語』で代表的な歌人としてとりあげられるのは平忠度である。しかし、忠度と忠盛・頼政とではかなり印象が異なる。

忠度の剛勇は巻九「忠度最期」で詳細に描かれ、語り本系では「行き暮れてこの下かげを宿とせば花やこよひのあるじならまし」が印象的に配されるが、読み本系を見れば、本来この和歌は歌人である忠度の名前を明かすための有力な手がかりとして用いられていたと考えられる。[21]巻七「忠度都落」は、都を離れるにあたって、編纂途上の勅撰集に自分の和歌を入れて欲しいという執念を伝える『平家物語』の創作と考えられる。[22]どちらも、忠度が歌人であることを前提として逸話が作られている。

頼政は先に述べたごとく、忠盛と同世代とは言っても、社会的な活動時期は清盛や忠度らと重なる。しかし、『平家物語』における頼政の和歌説話の主眼は、忠盛に倣って秀歌が詠める武人を描き出すことであった。当意即妙の才が前面に押し出され、読み本系では、宇治川畔での合戦の前後で敵を嘲笑する歌も詠む。忠度とは歌人としての扱いが異なっている。

『平家物語』は、清盛没までの前半と、清盛没以降を描く後半とでは質的な相違が大きく、それは人物の描き方にまで波及している(23)。前半と後半の質的相違を考えれば、前半に登場する頼政は、後半の忠度ではなく、前半にのみ登場する忠盛を意識して作られていることにも納得がいく。

おわりに

歴史上の人物としては、治承四年五月の一点でのみ存在を示す頼政だが、歌人としての活躍は知られ、評価も高かった。しかし、『平家物語』では、頼朝の登場までは都に残る唯一の源氏の代表として、また、謀反を起こした武人として描くことが第一義であった。そのために、忠盛話群の構成に倣って、頼政の説話を作り出した。しかし、物語における重要性から見て、忠盛と頼政とでは差がある。忠盛は、朝廷との結びつきを強化する財力や武功、また、貴族的一面を浮かび上がらせるために和歌とそれにまつわる話が記される。いっぽう、頼政は、まずは武士として登場する。しかし武勲譚を強調しようにもその材は少ない。具体性もなかなか伴わない。ただ、歌人的側面については高い評価を残している。そこで、『平家物語』は当意即妙の和歌を詠ませたり、豪雲のような人物の言葉を借りて逸話を語らせたりすることによって、歌人としての頼政を描き、頼政自詠歌のみならず、自詠ではない歌も加えられていったと考えられよう。

注

(1) 櫻井陽子①『平家物語の形成と受容』(汲古書院、平成13年)第一部第二篇第四章「源頼政の和歌の考察―延慶本を中心に―」(初出は平成10年11月)、②『「平家物語」本文考』(汲古書院、平成25年)第三部第一章「延慶本の頼政説話の改編」(初出は平成14年12月)、③「平家物語が描く源頼政の変化退治・鵺退治」(『明月記研究』14号、平成28年1月)

(2) 鵺・変化退治説話は諸本によって、内容・表現・配列などが錯綜しているが、本来的には変化退治説話が作られたと想定している(前掲注1③)。なお、『平家物語』と『十訓抄』の関係についても種々論じられてきた。内田康「長門本『平家物語』と説話集との関連―『十訓抄』の場合を中心に―」(『長門本平家物語の総合的研究　第三巻論究篇』勉誠出版、平成12年2月)参照。

(3) 美濃部重克『観想　平家物語』14(三弥井書店、平成24年)

(4) 美濃部氏は、覚一本などは内裏炎上との関連を導くための編集がされているとする(前掲注3)。大内裏と閑院内裏との相違がもたらす意義などについては鈴木彰『平家物語の展開と中世社会』(汲古書院、平成18年)第二部第三編第一章「「御輿振」の変容とその背景」(初出は平成9年6月)参照。

(5) 前掲注3　227頁

(6) 前掲注3　229頁

(7) 前掲注1③

(8) なお、四部合戦状本や長門本は巻一(相当巻)に鵺退治説話を置く。これらは断定はできないものの、編集されたものと考えられる。前掲注1②参照。

(9) 以後、建久四年（『天台座主記』第六十二代権僧正慈円）、建久九年（『阿娑縛抄』同年四月十二日、二条内裏安鎮法）にも、弁雅に従う法眼豪雲が記されている。
(10) 前掲注1①拙著第一部第二篇「平家物語における「武士」」（初出は平成10年11月）
(11) 『忠盛集』に、

人々わがなをかくす題に

月みんといたまあらはにふくやどはおもはずにただもりくるはあめ（165）

よなきすとただもりたてよこのこをばおとなにならばなほりもぞする（166）

とある。後者に拠ったか。
(12) 語り本系・盛衰記には、『今物語』二十七話所載の短連歌を利用して、祇園女御が男児を出産したことを白河院に伝えようと機会を待ち、ようやく「いもが子ははふ程にこそなりにけれ」と忠盛が詠みかけた上句に対して、白河院が「ただもりとりてやしなひにせよ」と返したという話も載せる。
(13) 前掲注1②。延慶本の頼政の和歌・変化退治・鵺退治説話は覚一本（一方系）によって改編されたものなので、これらの和歌はない。また、闘諍録は巻一に、長門本は巻二（通常の巻一に相当）に移動している。
(14) 『新拾遺和歌集』（1900）は長門本と同じ形で載せている。長門本は『新拾遺集』の影響を受けている可能性も考えられる。
(15) 前掲注1③
(16) 前掲注1②
(17) 阪口玄章『平家物語の説話的考察』第三章三（昭森社、昭和18年）
(18) 高山利弘「武勇譚の表現—頼政と忠盛をめぐって—」（『軍記物語の生成と表現』和泉書院、平成7年3月）
(19) 前掲注17 179頁
(20) 高山氏は二人を「前時代的人物として物語に位置づけようとする作者の志向あるいは構想が仕組まれていた」と考える。（前掲注18）
(21) 前掲注1②拙著第三部第三章「忠度辞世の和歌「行き暮れて」再考」（初出は平成18年12月）

(22) 拙稿「和歌世界との回路―『平家物語』巻七「忠度都落」の創作性と改編―」(「悠久」149号、平成29年5月)

(23) 拙稿「「治承物語」と『平家物語』」(「駒澤国文」56号、平成31年2月)

後白河院の皇統意識
―康和例を先例とした安徳誕生四日目の御幸―

北條　暁子

一　はじめに

『頼政集』雑部冒頭の昇段昇階歌群を検討し、従来の「〈述懐する頼政〉のイメージ」[(1)]を刷新した中村文氏は、鳥羽院懐旧、二条、六条天皇縁の人々との贈答等の選歌状況、物故した六条天皇を「当今」と呼ぶ在り方などから、「『頼政集』の選歌と配列には、仕えるべき皇統として高倉―安徳ではなく、二条―六条―以仁王を選択した頼政の政治意思が、密かに表明されている」[(2)]という可能性を指摘された。源頼政は高倉、安徳天皇の時代にその晩年を生きた。いったい、平氏を外戚に持つこの天皇たちの存在意義とは何だったのか。本稿は、この問いに答えるための手掛かりとして、言仁親王誕生四日目に行われた、中宮平徳子の御産所への後白河院御幸を提示する。御幸の性格を明らかにし、意義について仮説を立てることにより、後白河院の後継としての高倉、安徳天皇がどのような存在だったのかに迫りたい。なお、本稿において言及する人物の系図を「皇統関係系図」としてここに掲げる。

皇統関係系図

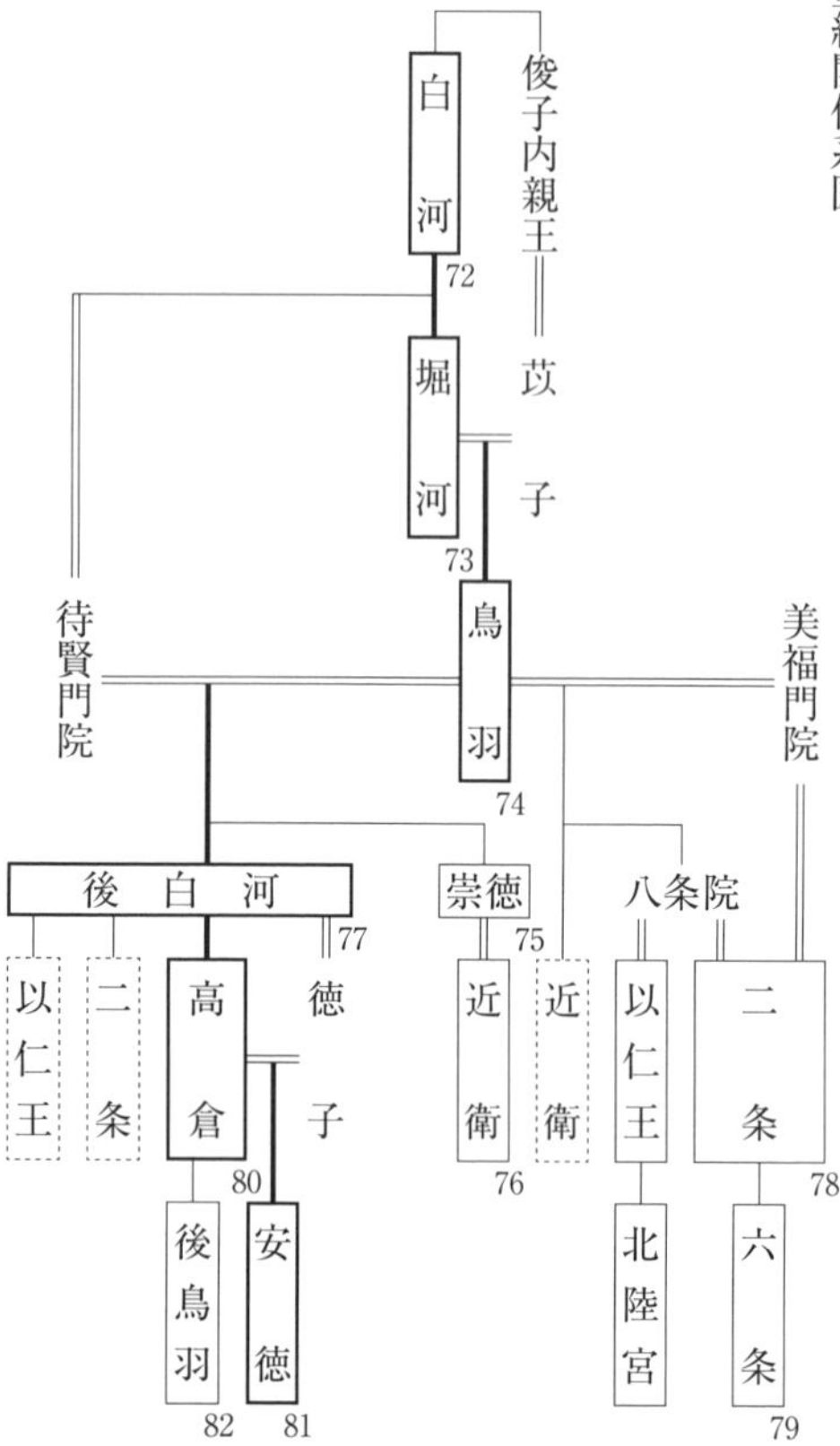

縦の二重傍線は、血縁関係がなく、養育、猶子、准母等の関係が結ばれた場合に引き、白河―鳥羽のように血縁の場合には煩を避けて示さなかった。数字は『皇統譜』による代数。

二　後白河院による御産所への御幸と康和例

治承二（一一七八）年十一月十二日、高倉天皇の中宮平徳子による御産があり、皇子が誕生した。後に安徳天皇と諡される皇子は、十二月八日の親王宣下時に言仁と名付けられる。(3)

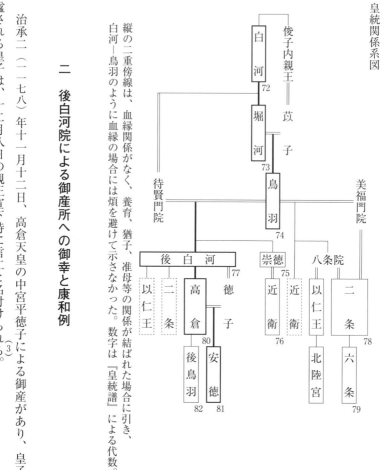

言仁親王誕生から四日目にあたる同年十一月十五日、後白河院は御産所へ御幸した。この御幸は、誕生当日の御幸に比して、日本文学、史学いずれの方面からもさして注目されてこなかった。(4)わずかに『源平盛衰記』、『平家物語』四部合戦状本が、各々「同十五日、法皇中宮ノ御産所六波羅ノ池殿へ御幸ナル。(5)」（巻第十）、「同十五日法皇御産所六波羅殿成ル御幸。(6)」（巻第三）との一文を記す。或いは本稿の問題意識とも関連する関心から補われた記事であろうか。(7)しかし、それ以上の言及はなされない。いったい、詳細の伝わらないこの御幸は、どのような意義を持っていたのだろうか。

九条兼実は『玉葉』同日条に、この御幸について『平家物語』の伝えない或る情報を記す。「今日未刻法皇幸中宮御所、公卿直衣殿上人衣冠康和例云々、〈件例不快如何之〉(8)」と問題視されるその情報は、この御幸が康和例という「不快」な先例に則ったことである。そこで、まずは康和例がどのような性格の御幸なのか、そして先例として採用された理由は何かを確認することで、後白河院による御幸の性格を類推し、意義を考察していきたい。

i　康和例とは

『御産部類記』所引の『山槐記』(9)によると、中宮徳子が懐妊により御産所へ退出して以来、八月二日の七仏薬師造始、同日夜の中宮御産定、八日の御産調度造進、十六日の公家による中宮御産御祈等の儀式において、常に承暦例、すなわち承暦三年に堀河天皇が誕生した先例に則る様子が看取される。もっとも、人数が先例の承暦例の通りに整わないことや、九月十七日の十社奉幣のように発遣主体が異なることもある。しかしその差異が意識されて記録され、九月十七日条のように「今度毎時被追彼年例」と指摘されることは、この御産を迎えるにあたり、承暦例が則るべき先例であり基準であったことを物語る。一方、『玉葉』十一月十五日条、十二月七日条によると、言仁親王誕生四日目の後白河院の御産所御幸や、九日目の着衣始において、突如「康和例」が先例とされる。康和五（一一〇三）年正月十六日誕生の堀河天皇第一皇子宗仁親王、のちの鳥羽天皇の先例を指すに違いない。

　後白河院が御産所への御幸の先例に用いた「康和例」は、複数の古記録により、康和五年正月二十五日の、白河院による御産所への御幸と確認できる。宗仁親王生母の女御藤原実季女苡子は白河院の従妹(10)であり、院が入内を沙汰して(11)、自身の同母妹前斎宮俊子内親王をその養母とした(12)。「為見奉若宮、彼女許（御脱カ）に有御幸」（『殿暦』）、「太上法皇依皇子降誕事有御幸女御産所」（『中右記』）、「太上法皇遷幸女五條第〈顕隆宅也、〉謁見新生皇子也」（『為房卿記』(13)）と記される通り、行き先は女御の御産所、目的は皇子と院の初対面であった。

　『中右記』はこの御幸を「今日御幸事、可謂希代勝事、不堪皇孫愛念、偏有臨幸之面目歟」と評する。つまり、記主藤原宗忠は御幸の動機を「皇孫への愛念に堪えない」ことだと解する。宗忠の理解は尤もで、皇子誕生翌日の十七日条に、すでに皇孫誕生に際しての白河院や人々の喜びようが「又聞、上皇御感之余已及落涙、其理可然歟、天皇法王孫皇子三代相並、延喜聖代御時宇多院以後全以無如此例、聖代勝事今在此時、誠是為朝為世、衆人感嘆者」と記されている。前半は、白河院が感動のあまり落涙なさったそうだがそれも当然だ、天皇、父の法皇、その皇孫の三代が並んだのだから、との意である。中宮に御産が無く、院の沙汰で入内した女御を母に誕生したこの皇孫が、いずれ皇位を継ぐべく東宮に立つことは明白だった。後半には、直系の男皇子誕生への一同の感嘆が記される。誕生、しかも男子。人為の及ばないその結果を天為と感じた者もいただろう。ただし、河内祥輔氏は人為の側面に言及する。すなわち、皇位が白河、堀河、鳥羽と「父子一系で継承されたことは、決して偶然ではな」く、白河が「譲位以前から」、親王としない皇子を「幼児において出家させ」て皇位継承者から「すべて意図的に排除」した結果だという(14)。河内説の根拠のうち、皇位継承者同母弟への親王宣下は「待遇」でしかなく、継承者としての認定ではないとの判断(15)には同意できない。[16]しかし、氏が状況を詳細に追って検証された、白河院の父子一系による継承への強い意思という論点には学びたい。河内説に従えば、鳥羽の誕生は、白河院による意識的統制によって招来された「延喜の聖代」の再現[17]だったことになる。

白河院が直系の皇孫に初対面する御産所への御幸は、以上確認したように、そもそも慶事であった。見物の人と車で路は埋め尽くされた。[18]院は未刻に帰られ、[19]晴れ晴れしい御幸は終わった。しかし、夜に入り苡子が「所悩危急」[20]となる。亥刻に「俄以重悩」[21]という状態に陥り、子刻に皇子が院御所に渡御、[22]間もなく「子四点許」に苡子は卒去した。子刻は当時の日付変更意識からすると御幸同日である。それだけに、宗忠が『中右記』同日条に「今朝有臨幸之栄耀、夕逢非常之哀哭、誠則憂喜聚門、吉凶同域之謂歟」と対にして嘆ずるように、皇子生母逝去という凶事がこの御幸の記憶と分かちがたく結びついた。御産所への御幸の先例とされた康和例を「不快」と兼実が見做すのも当然である。

ⅱ　不快な先例への対応　附：「不快」の語感

では、凶事が同日に起こったこのような例を後白河院が先例に採用した理由は何だろうか。御産所への早々の御幸自体が稀で、他の先例が見出せなかっただけだろうか。しかし、その場合でも不快な例は避けるのが本来ではないか。以下、当時の人々が不快の例、吉例といった先例にどう対応していたか概観することで、後白河院の対処を相対化したい。

仮に、吉凶という観点で先例を二分し、先例として則るか則らないかという観点で対処方法も二分してみる。理論上、a　吉例に則る、b　吉例に則らない、c　不快の例に則らない、d　不快の例に則る、という四分類が想定できる。

具体例を見たい。aは枚挙に暇が無いため、高松百香氏が「穢を乗り越える「天下大吉例」—上東門院彰子の故実」[23]として紹介された分かりやすい一事例を、aの極まった形と見做し、主意を以下に紹介する。天永二（一一一一）年六月、白河院と忠実が、各々の養女璋子と嫡男忠通との七月の婚姻に向けて準備を始めたところ、三十日間の天下触穢が発生した。そこで院が忠実に日程の延期を打診した。しかし忠実は『御堂関白記』から、上東門院彰子の入内定が同じく三十日間の触穢中に行われた先例を見つけ、「大吉例」として宗忠から院へ報告させた。院も上東門院の先例を吉例と判断し延引を取りやめた、という。同氏が「院政期の摂関家には、穢による不利益を克服しようとすると き、『御堂関白記』という頼るべきテキストがあり、さらにそこには「天下大吉例」たる上東門院の故実があった」とまとめられる通りである。つまり、通常は問題視すべき支障を問題視しなかった先例があり、その際に縁起の良い結果が生じたため、この吉例に則れば同様の支障を問題視せずに済むわけだ。父祖の日記がこのような先例探しに用いられる例は少なくない。

bは、言い換えれば、いくつか吉例があれば、選び取られる吉例がある一方、不採用の吉例もあるというほどのことにすぎない。なお、「吉例だから敢えて則らない」という姿勢も理論上はあり得るが[24]、吉事を庶幾する御産等においては行われない選択であろう。

cは、不快の例だから則らない、と言い換え得る。例えば、『玉葉』治承二年十一月二十八日条によれば、後白河院は言仁親王の立太子を急ぐ根拠として「二歳三歳共以其例不快、今年被遂行如何」と述べる。これを承けて関白藤原基房も「如被仰下二三歳共不吉」と同調する。二歳の例は六条天皇、三歳は近衛天皇である。不快、不吉の先例は避けるのが当然という社会全体の共通認識があるからこその謂いである。また、何歳で立太子させるかには選択肢が複数あるから、選択肢としての不吉な先例を退けることが可能になる。

さて、ここで「不快」の語意を確認しておく。「不快」な例とは、現代語にどう訳せるか。『日葡辞書：邦訳』、『日本国語大辞典』等には、病気などで気分が良くないという体調を示す語意と、不和という人間関係に用いる語意のみが載り、先例を形容する語意は載らない。古記録を用例に挙げる『角川古語大辞典』は「②病気」「④不和」に加え、「①快く思わないさま。不愉快」「③望ましくないさま。不都合」という二項目を挙げる。③が、先例を形容する「不快」の語義に近そうで、仮に③で訳せば「不快」の語義の婉曲さを表現できそうだ。ただし、先例とするに「不都合」である事情の本質は、率直には「不吉」「凶」の認識である。

『御堂関白記』寛弘八（一〇一一）年三月十二日条に「召陰陽師等問云、件精進不快事度々出来、奉使如何、卜云、奉使事不吉也(25)」とある。『御堂関白記全注釈　寛弘八年』は、「道長が正月八日に始めた御嶽精進で不快なことが相次いで起きた」内容として、同記に記載のある犬の死穢（正月二十二日）、犬の産穢（三月二日）、『小右記』から判明する犬の死穢（三月三日）のほか、『小右記』三月六日条から判明する以下の事柄をも想定する。三月二日、三日の触穢による解除の際、道長の車副の下僕が鼻血を出し、牛綱を捨てて走り去り、陰陽師の指した御麻が風で吹き切られ、見ていた人々が不吉だと言ったことである。「道長としてはそのような不愉快なことを詳しく書く気にはならなかったであろうが、本条の「不快の事度々出来」の中に含まれていたことであろう。(26)」との推定は的確で、この「不快」は「不愉快」と解されている。おそらく、一連の「不快」な出来事には、三月十二日に道長が陰陽師に占卜させる直前、代参予定の仁和寺の僧都さえ病で参詣出来なくなったことまでを含めて認定できよう。つまり、相次ぐ道長にとっての不愉快な出来事を、『小右記』に記される通りに周囲が凶兆と判断し、道長本人も凶兆かと疑うに至り、卜で確認したのだろう。結果、この度の金峯山参詣は、代参すら「不吉」と卜された。この例において「不快」と「不吉」とは、道長自身の実感と他者からの判断という差異はあるが、密接している。

今確認した語感を参考に、兼実が「不快」と評する際の語意を推定する。c冒頭で確認した言仁親王立太子にあたっての先例には、後白河院が「不快」と表現し、関白基房が「不吉」と同調した。兼実自身の発言ではないが、後白河院による御産所御幸と同じ治承二年の『玉葉』の記載であり、参考になる。兼実自身の「不快」観を確認するべく、『精読玉葉―元暦元年記』(27)の索引に導かれて元暦元年の「不快」の四用例を確認したところ、六月二十四日条、八月十八日条の二例に同様の用法が見出せた。順に検討する。一例目、後白河院は、後鳥羽天皇の即位の候補日のうち十七日について、「雖有三代之吉例、〈桓武・白川・堀川、〉有一度之不快、〈崇徳院〉」という難があるとして諮問した。中原師尚はこれを「有一代不吉」と表現し、兼実は「偏可被用例之吉凶者、雖多吉例、猶不如崇徳院之不快」、つまり、崇徳院の「不快」を凶意の特に強い先例として挙げた。この事例では、後白河院と兼実が「不快」と表現した崇徳院の先例を、中原師尚が「不吉」と評する。次いで二例目、如説仁王会の開催について「先例被行如説仁王会之時、必為君有不快之事」という流言を心配した後白河院は「吉凶之事可勘申」と命じ、兼実は「為君可為凶事之条、実不可触耳」と嘆いた。「君の為に不快の事有り」と言う流言の内容を、「君の為に凶事たるべし」と表現し換えている。前の言仁親王立太子の一例にこの二例を加えると、先例に対する「不快」という評価は、ほぼ「不吉」「凶」と言い換え可能と思われる。「不快」が「不吉」と同様、神祇官、陰陽寮の卜占の結果に見られる表現であることも理解の助けになる。ただし別の語である以上、微妙な語感の差異は存するであろう。例えば、「不快」は自身が不愉快と実感する場合に用いやすい、もしくは、不吉を忌むために婉曲に表現できる、等が考えられようか。

以上、『御堂関白記』『玉葉』の用例を参考に、康和例への兼実の発言「不快」を解釈すると、「不愉快」な先例で則るには「不都合」という語感の根源に、この先例を「不吉」と忌避する意識が確認できる。或いは常識に属する内容であるかも知れないが、管見に入るかぎり辞書、記録語の解説書等にこの語感について説明を見出せなかったため、検討した。

ｄとしては、「敢えて不吉例だから則る」という対処が通常考えにくいことは言うまでも無い。しかし、不快の例でも則らざるを得ない事例が見出せる。例えば、治承三年正月六日の言仁親王御五十日祝について、『玉葉』同日条は「東宮五十日儀、古今未有、近衛院儲弐之時、有百日事、大略被撰《模状》彼儀歟」と伝える。つまり、東宮の五十日祝に先例がなく、参照できる例に近衛の東宮としての百日祝があり、おおよその儀を模した、もしくは選択肢のあるものにはその儀を規範とし、選んだ、と看て取ったようだ。初例で、類似例さえ一例しかなく、必ず執り行う行事であれば、不快な先例であっても便宜上則らざるを得ない。ただし、右の記事に続く割書の注「但称不快例、不被仰彼時例之由云々」に注目したい。便宜上用いた先例が近衛という不快な例であることは、公には伏せられた。

以上四分類のうち、ａとｃはありふれている。ｂも、表に現れにくいだけでａと表裏一体の現象である。ａとｄとは同じく先例を拠り所としながら、かたや先例を名分として扱い、かたや先例であることを伏せて参照のみしており、先例に対する姿勢は好対照である。ただし、ａからｄのいずれも、吉、不吉の別を重んずる。

後白河院の御幸は、不快な先例に則っており、かつ、他に先例が見出しにくいので、一見ｄに分類できそうである。しかし、不快であっても或る一つの先例に則るという後白河院の行動は、「吉」「不吉」の別を超越しており、四分類いずれにもあてはめ得ない。ｄと根本的に異なる証拠に、不快例であるにも関わらず、規範とした先例が康和例であることを伏せず、公表している。不快例を敢えて公に先例として扱うことは極めて異例であり、後白河院にはよほどの積極的理由があったと解するべきである。繰り返しになるが、「吉」「不吉」の別は、院自身をも含めた同時代人が重視する基準である。それをものともせず、康和例が御産所御幸の先例であると公表し、それに倣うよう告知した後白河院の意図は何か。

iii　不快例でも「康和例」を先例として重んじる理由

ここで、白河、後白河両院による御幸における人間関係を、父系から整理しよう。「i　康和例とは」で確認した通り、白河院を御幸に駆り立てた喜びは、皇孫宗仁親王、のちの鳥羽天皇が、いずれ白河―堀河―鳥羽と父子で列なる直系で皇位を継承すべき存在として誕生したことに起因した。この先例を勘案すれば、後白河院の喜びも、皇孫言仁親王が、いずれ後白河―高倉―安徳と父子で列なる直系で皇位を継承すべき存在として誕生したことに起因し、かつ、院はそれを人々に知らしめたのではないか。

ただし、すでに崩御した二条、六条両天皇も、後白河と父子で列なる直系の皇子、皇孫であった。しかし後白河院は、六条天皇の誕生に際して抱かなかった直系に関わる意識を、言仁親王誕生には抱き、表明したと思しい。加えて、白河による御産所御幸の先例に倣うことは、後白河―高倉―言仁親王を白河―堀河―鳥羽に準えることに他ならない。おそらくここにも、不快な例であってさえこの先例に拠りたいと院に思わせた何かがありそうだ。

後白河院にとって、父子で列なる直系による皇位継承とは何を意味したのか。また、二条―六条と、高倉―言仁親王とで、何が異なったのか。そして、この御幸を白河の先例に準えた意図は何だったのか。これらの問いへの答えは、おのずから、この御幸の意義は何かという問いへの答えともなるはずである。以下、三に考察する。

三　後白河院の皇統意識

i　後白河にとっての、父子で列なる直系による皇位継承

『たまきはる』の遺文に、(28)西走した安徳天皇の跡について「御位はいかに」と尋ねる八条院に対し、「たかくらの院

の四宮」、すなわち後の後鳥羽だと応じる後白河院の発言が伝わる。この後白河院の意向に、八条院は「木そははらだち候まじきか。」と懸念を伝える。後白河院は「きそはなにとかはしらん。あれはすぢのたえにしかば。これはたえぬ上に、よき事の三有りて。」と応じ、続いて四宮の持つ、或いは即位で備えることになる属性三つが、鳥羽の先例二つ、後白河の先例一つに肖ることを言い継ぐ。

この「すぢ」が皇統を指すことは、諸注釈の一致した見解である。後白河院は木曽義仲を、皇統について理解し得ない者と見る。その理由は、『玉葉』寿永二年八月十四日条の、大蔵卿泰経が兼実に伝えた情報により判明する。すなわち、院は俊尭僧正を通して、「我朝之習、以継躰守文為先、高倉院宮両人御坐、乍置其王胤、強被求孫王之条、神慮難測、此条猶不可然欤云々」と説明した。にも関わらず、北陸宮を推す義仲は反論したという。では院自身は皇統をどう理解していたか。『たまきはる』『玉葉』に見える院の認識において、同じく皇孫でも皇位継承の候補者として到底同列に扱い得ない北陸宮と四宮を比較すれば、それは自明である。孫王の北陸宮では皇統が絶えており、王胤の四宮は皇統の絶えない者である。二人はともに父が故人だが、以仁王は皇位に就かぬまま没し、四宮の父は高倉院である。つまり後白河院は世代を隔てた皇位継承を望まず、王胤を差し置いての孫王の即位は神慮に叶わぬことと見做す。そして皇位継承者が父子関係で列なる直系の皇統、「すぢ」を重んずる。一方、四宮、つまり後鳥羽が父から直に皇位を譲られ得ないことは、何ら問題にしない。

以上、後白河院自身の発言を『たまきはる』遺文によって知る限り、院のこだわる「すぢ」とは、父子一系の皇統である。言い換えれば、後白河院にとって、父子で列なる直系による皇位継承こそ、皇統のあるべき姿である。

では、なぜ後白河院は六条天皇を譲位させ、自身の直系の皇子、皇孫である「二条―六条」の「すぢ」を否定したのか。

ii　後白河院にとっての「二条―六条」

橋本義彦氏、龍粛氏らが指摘し、すでに通説である理解によれば、後白河の帝位はあくまでも後白河皇子で美福門院猶子の守仁親王、のちの二条を帝位に就けるための橋渡しに過ぎなかった(29)。後白河天皇の即位を鳥羽院は当初望まず、鳥羽院が正統に位置付けたのは近衛―二条であったという(30)。つまり、後白河の帝位は当初、永遠に傍系に留まるはずだった。

ただし、後白河は鳥羽院の最初の嫡妻、待賢門院の所生皇子である。本来、後白河の立太子は、極めて実現の可能性が高かったのではないか(31)。崇徳天皇が二月に即位したその天治元（一一二四）年の五月二十八日、崇徳天皇同母弟の第二皇子君仁親王が誕生した。『中右記』同日条に、「御産平安、是王子者、為天下已得儲君」として、崇徳天皇の東宮と目されていることは注目に値する。待賢門院所生の第二、第三皇子は健康に問題を抱えていた。白河院が健在で、待賢門院の鳥羽院嫡妻としての立場さえ堅固であったなら、第四皇子の後白河が崇徳の東宮に立てられ正統視されることは、大いに有り得た。しかし、鳥羽院は崇徳天皇の跡に近衛天皇を立て、直後に近衛の生母、後の美福門院藤原得子を后に立てた。間もなく待賢門院に出家を余儀なくされる事件が起き、得子のみが嫡妻とされたと理解できる。この情勢下にあって、雅仁親王、のちの後白河院は、皇位から実に遠くに置かれた(32)。

そのような事情を内包しつつ、後白河は帝位に就いた。一代限りのつなぎ扱いゆえに皇太子位を経ていない(33)。遠藤基郎氏によれば、「二条への中継ぎでしかないということが影響して」後白河が御願寺をもてず、替わりを蓮華王院に求めた一方で、二条天皇も「彼およびその子孫こそが白河院以来の正統な皇位継承者であることの示威」として、「自らの御願寺建立を計画した(34)」という。また美川圭氏によれば、二条天皇は、「白河―鳥羽―近衛（母美福門院）―二条（養母美福門院）という皇統を正統とする意識(35)」により、「鳥羽殿への近衛天皇の改葬」を行ったともいう。二条天皇が血統としては後白河院の直系の皇子でありながら、後白河院の皇統を継がないことは既定路線で、周知の事実であったと言えそうだ。

ⅲ　二種の皇統観

後白河院も、自身のこうした帝位、皇統における在り方をよく認識していたであろう。その後白河院の皇統意識を考察する上で重要な示唆を含む、対照的な系図がある。

一種目は佐伯智広氏作の系図である。上の世代による嫡子の認定という基準で皇統を明快に図示された氏は、「白河天皇―堀河天皇―鳥羽天皇―崇徳天皇＝近衛天皇（養子）」を「白河皇統」と見做すが、後白河をここに列なる天皇として「連続的には評価」されない。結果、この系図には前節ⅱに確認した後白河の状況が表現される。また、氏の定義では下の世代の二条皇統、高倉皇統、後鳥羽皇統がそれぞれ独立し、後白河を起点とする皇統が想定されない。したがって後白河は一人、いずれの皇統にも内包されない。[36]

もう一種は、北畠親房による『元元集』神皇紹運篇所載二系図のうち前に載る「神皇系譜」（『元元集の研究』の平田俊春氏による呼称に従う。以下同）の、垂仁天皇以下の系図である。ここでは、後白河は系譜ほぼ中央の一直線上に位置付けられる。この線上に配置される前後三代は「白川―堀川―鳥羽―後白河―高倉―後鳥羽―土御門」である。では、この中央の一直線の持つ意味は何か。この系図の基準は何か。先行研究によって押さえる。[37]

大橋直義氏によれば、中世に著された系図のうち「縦系図については嫡流（「正統」）を図面の中心軸に置こうとする傾向があ」り、神皇系譜の「光仁天皇から（中略）「今上」まで続く一直線の皇統は、完全な中心軸とまでは言えないものの、「正統」を表出しようとしている」という。そして、その親房の「正統」観とは、親房の『神皇正統記』[38]

を検討された河内氏によれば「後村上を基準にした場合の父子一系」[39]であるという。下川玲子氏は、『神皇正統記』の「正統・傍系」の別が「系図を下から見て」「親房が仕える後醍醐天皇からその父」へと「神武天皇まで遡る父子一直線の上に載る天皇を正統な天皇とし、それ以外の枝分かれした天皇をすべて傍系」とする論理のもとで定められているとし、この論理に「逆直系」[40]との用語を作出された。以上の先行研究によると、この神皇系譜は、「現在の天皇」という下の世代に基準を求めて定めた父子一系の「正統」を、中心軸に置いた系図と言える。

ⅳ「逆直系」の皇統観と後白河にとっての「高倉―言仁親王」

河内氏は前掲書（注39）に、理念としての「正統」が皇位継承の「成り行きの結果」次第で「変遷」することも具体例を挙げて示された。つまり、親房が示す、現在の天皇を基準に父子一系の尊属を正統視する「逆直系」の皇統観では、自身が皇位に就き、かつ、自身の皇統を継ぐ子に皇位を受け渡してこそ、その天皇は「正統」と位置付けられる。この論理を適用すれば、父に嫡子とされず、一代限りの傍系という前提で即位した後白河院も、自身の皇統を継ぐ子を新たに帝位に就けさえすれば、改めて自身を「正統」に位置づけ直せる。

服藤早苗氏は「山陵祭祀より見た家の成立過程」[41]において、「従来は自己の直接の祖先のみでなく先皇等」が「編入されていた」山陵祭祀儀式荷前の別貢幣を桓武朝に「皇統の始祖天智天皇からの直系祖先に限定」したこと、また、「九世紀の中葉に」「即位山陵告文使が皇統の始祖天智と中興祖桓武からの直系血筋家筋ライン上の祖先山陵全てに派遣され」たこと、それは「皇位継承が」「父子の連鎖を基軸とする家原理へと変化を遂げた証」であることを確認された。また、行事暦注に見える国忌の取捨選択を検討された遠藤珠紀氏は、御願寺御八講の「運営はそれぞれの院領の継承者によって担われ、「継体」すなわちその皇統の継承者であることが重視された」状況を踏まえ、安徳、順徳、四条の国忌が存在しないことから、「天皇にとって自らの皇統が継承されないことは忌日供養が公的行事から外されることを意味した」可能性を示唆、「行事暦注の国忌記載は皇統の断絶と移動に深い関係があると推測」[42]された。前節iiにおいて先行研究を引いた御願寺建立や改葬の問題をも考え合わせると、葬り、供養し、祀る、という弔いの主催者を、弔われる直系尊属の正統な継承者だとする指向性は、「逆直系」の皇統意識と重なる。こう確認すると、「すぢ」を絶やさず継ぎ得るかどうかを皇位継承の基準として明確に打ち出して重んじる後白河院の皇統観と、親房の正統観には、実に親近性がある。

しかも、前節iに引いた『たまきはる』遺文に確認できた、北陸宮を「すぢ」の絶えた者と見做し、世代を隔てない父子一系による継承を優先する後白河院の意識は、親房の神皇系譜の特徴と一致する。その神皇系譜の特徴とは、

ア　後村上天皇の父方の直系尊属である天皇のみ中央に置く。

イ　後村上天皇の父方直系尊属であっても、皇位に就かなかった皇子は、線でつなぐも、中央に置かない。（例…施基皇子、応神天皇と継体天皇の間の四代ほか）

ウ　イの子孫は、イの父の真下に置かれ、実際にはイと世代を隔てるが、系図上はイの子と同じ高さに揃えて記され、あたかも世代を隔てない継承であるかのように見せる。（例…施基皇子の子である光仁天皇は、父施基皇子とほぼ同じ高さに記される。応神天皇の五世の孫である継体天皇も、応神天皇の子とほぼ同じ高さに記される。）

というものだ。従来この系譜は、親房の正統思想の表現としては評価されてこなかった[43]。「イ」にあたる方を「世」で数えて重んじる親房の正統観が表現されていないとの解釈に拠るようだ[44]。本稿も、親房が、後村上天皇の直系の来歴を示す「世」を、「凡ノ承運」であるところの皇位継承の「代」以上に重んじているという点では、先行研究と理解を同じくする。ただし、通説の「イ」重視は、『元元集』の系図の表現や『神皇正統記』そのものの記述のそれを

やや上回る印象を抱いている。例えば、河内氏、下川氏は、直系尊属すべてを、皇位に就かなかった方も含めて「〈幹〉」と認定して系図を描き改め(45)、或いは「正統な天皇(46)」と見做す。しかし、例えば施基皇子は、子の光仁天皇即位後に追尊され、春日宮天皇、田原天皇と称されたが、『神皇正統記』は歴代天皇として扱わない。その態度は、『元元集』神皇系譜において施基皇子を中央の一直線上にではなく、敢えて傍らに位置付ける姿勢と一致する。親房はあくまでも、皇位に就かなかった方と天皇とを峻別している。よって、本稿はこの神皇系譜そのままを坦懐に読む。「世」を重んじても「イ」のように皇位継承の有無を峻別し、かつ「ウ」のように世代を隔てても隔てない継承であるかのように整えて記すところに、親房の、世代を隔てない父子一系による皇位継承を本来的と見做す皇統意識の反映を見たい。以上、世代を隔てない父子一系の継承を「すぢ」として重んじる後白河院の皇統意識を、逆直系による正統認定という親房の理念を参照しつつ追った。

ここで、高倉天皇即位までの道程を概観する(47)。体調の悪化した二条天皇は永万元（一一六五）年六月、数え年二歳の皇子に親王宣下する。当日のうちにその順仁親王は受禅、七月に即位。二条院は翌日崩御。一方後白河院は、同年十二月に平滋子所生皇子に親王宣下。その憲仁親王は、六条天皇に三歳の年長であったが、翌仁安元（一一六六）年十月には皇太子とされた。ついには同三年二月、五歳の六条天皇が譲位し、高倉天皇が受禅、三月に即位した。「逆直系」の皇統観を主体にこの流れを追うと、六条天皇を排除し、高倉天皇を皇位に就けた後白河院の意図が見えてくる。二条が後白河の皇統を継ぐ者ではない以上、二条の皇統が続く限り後白河は、天皇の直系尊属という父子一系の皇統上に位置付けられない。そうした中、後白河院は自身を「逆直系」の「すぢ」上に位置付け直すべく、自己の皇統を継ぐ高倉の帝位、言い換えれば自身の皇統の創出を庶幾したのではなかったか。

V　康和の白河院の例に準拠して御幸した後白河院の皇統意識

後白河院の御幸の先例、康和御幸を白河院が行った理由に立ち戻る。河内祥輔氏は、白河を「彼自身はもともと傍系の存在にすぎなかった。傍系から直系へ上昇しようとすることに、彼はすべての力を傾けているのである。（中略）実仁の有する権威に対抗しながら、独力で白河自身の直系としての権威をつくる以外になかった。（中略）苡子は一一〇三年、鳥羽を産し、ここに白河は待望の皇孫を得た。白河が直系としての地位と権威を確保しえたのは、まさにこの時点である。」(48)と分析される。河内氏はなぜ、皇孫の誕生をもって白河院が「直系としての地位と権威を確保しえた」と見做されるのか。それは、直系尊属としての立場は自身の皇子一代の帝位のみによっては保証されず、子孫が代々帝位に就いてこそ確保されるからであろう。この河内氏の知見を活かすと、前に引いた『中右記』の伝聞、「天皇法王孫皇子三代相並」という感嘆が、直系の重みへと向けられていることが分かる。

以上の理解をもとに、康和例を先例と認定して御幸した院の意図を推定したい。父子一系の皇統を重んじる後白河院は、今回の御幸を康和例に準えることで、誰しもが正統視する白河―堀河―鳥羽の皇統と、後白河―高倉―言仁親王とを等価のものとして並べた。しかも並べればそれは、鳥羽―後白河の父子関係によって自然に「白河―堀河―鳥羽―後白河―高倉―言仁親王」と一直線の「すぢ」として結ばれる。(49)この皇統の確立を、後白河院は宣言したのではないか。この推定を補強するのは、前述の『たまきはる』遺文に伝わる四宮の「よきことの三」である。後白河院は四宮の即位について、鳥羽院、および後白河院自身の先例との一致を「よきこと」と見做した。すなわち、あるべき皇統と後白河院が見做した「すぢ」は、鳥羽院を戴き、自身を介し、高倉院、そして新たに四宮が列なる皇統であった。

おそらく後白河院は、佐伯氏の皇統図のごとく「すぢ」の上に位置付けられない一代限りの傍系の天皇であった自身を、将来とも『元元集』の神皇系譜のように「すぢ」の上に位置づけるべく、自身の皇統を構想した。そして高倉天皇を帝位に就け、自身と子を「すぢ」の上に置いた。自身の皇統の立ち上げである。その後、六条院の崩御もあったが、高倉天皇の子が生まれなくては「すぢ」が代々続く保証はなかった。そこへ高倉天皇を父に持つ直系の皇孫言仁親王が誕生したことは、自身の皇統がたしかに引き継がれる、院の構想の具現化であった。そこで院はこの御幸を行った。先例を康和例に求めることで、ただ高倉天皇からの「逆直系」としてのみでなく、皆がすでに正統視する上の世代から確かに引き継がれ、自らを経て、下の世代へと父子一系で続く「白河―堀河―鳥羽―後白河―高倉―言仁親王」という「すぢ」を、皇統の本流として人々に意識づけようとした。その宣言の手段として康和例を先例に認定したと想定すれば、後白河院が敢えて不快例を先例として重んじるだけの理由になろう。鳥羽院から自身への継承が正統視されにくい状況を経た後白河院だからこそ、鳥羽と自らを確かにつなぐ「すぢ」を含む皇統を喧伝する必要があったのではないか。二条天皇の皇統を継ぐ六条天皇を譲位させ、鳥羽院の構想した皇統をこそ否定した後白河院だが、『たまきはる』遺文や御産所御幸の先例を右のように解釈すると、自身の正統性の源としての鳥羽院を重視していたことになる。

なお、『たまきはる』遺文での八条院との会話で示された通り、安徳の位置に後鳥羽を置き換えても、後白河院が企図した自身の皇統の構想は揺らがない。白河から自身を経て続く父子一系の「すぢ」を絶やさず継ぎ得る者だからこそ、後白河院は後鳥羽を次代の皇位継承者と定めた。まさに、その白河から後鳥羽へと一直線に続く筋が、時を経て改めて親房に「正統」と見做され、「後醍醐―今上」へと続くべく『元元集』神皇系譜中央に位置付けられる。

四　後白河院による御産所への御幸の異例

康和例を先例と位置付けた後白河院だが、御幸のすべてを先例に拠ったわけではない。白河院の御産所への御幸は、誕生十日目だった。後白河院の御幸は誕生四日目に行われた。新誕皇子の母后の養父で、かつ父たる帝の父でありながら院は産養を主催せず、一方では、産屋の室礼も未だ白いうちの四日目に御産所へ赴いた。この状況を検討することで、御産所への御幸の背景が明らかになると考えるが、紙幅の関係上、稿を改める。

五　まとめと展望　―後白河院にとっての言仁親王誕生・立太子の意義―

以上、「康和例」を先例とする御産所への御幸の性格を検討し、言仁親王誕生が後白河院にとって、院自身を皇統上に位置付け、後白河院の皇統を具現化するものであった可能性を確認した。この推定に多少とも妥当性があり、仮説として成り立つとした時、これまで解釈の定まらなかった諸問題に、何らかの方向性を示せるだろうか。

清盛にとっての言仁親王誕生の意義は、「鹿ヶ谷事件で、清盛と後白河はもはや和解不可能な対立に陥った。代替の院が不在であったことから、清盛も後白河に対する攻撃を回避したが、翌治承二年（一一七八）にのちの安徳天皇が生誕したことで、後白河院政停止が可能となり、さらに治承三年に平氏一門内最大の親院政派重盛が死去したことで、最終的に両者の緩衝帯が消滅するに至った。もはや清盛と後白河の衝突は必至となったのである。」と理解されている。たしかに右の流れの中で、清盛にとっては結果的に「安徳の生誕は、後白河と清盛の衝突を不可避と(50)」する方向に働いたことは間違いない。

一方で、言仁親王誕生に対する後白河院の立場についての先行研究は、大きく二説に分かれる。一説は、右の理解と呼応するように「治承二年（一一七八）一一月の徳子の出産（中略）の時点では後白河と清盛の関係は非和解的な対立関係にあり、後白河にとって言仁（安徳）は、皇位継承者として歓迎しがたい存在だった。[51]」とする。もう一説は「後白河が安徳の誕生を喜び、その立太子を推進したことに疑いようはない。皇位継承を清盛との連携によって進めようとする後白河の方針には、いささかの変化もみられない[52]」とする。複雑な政治状況、人間関係を一面のみから論じることは不可能で、おそらく双方に真実があるゆえに、後白河の政治行動には、「鹿ヶ谷事件（中略）後の後白河の行動はおおいに混乱している。翌治承二年十一月、高倉天皇と中宮徳子との間に待望の第一皇子言仁が誕生すると、後白河は清盛の要望を容れてその年の内に親王宣下・立太子を行っている。新たな生命の誕生を得て、平家との政治的提携の道を再構築しているかに見える。ところが、翌年に清盛の娘盛子と息子重盛があいついで亡くなると、後白河は（中略）明らかに清盛の政治構想とは逆行した動き[53]」を見せる、という「混乱」が看取されるのだろう。

それでも敢えて、後白河院の皇統意識に絞って言仁親王の誕生を見ると、それは後白河院に必要とされ、誕生した皇子には正統性が付与されていた。この理解は、四日目という異例の早さで御幸を行って新誕皇子と対面し、かつ誕生から五十日を経ない立太子を「早可有沙汰之由、重可奏内[54]」と院宣の伝達を急がせて行った後白河院の言動と符号する。また、清盛の願い通りの皇子誕生、立太子が、清盛の権力ではなく「十一月十二日の安徳出産、十五日の皇太子決定でもって院権力は全開状態となる[55]」という事実につながることも自然に理解される。高倉・安徳の皇統の正統性は後白河院に由来し、かつ安徳の誕生、立坊は院の皇統を安定させるからである。

六条天皇を譲位させて平滋子所生の高倉を皇位に就け、その皇子言仁親王を東宮とした後白河院の意図は、平氏・

平家と結び、自身の皇統を創出することだった。後白河院の後継としての高倉の即位、言仁親王の立太子は、まさに院の皇統に関わる構想の実現であった。しかし、同じ誕生の意義が、清盛と後白河院とでこれほど異なっていれば、双方の思惑の違いがいずれ矛盾として表面化することは不可避であったろう。

最後に、皇統という観点を導入すると、平氏を外戚に持つ高倉院、安徳天皇の正統性が揺らいだのはいつと見做せるかを考えたい。後白河院の皇統観のみから答えを導けば、それは、治承三年の政変において清盛が後白河院を幽閉し排除した時だろう。高倉院、安徳天皇に正統性を付与し担保する後白河院の否定は、皮肉にも、高倉、安徳の正統性を揺るがした。その間隙をついたのが以仁王の乱だったのではないか。

以上、後白河院による御産所御幸の性格の検討を通し、院にとっての言仁親王誕生の意義、ひいては高倉、安徳天皇の、後白河院の皇統を立ち上げ、引き継いでいく者としての存在意義について多少の考察を試みた。今後は、御産を控えた徳子に度々自ら加持を行い、御産所への御幸を四日目に行なう後白河院の在り方について、検討を進めていきたい。

注

（1）「『頼政集』雑部冒頭歌群の構想」（『日本文学』二〇一五・七）。
（2）頼政集輪読会『頼政集新注　下』解説（中村文執筆）（青簡舎、二〇一六・一〇）。
（3）以下、親王宣下前でも言仁親王と記す。「二―i　康和例とは」の宗仁親王も同様。
（4）高橋貞一「四部合戦状本と平家打聞」（『続平家物語諸本の研究』（思文閣出版、一九七八・九）は、この十五日の御幸についての一文と、続く平宗盛の大納言大将還任の記事をまとめて引用の上、「盛衰記と同文と云へよう。延慶本にこの文のあるのは盛衰記の補入と認められる。」と触れる。

（5）史実としては重盛の六波羅泉殿が正しい（『兵範記』治承二年七月二十七日条「以内大臣五条第可為御産所」ほか）。なお、覚一本が御産所を頼盛の六波羅池殿と誤ることは、田中大喜「平家一門の実像と虚像」（『中世武士団構造の研究』校倉書房、二〇一一・八）に指摘がある。

（6）松尾葦江校注『源平盛衰記　二』（中世の文学、三弥井書店、一九九三・五）に拠る。

（7）慶応義塾大学附属研究所斯道文庫編校『平家物語　四部合戦状本　上』（斯道文庫古典叢刊之1、汲古書院、一九七六・四）に拠る。

（8）以下、『玉葉』の引用は主として宮内庁書陵部編『図書寮叢刊　九条家本玉葉　一〜一四』（明治書院、一九九四・三〜二〇一三・四）に拠る。治承二年十一月十五日条当該箇所について、最善本である書陵部蔵九条家本は破損のため「未刻、法皇幸中」および「康和例云々〈件例不快、如何之〉」を欠き、書陵部蔵の他本を以て補われている。また、〈　〉内は割書の割注である（以下同）。

（9）宮内庁書陵部編『図書寮叢刊　御産部類記　下』（明治書院、一九八二・三）に依る。

（10）白河天皇母の贈皇太后藤原茂子は、公成女で実季は兄弟。藤原頼通異母弟能信の養女として入内した。

（11）『中右記』承徳二年十月二十九日条。

（12）『中右記』承徳二年十二月十六日条ほか。

（13）『殿暦』は大日本古記録、『中右記』は増補史料大成、『為房卿記』は大日本史料に依る。

（14）河内祥輔「後三条・白河「院政」の一考察」（『日本中世の朝廷・幕府体制』吉川弘文館、二〇〇七・六、初出『都と鄙の中世史』吉川弘文館、一九九二・三）。

（15）「鳥羽の男子についても親王とされたのは璋子所生の五人（崇徳・後白河等）のみであり、他はすべて出家させられている。白河は、かかる独特の方法をもって、代々の皇位継承者を一人のみに限定していった」とし、注に「皇位継承者の同母弟が親王とされるのは同母故の待遇であって、皇位継承者と認められるわけではない。後白河は親王ではあっても、皇位継承者とは認められていなかった」とされる。

(16) 河内氏はその判断の根拠に後白河のみを挙げられる。これについては後ほど「三—ii　後白河にとっての「二条—六条」」において本論の立場を述べる。
(17) 白河院、堀河天皇を宇多院、醍醐天皇に準える。孫皇子としては、醍醐天皇第二皇子で皇太子のまま没した保明親王ではなく、承平元（九三一）年の宇多院崩御以前、延長三（九二五）年に三歳で立太子し、同八年に醍醐天皇の跡を承け受禅した第十一皇子の朱雀天皇を指すものであろう。
(18) 『中右記』当日条。
(19) 『御産部類記』（注9の上巻、一九八一・三）所引『外師記』当日条、『殿暦』当日条。
(20) 『為房卿記』当日条。
(21) 『中右記』同年二月二十五日条。苡子の兄弟公実が語った内容を記し留めた箇所である。
(22) 『中右記』、『為房卿記』当日条。
(23) 『ケガレの文化史　物語・ジェンダー・儀礼』（森話社、二〇〇五・三、叢書・文化学の越境一一、コラム1）。穢の状況ほかについては、同氏「院政期摂関家と上東門院故実」（『日本史研究』五一三、二〇〇五・五）も参照。
(24) 先例ではなく心性についてだが、橋本義彦氏は『藤原頼長』（吉川弘文館、一九八八・三、人物叢書新装版）において、「仁平三年九月九日の」『台記』に「「長命を好まざるにより」菊酒を飲まない」等、「晩年しばしば自己の長寿を欲しないと書き記」すことを「甚だ特異な心理」として指摘する。
(25) 山中裕編『御堂関白記全註釈　寛弘八年』（思文閣出版、二〇〇七・六）。同記の引用は以下同書に拠る。
(26) 古藤真平執筆稿。正月二十二日条については野口孝子執筆。
(27) 高橋秀樹、日本史研究叢刊二五、和泉書院、二〇一三・八。以下、元暦元年の条文に限り同書に拠る。
(28) 金沢文庫旧蔵本の複製、『たまきはる』（早稲田大学出版部、一九九三・六）により翻字し、適宜句読点を補い濁点を付した。引用箇所について三室戸寺蔵本と異同の無いことを確認した。
(29) 橋本義彦「保元の乱前史小考」（『平安貴族社会の研究』吉川弘文館、一九七六・九、初出「日本歴史」一七四、一九六二・一一）、同氏『藤原頼長』（注24）、龍粛「後白河院の治世についての論争」（『平安時代』一九六二・七、春秋社）。

(30) ただし佐伯智広「二条親政の成立」(『中世前期の政治構造と王家』東京大学出版会、二〇一五・三、初出「日本史研究」五〇五、二〇〇四・九)は、「従来、「中継ぎ」としての権威の弱さのみが評価されてきた後白河天皇であるが、守仁への皇位継承を前提とする限り、その正統性や、父としての守仁に対する優位は、鳥羽院によって保障されていた」点を評価する。

(31) 龍粛前掲論文(注29)は、「かくつぎつぎと盛儀をあげられたことから、新誕の皇子の将来には大きな期待がかけられていたことが察せられる。」「当時は鳥羽第一皇子である崇徳天皇の世であり、第二、第三両皇子は病弱であったため、第四皇子は自ら注目の的とならざるを得なかった。」と示唆する。一方で、(注15)に引用した河内祥輔の論もある。

(32) 一方で、産後数日での生母の死という事情があったにせよ、雅仁親王第一子守仁親王を美福門院が養育したのは、雅仁親王の潜在的な正統性を鳥羽院と美福門院が承知していたゆえの手配とも推測できる。

(33) 河内祥輔「光孝擁立問題の視角」(『古代政治史における天皇制の論理〈増訂版〉』吉川弘文館、二〇一四・一〇、原版一九八六年)は、「立太子の手続きをふむことなく、天皇に即位し」、自身の皇子女「全員に賜姓し、臣籍に下」して「皇位継承候補者を消滅させ」た光孝天皇の「天皇としての性格」を検討し、「一代限りの、中継ぎ役の天皇」で「傍系」と理解する。その際、同じく立太子を欠く後白河の例を援用し、かつ『日本書紀』における傍系の天皇、孝謙以外の女帝、および後白河天皇との類似を指摘する。

(34) 「院政期の天皇家王権仏事」(『中世王権と王朝儀礼』東京大学出版会、二〇〇八・一一、第八章)。

(35) 「鳥羽殿と院政」高橋昌明編『院政期の内裏・大内裏と院御所』(文理閣、二〇〇六・六)。

(36) 「中世前期の王家と家長」(前掲書注30、初出「歴史評論」七三六、二〇一一・八)。当該の系図は二五頁「図1 皇統図」。氏は「王家」という学術用語の定義にあたり、「院の「家」に関しては、その継承の側面よりも、むしろ、そのつど形成される経営体としての個別的な側面を重視するべき」とし、「中世の特色である嫡系継承の原理を」組み込みつつ「皇統」の語を用いる。

(37) 平田俊春、山一書房、一九四四・六。

(38) 「天武皇統と歴史叙述—私撰国史論への一階梯として—」(佐伯真一編『中世の軍記物語と歴史叙述』中世文学と隣接諸

学4、竹林舎、二〇一一・四）。

(39)『中世の天皇観』（日本史リブレット二二、山川出版社、二〇〇三・一）。

(40)「『神皇正統記』の歴史叙述」（佐伯真一編『中世の軍記物語と歴史叙述』前掲注38）。氏はこの用語を早く「『神皇正統記』の正統論」（『北畠親房の儒学』ぺりかん社、二〇〇一・二）から用いられる。

(41)「山陵祭祀より見た家の成立過程―天皇家の成立をめぐって」（『日本史研究』三〇二、一九八七・一〇）。

(42)「中世の行事暦注に見る公事情報の共有」（『日本歴史』六七九、二〇〇四・一二）。

(43)平田俊春前掲書（注37）は『元元集』神皇紹運篇の二系図のうち後に載る系図を「皇室御世系図」と名づけ、こちらのみを「普通に類のない御系図」、「代と世とを分けて考へる神皇正統記の特徴と一致」、「北畠准后がさきの皇室御系図を基として制作されたものと思はれ、従つてこれは元元集の著書の記文の一」であると評価した。「さきの皇室御系図」がいわゆる「神皇系譜」を指す。石田一良「愚管抄と神皇正統記」は、神皇系譜を「親房のいわゆる「凡の承運」の系図」と見做す（『愚管抄の研究』ぺりかん社、二〇〇〇・一一、初出　古川哲史・石田一良編『日本思想史講座第3巻　中世の思想2』雄山閣出版、一九七六・八）。「凡の（ノ）承運」とは「マコトノ継体」と対で、代々の皇位継承を指す。石田論を継承した河内祥輔（前掲注39）は、神皇系譜をもとに「イ」も一直線上に「幹」を構成するよう書き改めた上で、正統の思想を表現した系図として提示する。神皇系譜の専論ではない石田論が、「『愚管抄』の第一巻「漢家年代」と「皇帝年代記」の間に」載る「世系図を見」た親房が「「継体正統」の観念を発達させた」可能性を示唆したこと、その『愚管抄』に挙がる名が「イ」を含む直系尊属であったことは、石田、河内両氏の理解に影響したようである。その『愚管抄』の記述の評価に、平田俊春『神皇正統記の基礎的研究』（雄山閣、一九七九・二）は「抄出しただけのもの」、松山和裕「『神皇正統記』における世数表記についての考察」（『日本思想史研究』四三、二〇一一・三）は「何の説明も無く唐突に現れるため、慈円によるメモのような印象」と異論を提示する。

(44)松山氏前掲論文（注43）はこの定説を問い直し、「明記されていない世数に該当者を比定することは、現代の感覚によって機械的に当てはめた読み方であって、親房の思想を考慮するという意味では、親房が「第〇世」と明記していない欠番の世は、欠番として読む必要があ」るとの理解を示す。つまり、世数は「神武天皇からの世代数」で、本稿でいう

「イ」にあたる「不即位者には「世」は付」されず「欠番とみなすのが妥当」であり、親房が「自らが世数を表記した天皇こそが正統である」ことを表す弁別のために付した表記だとする。なお、氏は、『神皇正統記』の「成務ヘダタリ給シカド」の意を、『元元集』神皇系譜において「中心ラインから左側に隔て」た親房の意識と同意であると明らかにされた。「『元元集』神皇紹運篇の系図に見える親房の皇統観が、『神皇正統記』にもほぼそのまま継承されている」と早く指摘された観点は、本稿と一部重なる。

(45) 前掲書（注39）。

(46) 下川氏前掲論文（注40一本目）は、「父へ父へと遡るので、場合によっては位に就いていない皇子も、正統な天皇（世数）の中に数える」とする。

(47) 上横手雅敬「平氏政権の諸段階」（安田元久先生退任記念論集刊行委員会編『中世日本の諸相　上巻』吉川弘文館、一九八九・四）は早く高倉天皇即位の道筋を整理し、同年九月、かつて憲仁立太子を謀り配流されたことのある時忠が召喚されたことにも触れる。

(48) （注14）に同じ。

(49) 五二頁「皇統関係系図」の縦の太線を参照。

(50) 元木泰雄『敗者の日本史5　治承・寿永の内乱と平氏』（吉川弘文館、二〇一三・四）。

(51) 高橋昌明『平清盛　福原の夢』（講談社、二〇〇七・一一）。

(52) 河内祥輔「治承元年事件後の経過（1）皇位継承問題」（『日本中世の朝廷・幕府体制』吉川弘文館、二〇〇七・六）。

(53) 高橋典幸「後白河院―暗主の波乱万丈の生涯」（元木泰雄編『保元・平治の乱と平氏の栄華』清文堂、二〇一四・三）。

(54) 『玉葉』同年十一月二十八日条。

(55) 五味文彦「平氏軍制の諸段階」（『史学雑誌』八八―八、一九七九・八）。

Ⅱ　和歌の〈場〉の展開

「法輪百首」考

家永香織

はじめに

源仲正は、新奇な表現・発想に由来する独特の歌風が注目されてきた。家集一帖が存在したとされるが散佚しており、江戸時代に編纂された仲正家集が三種現存するものの、いずれも『夫木抄』を中心に勅撰集・私撰集・定数歌などから仲正歌を集成した二次的な作品である。従って現在、仲正の和歌を論じるには、勅撰集・私撰集や彼が出詠した定数歌・歌合をそれぞれ参照しなければならない。中でも重要なのは、仲正歌を多数収載する『夫木抄』であろう。『夫木抄』によれば、仲正は証本の残る『為忠家初度百首』『為忠家後度百首』以外に、少なくとも三度、百首歌を詠んでいたと知られる。「法輪百首」と「山家百首」、及び堀河百首題によると思われる百首である。

このうち「法輪百首」は、子の頼政と共に詠んだらしい。同百首をめぐっては、井上宗雄氏、久保木秀夫氏の論により、歌題構成が明らかにされ本文集成も進んだが、歌題の特徴や表現の分析はいまだ不十分である。本稿では、仲正・頼政父子の「法輪百首」を取り上げ、様々な角度から検討を加えたい。

一　「法輪百首」詠集成

「法輪百首」は、『類題鈔』（明題抄とも）が紹介されたことにより、その成立時期と歌題構成が判明した。唯一の完本である国立歴史民俗博物館本（旧高松宮本）には以下のようにある。(6)

百首 号法輪百首 保延三年九月十八日
題寄述懐
霞十首　梅十首　郭公十首　五月雨五首　月十首　虫十首　雪十首　氷五首　山家十首　羈旅十首　閑居十首

「梅」は、上巻のみの残欠本である宮内庁書陵部本では「桜」とあり、そちらが正しい。春・夏・秋・冬各二、雑三の主題と述懐が結びつけられており、整然とした組題構成が意図されていることが看取できる。成立は保延三年（一一三七）九月十三日で、年時が明確なものとしては、これが現在知られる仲正の最終事跡となる。さて、『夫木抄』から集成できる仲正の「法輪百首」詠は以下の八首である。(7)

法輪百首、寄桜述懐　同（源仲正）
①いかでわれつぼめる花に身をなして心もとなく人にまたれん（春四・花・一〇六八）
法輪百首、寄桜述懐　源仲正
②春のうちの一さかりにはあひなまし身のなげきだにさくらなりせば（同・一一六八）
法輪百首、寄雪述懐　源仲正
③かじきはくこしの山路の旅すらも雪にしづまぬ身をかまふとか（冬三・雪・七一六六）

法輪百首、寄霞述懐　　源仲正

④たてきるか屏風のうらのはるがすみよにあふさかのせきこさじとて（雑七・浦・一一七一一）

法輪百首、寄桜述懐　　源仲正

⑤足引の山ばとのみぞすさめけるちりぬる華のしべになるみは（雑九・鳩・一二八三一）

法輪百首、虫　　源仲正

⑥おもしろや華にむつるるからてふのなればや我も思ふあたりに（雑九・蝶・一三一四〇）

法輪百首、寄山家述懐　　源仲正

⑦わび人のかたそにかくるあふりやのしたくらなりや山陰にして（雑十二・屋・一四四一九）

法輪百首、寄氷述懐　　源仲正

⑧いざひきてこほりをきしるすみ車おもきうれへは我ぞまされる（雑十五・車・一五七二一）

これに加え、近年、久保木秀夫氏により伝飛鳥井雅親筆未詳歌集断簡二点が紹介された。(8) 久保木著書掲載の本文に基づき、私に濁点及び前から続く通し番号を付して引用する。

断簡A

⑨にほどりをこほりのしたにとぢこめてくびもさゝせぬ世にこそ有けれ

いざいきてこほりにきしるすみ車をもきおもひはわれぞまされる

断簡B

⑩そへてけりふじのすそ野に旅ねしてたえぬけぶりにたえぬおもひを

⑪なにごとをおもひでにてか世のなかをうらみていでしみちもかへらむ

⑫かへりてはよはげぞ見えんたびにてもつよからぬ身はかさとがめせ□

久保木氏は、断簡Aの二首目「いざいきて」の歌が、異同はあるものの『夫木抄』において「法輪百首」の詠とされる⑧歌と同一歌と見なせること、⑨から⑫までの新出の四首が、⑨は「寄氷述懐」、⑩から⑫は「寄羇旅述懐」の題にふさわしい内容であることから、これらが仲正の「法輪百首」の一部である可能性が高いことを指摘している。首肯すべきであろう。したがって、『夫木抄』所収の八首に⑨から⑫を加え、計十二首が現在のところ、仲正の「法輪百首」詠として集成されることになる。

ここで、⑥歌に注目したい。確かに「法輪百首」と明記されるものの、他と異なり題に述懐の文字がなく、歌意も不遇感を吐露した他の「法輪百首」詠とは異質である。この歌は、述懐歌というよりはむしろ恋歌ではないだろうか。動詞「むつる」は、久保田淳氏[9]が「かなり感覚的な、時には肉感的イメージを伴って用いられやすい」と指摘するように、恋の雰囲気を内包する語と言える。また、

行くへなき空のけぶりとなりぬとも思ふあたりを立ちははなれじ（『源氏物語』若菜下・柏木）

くもぢにもただちにまがふかりがねのおもふあたりぞゆきがたきかな（『賀茂保憲女集』一三五）

などのように、「思ふあたり」は恋しく思う相手がいる場所を意味する表現である。

当該歌は、江戸中期成立の『三勇集』では恋部に配されている[10]。『三勇集』は曾禰好忠・源俊頼・仲正の和歌計二百首から成る私撰集で、仲正歌は散佚した彼の家集から採録された可能性が高い。好忠と俊頼の歌において、各々の家集と『三勇集』とで部立が異なるのは一例のみである[11]。仲正歌も同じ方法が採用されているはずであり、家集に述懐歌として入る歌が『三勇集』の恋部に配されることは考えにくい。周知のように『夫木抄』詞書には誤りも少なくない。⑥歌も、詞書に誤りがあるのであり「法輪百首」詠ではないと考えるべきであろう。

続いて頼政の作を見ていきたいが、『頼政集』によれば頼政が詠んだのは「法輪寺百首」である。頼政集輪読会『頼政集新注 上』[12]（以下『新注』と略称する。底本は宮内庁書陵部蔵桂宮本）の整定本文により掲出する。仲正歌と区別するため㋐～㋓の記号を付した。

郭公　法輪寺百首中

㋐時鳥又こそきかね我は世にあふちの花のさかりならねば（一三八）

㋑世中を過がてになけ時鳥おなじ心にわれもきくべき（一三九）

㋒一声はさやかに過て時鳥雲ぢはるかに遠ざかる也（一四〇）

㋓郭公あかですぎにし名残をば月なしとてもながめやはせぬ（一四一）[13]

「法輪寺百首中」の部分を欠く伝本、「法輪寺百首内」とする伝本もあるが、「法輪百首」と記された例は管見に入っていない。

仲正が詠んだのは「法輪百首」であり、「法輪寺百首」とは小異がある。しかし、『長秋詠藻』（三六二）で「保延五年ばかりのことにや、母のぶくなりし年、法輪寺にしばしこもりたりける時、よる嵐のいたく吹きければ」との詞書を有する歌が、『新古今集』（哀傷歌・七九五）には「母のおもひに侍りける秋、法輪にこもりて、あらしのいたくふきければ」との詞書で採られている。こうした例からわかるように、法輪寺は「法輪」と略称されることも多かった。仲正・頼政の百首は同じ機会の作と見てよいだろう。以下、頼政詠を取り上げる場合も含め「法輪百首」の呼称で統一することとする。

ここで、仲正・頼政の「法輪百首」詠が他の歌集類に見出だせないか、検討しておこう。『類題鈔』から知られる「法輪百首」の歌題と共通する仲正・頼政の歌として、以下のようなものがある。

寄霞述懐のこころをよめる　　　　源仲正

aおもふことなくてや春をすぐさましうき世へだつるかすみなりせば（『千載集』雑中・一〇六四）

b天原朝行月のいたづらに世にあまさるゝ心ちこそすれ（『頼政集』二三五）

寄月述懐

cさやかなる月の光をしるべにて世にふる道をたどらずも哉（同二四一）

寄月述懐

dわれが身やふる川水のうす氷昔は清きながれなれども（同二〇四）

寄氷述懐

aは、井上宗雄氏により「或は法輪寺百首かもしれない」と推定されており[14]、新日本古典文学大系『千載和歌集』（片野達郎・松野陽一氏校注）の脚注にも「法輪寺百首会題か」とあるのだが、次の西行の歌に注意したい。

世にあらじと思ひたちけるころ、東山にて、人人、寄霞述懐と云ふ事をよめる

そらになる心は春のかすみにてよにあらじともおもひたつかな（『山家集』七二三）

和歌文学大系『山家集／聞書集／残集』（『山家集』は西澤美仁氏校注）では、当該歌の補注において「結題「寄霞述懐」は千載集（源仲正「法輪百首」）に先例」との指摘がある。確かに、『千載集』の仲正詠が「法輪百首」の作である可能性は高いと思われるが、西行の「そらになる」の歌と同機会であることを完全に否定することもできないのではないだろうか。西行と仲正との直接の交流は知られていない。ただし、西行の歌友である俊成・寂念・寂超と仲正は、藤原為忠主催の和歌行事で同席している。また西行が度々訪ねている清和院の斎院（白河院皇女官子内親王）は仲正の姪であり、彼女のもとで西行は頼政と共に歌を詠んでいる（『聞書集』二五五）。「そらになる」歌の詞書にある「人人」

の中に、仲正が含まれる可能性も残るのではないか。[15] 当該歌が詠まれたのは、西行が出家する保延六年（一一四〇）頃、すなわち「法輪百首」成立の三年後であり、なんらかの関係も考えてみたいところであるが、現段階では仲正のa歌を「法輪百首」と見なすことには慎重でありたい。

続いて頼政のb〜dであるが、これらは井上氏や松野陽一氏[16]により「法輪百首」の作である可能性が指摘されている。しかしb・cの「寄月述懐」題は『山家集』にも例がある。dの「寄氷述懐」は仲正と頼政以外の例が知られないが、「法輪百首」成立時には先行例が一例しか見出せない寄物述懐題も、頼政の歌歴の後半に相当する時期には用例が急増し、西行が「寄霞述懐」「寄月述懐」以外に「寄若菜述懐」「寄鶯述懐」「寄花橘述懐」「寄藤花述懐」（以上『山家集』）「寄花述懐」（『聞書集』）の各題を詠んでいるほか、「寄花述懐」（『月詣集』藤原親佐）、「寄鹿述懐」（『閑谷集』）、「寄神述懐」（『玄玉集』静賢）、「寄老人述懐」（『続後撰集』縁忍、『山家集』「老人述懐」も同機会か）など、様々な例が存在する。やはり、b〜dも「法輪百首」詠であると即断することは控えたい。[17]

したがって、現時点において「法輪百首」の作として検討すべきは、仲正の十一首と頼政の四首ということになる。以下、これら十五首を対象として論じていきたい。

二　歌題の特徴

組題百首である「法輪百首」の歌題の特徴は三点にまとめられる。第一に十一題百首であること、第二に述懐という単一主題の百首であること、第三に寄物題の百首であることである。この三点について、順次検討を加えたい。なお、歌歴から推して設題は頼政ではなく仲正によるものと考えられ、以下それを前提に論じていく。

〈十一題百首〉

まずは、「法輪百首」成立までの百首歌の歌題構成を確認しておこう。初期百首は、四季・恋各十、沓冠三十一、物名二十（「好忠百首」「順百首」「恵慶百首」）、四季・恋各二十（「重之女百首」「和泉式部百首」）など整然とした構成となっているが、分類項目は歌題ではないので組題百首とは見なせず、敢えていうならば部立百首であろう。現存資料の範囲では、組題百首が見られるのは院政期以降となる。

題詠史上極めて重要な意味を持つ『堀河百首』の成立以前、康和年間の源顕仲による百首や長治二年の葉室顕隆による「東宮百首」が存在したようだが、(18) いずれも証本は残らない。以降、保延年間までの百首としては、a『堀河百首』、b『永久百首』、c「永縁奈良百首」、d『源中納言懐旧百首』、e『為忠家初度百首』、f『為忠家後度百首』、g「崇徳天皇初度百首」が知られ、他に単一主題の百首としてh肥後の「恋百首」（『万代集』に一首のみ残存）、i源俊頼の「恨躬耻運雑歌百首」、j藤原俊成の「述懐百首」がある。a〜g・jはいずれも百題百首。そのうちcgjは堀河百首題による百首であり、dは堀河百首題を一部差し替えたもの、eは堀河百首題を複雑化した結題が中心となっている。つまり仲正が生きた時代には、堀河百首題と何らかの形で関係する百題百首が次々に詠まれたのである。そうした中で、「法輪百首」の十一題百首という構成は異彩を放っている。この歌題構成は、いったいどのように発想されたのであろう。

百首歌の系譜の中で見れば、「法輪百首」の構成は同時代の百題百首よりも初期百首に近い。例えば「重之百首」の四季各二十、恋十、恨十という構成や、「相模百首」の「初春」から「雑」に至る二十項目各五首という構成は、「法輪百首」につながる性質があるように思う。「法輪百首」はこれらの初期百首の構成を参考にしながら、それを部立ではなく、「霞」「山家」といった具体的歌題に置き換えたと見ることができよう。「恋」題を含まないのは、述懐の百首だからである。

同時に、歌合・歌会の歌題構成の影響も考えられる。当時、歌合・歌会催行時の季節とは無関係に、各季の歌題と人事題計十題前後を設定した催しが度々行われていた。その一部をあげてみよう。

a承暦元年『讃岐守顕季家歌合』

霞・桜／郭公・花橘／七夕・紅葉／霰・雪／祝・恋　計十題

b永長元年『権大納言家歌合』(19)

霞・鶯・桜／郭公・五月雨／月・女郎花・紅葉／雪・千鳥／祝・恋　計十二題

c永久四年『六条宰相家歌合』

子日・霞・桜／郭公・五月雨・夏草／女郎花・月・紅葉／雪・霰・水鳥／祝・恋　計十四題

d保安二年『内蔵頭長実白河家歌合』

霞・桜／郭公／紅葉・月／雪／恋　計七題

e源顕仲家十首歌会(20)

霞・桜／早苗・郭公／月・紅葉／鷹狩・雪／恋（二首）　計九題

f長承二年崇徳天皇十首歌会

初聞鶯・毎年見花／遠近卯花・郭公過暁／月不如秋・田家秋雨／林下時雨・行路初雪／寒雁添恋・船中暁恋

計十題

四季各々の景物と人事題との組み合わせはごくありふれたものにも見えるが、こうした構成は、歌合では寛和二年『内裏歌合』（春秋各五題・夏冬各四題・人事二題計二十題）で初めて見られ、次に現れるのが白河朝に入ってからのaなのである。またe・f以外にも立て続けに十首歌会、十五首歌会が行われるが、四季の素材と人事題各二首ずつ、あるいは三首ずつが標準となっている。散佚した多くの歌合、全体像の知られない歌会の存在も当然考慮しなければならないが、「法輪百首」成立時、各季の題と人事題で十題前後という催しが頻々と行われていたという事実を重視したい。「法輪百首」は、当時の歌合・歌会の標準的歌題構成を百首歌に応用したものと見ることができよう。

それならば、なぜ十題ではなく十一題なのか。それは、春秋と夏冬の歌数に差をつけるためではないだろうか。勅撰集の部立でも春秋と夏冬の巻数に差があるのが普通だが、「法輪百首」の春秋各二十首、夏冬各十五首、人事三十首という歌数が、『堀河百首』『為忠家両度百首』などと一致することに注意すべきであろう。当時の主流である百題百首と歌題数は異なるが、歌数については先行例を踏襲する意図があったと推定したい。

〈述懐百首〉

百首歌は、そもそも曾禰好忠・源順らの初期百首に沈淪訴嘆の性格が色濃く見られ、『堀河百首』の源俊頼詠にも述懐性の強い歌が散見する。更に俊頼は、述懐歌による百首であることを明確に打ち出した「恨躬耻運雑歌百首」を詠んだ。他に仲正と同時代の歌人では、藤原俊成・清輔・惟方らに述懐の百首がある。

a藤原俊成『長秋詠藻』

堀川院御時百首題を述懐によせて読みける歌、保延六、七年のころの事にや

立春

去年もさて暮れにきとおもへば春たつと聞くよりかねて物ぞ悲しき（一〇二）

b藤原清輔『清輔集』

述懐百首のうちに

世中をいまはかぎりと見る月の心ぼそくぞながめられける（三七二）

c藤原惟方『粟田口別当入道集』

百首歌をうらみによせてある人におくる題の中に、霞を

はるがすみたなびく人もなきよにはたちめぐるべきここちこそせね（七）

清輔の百首の成立事情は不明だが、俊成の百首の成立は保延六、七年なので「法輪百首」の三、四年後となり、惟方の百首の成立は年齢から考えて、更にその後となるであろう。

仲正と俊頼は関係が深い。俊頼の長兄道時の妻は仲正叔母（父頼綱の妹）であり、『今鏡』（敷島の打聞）には俊頼と頼綱の逸話が見える。『散木奇歌集』によれば、仲正と俊頼は旋頭歌の贈答もしている。おそらく仲正は、俊頼の「恨躬耻運雑歌百首」を意識して、述懐の百首を詠むことを思い立ったのだろう。但し俊頼の百首には歌題はない。「法輪百首」の新しさは、述懐百首を十一題の寄物題により構成した点にある。

〈寄物題百首〉

寄物題は『万葉集』の「寄花」「寄衣」などの題詞を淵源とし、歌題としては平安後期から見られるようになるが、早い例はいずれも恋題である。寄物と述懐を結びつけた題は、現存資料の範囲では、仲正も出詠した大治三年（一一二八）『西宮歌合』（源顕仲主催、藤原基俊判）まで例を見出せない。

『西宮歌合』の歌題は「月寄述懐」「紅葉寄昼」「鹿寄暁」「虫寄夕」「萩寄恋」「女郎花寄恋」「薄寄恋」「荻寄恋」「蘭寄恋」「菊寄祝」であり、厳密に言えば通常の寄物述懐題の「寄月述懐」という書き方とは異なる。しかし『詞花集』において撰者藤原顕輔は、『西宮歌合』での「月寄述懐」題の自詠を「神祇伯顕仲ひろたにて歌合し侍るとて、寄月述懐といふことをよみてとこひ侍りければつかはしける」との詞書で採っており、「月寄述懐」と「寄月述懐」は同じ歌題ととらえ

られていたことがうかがえる。

同歌合以降、源行宗・西行・惟宗広言らに寄物述懐題の例が見られるが、家集における配列や作者の年齢などを考慮すると「法輪百首」に先行するとは考えにくく、「法輪百首」の寄物述懐題は『西宮歌合』に次ぐ例と認められる。仲正が、述懐百首を詠むにあたり寄物題を採用したのは、『西宮歌合』での詠歌の経験が関連している可能性が高いだろう。

同時に、仲正は多数の寄物恋題詠を詠んでおり、(21)元来寄物題に関心があったということも指摘できる。

以上、「法輪百首」の歌題構成について検討してきたが、本百首は現在知られる限りにおいて、百題百首ではない組題百首としても、有題の述懐百首としても和歌史上初の作品であり、寄物題百首としても早い例の一つである。(22)題詠史上、極めて重要な意義を持つ作品と言ってよいだろう。

三　成立の背景

次に、なぜ保延三年（一一三七）九月十八日という時期に仲正・頼政父子が述懐の百首を詠んだのかを考えなくてはならない。

「法輪百首」成立までの二人の官歴を概観してみよう。

〈仲正の官歴〉

嘉保二年（一〇九五）正月十日、三十歳で(23)六位蔵人（『中右記』）。

永長元年（一〇九六）正月二十三日、左兵衛少尉（同）。

承徳元年（一〇九七）正月五日、叙爵。閏正月三日、肥前権守（同）。

長治元年（一一〇四）五月二十六日『左近権中将俊忠朝臣家歌合』に「肥前権守仲正」とある。

嘉承二年（一一〇七）十二月五日、皇后宮令子内親王の大進（同）。翌年解官か(24)（同）。

天永三年（一一一二）十二月十七日、「地下五位」（同）

元永元年（一一一八）二月五日、下総守として見任（同）。

保安四年（一一二三）十一月一日までに下総守辞任か(25)（『百練抄』）。

大治三年（一一二八）『西宮歌合』『住吉歌合』では作者名「仲正」で、散位か。

長承三年（一一三四）九月十三日『中宮亮顕輔家歌合』に「兵庫頭仲正」とある。

保延元年（一一三五）『為忠家後度百首』に「兵庫頭仲正」とあり、官位順で従五位下顕広の後に並ぶので、位は従五位下のまま。


〈頼政の官歴〉

保延二年（一一三六）四月十七日、三十三歳で六位蔵人。六月十三日、叙爵（『公卿補任』）。

以降、久寿二年（一一五五）に兵庫頭となる（『公卿補任』）まで永らく散位。

仲正の家、いわゆる摂津源氏は代々摂関家に近仕し、仲正母も藤原師実室麗子に仕える女房であった（『後二条師通記』寛治六年四月十六日条）。そうした縁からであろう、仲正は叙爵、肥前権守を経た後、師実夫妻が養育した令子内親王の皇后宮大進に任ぜられ、比較的順調な官途を辿るかに見えた。しかし大進解官後は、一時期下総守も務めるが、兵庫頭任官まで散位の期間が長かったと推測され、昇叙の記録も残らない(26)。

頼政の場合は、「法輪百首」の前年、六位蔵人に補され、二ヶ月後に叙爵して以来、一年以上散位のままであった。

第四節で詳述するが、『頼政集』（二四三・五七二）には、わずか二ヶ月で蔵人を辞し殿上を下りざるを得なかった無念さをにじませた詠歌が見える。

このように親子共々官途には恵まれておらず、不遇感を和歌に託そうとしたことは自然ななりゆきと言えよう。

仲正・頼政父子は、「法輪百首」を詠む以前に、長承三年（一一三四）末〜翌保延元年はじめ頃の『為忠家両度百首』や、保延二年三月の家成家歌合（証本は残らず『夫木抄』により知られる）に共に出詠している。いずれも、既に仲正が和歌を通して交誼を結んでいた人々の主催する催しに、新たに頼政を伴って加わったという形となっており、[27]仲正が歌人として頼政をよく導いていたことが知られる。仲正は、自身だけでなく、歌人として活動の場を広げつつある頼政にとっても、沈淪訴嘆の方法として百首がふさわしいと考えたのであろう。そして斬新な組題を考案し、頼政と共に百首を詠んだものと思われる。

続いて、百首の舞台となった法輪寺について考えたい。[28]法輪寺といえば、道命や和泉式部、赤染衛門らが滞在したことが知られるが（『道命阿闍梨集』一〇・『和泉式部集』七五八・『赤染衛門集』三五一他）、仲正らと同時代に生きた俊成や西行も法輪寺を訪れている。俊成は「法輪百首」成立の二年後、保延五年に母を亡くして法輪寺に籠もり、「うき世には今はあらしの山かぜにこれやなれ行くはじめなるらむ」（『新古今集』哀傷歌・七九五）と詠んだ。また、出家前の西行が法輪寺に詣でたことはよく知られている。『残集』（二二）詞書に「いまだよのがれざりけるそのかみ、西住ぐしてほふりんにまゐりたりけるに（以下略）」とあるが、西行の出家は保延六年、二十三歳の折であるから、法輪寺を訪れたのは保延年間である可能性が高く、「法輪百首」とごく近い時期と推測される。

そもそも法輪寺は、衆生の諸願を成就させるとされる虚空蔵菩薩を本尊としていることから、沈淪を嘆く人々、心願成就を祈る人々の信仰を集めた。

しづむことをなげき侍しころ、九月ついたちにや法輪にまゐりたりしに、大井に三日の月のうつりて侍しをみて

大井がはなみまにやどるみかづきのしばしもしづむなこそをしけれ（『林下集』二九四）

こころざす事ありて、にし山法輪寺にまうで侍りけるに、

例の資賢公をともなひて三月のすゑに山につきぬ（以下略）

いつよりかすみそめぬらんむらさきのいまをりさかるやま藤の花（『為忠集』三五）

はかなしや夢ばかりなるあふことに長きうれへをかへてしづまん

これはかさぬる夢の大将、いとせちにおもふこと侍りて、法輪にこもりておこなひ侍りけるに夢うつつともわきがたきこゑにてつげ侍りけるとなむ（『風葉集』釈教・四八七）

仲正の時代には既に成立していた『明衡往来』にも、「為㆑果㆓宿願㆒参㆓詣法輪寺㆒」(29)という一節が見出せる。法輪寺は、述懐の百首を詠むのに大変ふさわしい舞台であったと言えよう。

ところで、「法輪百首」は法輪寺で詠まれたのだろうか、それとも他で詠まれて法輪寺に奉納されたのだろうか。稿者は法輪寺で詠まれたと考えたい。それは歌題に「山家」「羈旅」「閑居」が含まれるからである。雑の題としてこの三題が選ばれたのは、都の自邸を離れ嵐山の法輪寺に参籠していたことを示すのではないだろうか。

法輪寺で詠まれた百首は、そのまま奉納されたかも知れないが、それだけではなく何らかの形で有力者に提出されたであろう。仲正は摂関家に近仕し、師通の勾当を務めた（『中右記』嘉保二年正月十日条）。「法輪百首」成立当時、師通は既に没しているが、嫡孫関白忠通には仲正女三河が女房として出仕している。また、『月詣集』（雑下・八〇四）詞書に「鳥羽院に頼行がことを申しはべりけるに、ほどへければ奏者のもとにつかはしける」とあり、仲正が頼政弟

頼行に関わる何らかの望みを鳥羽院に奏上したことが知られる。その鳥羽院は、当時治天の君である。これらの人々が、述懐百首の献上先の候補と言えようか。

四　表現の検討

続いて、仲正・頼政の「法輪百首」詠の表現の特徴について瞥見しておきたい。以下、仲正歌に付した①〜⑫、頼政歌に付した㋐〜㋓は、第一節と共通する。

〈仲正〉

仲正の「法輪百首」詠に関しては、既に井上宗雄氏、久保田淳氏、久保木秀夫氏らにより、新奇な表現が見られること、①「いかでわれつぼめる花に身をなして心もとなく人にまたれん」の「つぼめる花」や③「かじきはくこしの山路の旅すらも雪にしづまぬ身をかまふとか」の「かじき」の語が西行歌に取り入れられていることなどが指摘されている。(30)

西行への影響ということで言えば、⑤「足引の山ばとのみぞすさめけるちりぬる華のしべになるみは」の「山ばと」にも注目しておきたい。山鳩を詠んだ「法輪百首」以前の作として見出せるのは、次の二首のみである。

ａわれをあきとふるつゆなれば山ばとの鳴きこそわたれきみまつのえに
（『古今和歌六帖』二・野・鳩・一一八九・作者名不記）

かげあきらがつくしへまかりしに、やまばといろのかりあをつかはすとて

ｂあしひきのやまばといろのかりあをきじとや人のいはんとすらむ

（『兼澄集』九四）

そして、仲正歌に次ぐ例が次の西行歌となる。

　ｃゆふざれやひばらのみねをこえ行けばすごくきこゆるやまばとのこゑ（『山家集』一〇五二）

山鳩色の狩襖（狩衣）を詠むｂは措くとして、ａは西行歌と同じく（また以後のほとんどの山鳩詠と同じく）山鳩の鳴き声を詠む。しかしながら「われをあき」「きみまつ」など恋の思いが表出されており、山鳩も純粋な叙景の歌材ではなく、恋しい相手を思って泣く女の姿を投影したものと言えよう。無論その前提として、人の訪れのない山里で鳴くという山鳩の属性があり、そうした性格は西行歌にも生かされている。だが、寂寥感や孤独感の象徴としての山鳩のイメージは仲正歌により一層深められたのであり、西行歌に漂う切実な寂しさの背景にはａ歌と共に仲正の述懐詠もあったと考えたい。

一方、表現の新奇さという点では、④の「屏風のうら」、⑤の「しべ」、⑦の「あふりや」「したくら」、⑧の「きしる」「すみぐるま」、⑨の「くひもさゝせぬ」、⑫の「かさとがめ」をあげることができる。

④「たてきるか屏風のうらのはるがすみよにあふさかのせきこさじとて」に詠まれた屏風の浦は、仲正歌が『歌枕名寄』に再録される以外、他例を見出せない。その所在を『歌枕名寄』は近江、『藻塩草』は播磨とする。「たてきるか」の「たて」は「屏風」の縁語であり、西行に同様の修辞を用いた「びやうぶにや心をたてておもひけん行者はかへりちごはとまりぬ」（『山家集』一一一七）[31]があることには注意しておいてよかろう。

先にも触れた⑤「足引の山ばとのみぞすさめけるちりぬる華のしべになるみは」は、次の大中臣輔親歌が下敷きになっていると思われる。

　いへのしふのはしにかきつけ侍りける　　祭主輔親

はなのしべもみぢのしたばかきつめてこのもとよりやちらんとすらん（『後拾遺集』雑四・一〇八七）

花の蘂は紅葉の下葉と共に価値のないものの比喩で、自詠を謙遜して言った表現であり、仲正もその喩えを踏襲して我が身を花の蘂に擬えた。同じ比喩を用いた例は他に見出し得ていない。

⑦「わび人のかたそにかくるあふりやのしたくらなりや山陰にして」は、「あふりや」の語がわかりにくい。(32)「寄山家述懐」題であること、『夫木抄』において居所部「屋」項に配されていることから推して、「あふり屋」または「あぶり屋」なのであろう。侘び人が山あいの懸崖付近に住まいを設けているが、山陰のために下の方が暗いという情景と思われる。「あふり（あぶり）屋」に「泥障《あふり》」、「下暗」に「下鞍」、「陰」に「鹿毛」というように、馬具や馬の毛色を意味する語を掛けて縁語に仕立てているが、「下暗」「下鞍」の掛詞は次の贈答に倣った可能性がある。

　みちのくにへくだるに、きんたうの右衛門督、したぐらをこすとて

あづまぢのこのしたくらにみえゆかばみやこの月をこひざらめやは

　かへし

ことといてん宮このかたへゆく月にこのしたくらにいとゞまどふと（『実方朝臣集』一六九・一七〇）(33)

藤原公任が藤原実方に餞別として贈った下鞍を、「木の下暗」に重ねて物名風に詠み込んだ贈答である。仲正は更に二組の掛詞を用いており、しかも泥障や下鞍など雅ならざる語を用いたこともあって、やや言語遊戯に傾いた観がある。

⑧「いざひきてこほりをきしるすみ車おもきうれへは我ぞまされる」の傍線部は、「売炭翁」（『白氏文集』新楽府）の「暁駕炭車輾氷轍」(34)の句を典拠とする。「炭車」の例は他に見出せないが、「法輪百首」の二年前に催され仲正も加わった『為忠家後度百首』に、「売炭翁」を踏まえて「炭の車」を詠んだ「しろたへにゆきふりつみしあか月のすみのくるまはいかがみえけん」（車中雪・五五六・藤原為盛）がある。

⑨「にほどりをこほりのしたにとぢこめてくびもさゝせぬ世にこそ有けれ」に詠まれた「くひ（くび）もさゝせぬ」は難解だが、仲正自身の次の歌が参考になるかと思う。

わぎもこがこころあらたかよどりつつかへりさすまでなつけてしかな（『為忠家後度百首』寄鷹恋・六五〇）

「かへりさす」とは、鳥が首を後ろに向けて、頭を背に付けたり羽の下に入れたりして寝ることを意味する。⑨の「さゝせぬ」の「さす」が、「かへりさす」の「さす」と同じだとすれば、「くびもさゝせぬ」とは「首を羽に埋めて安らかに眠ることもさせない」といった意味ではないだろうか。氷の下に閉じ込められ安眠できない鳰鳥の姿に、何かと窮屈な世の中から逃れることもできず、安らかに過ごすこともできない我が身を重ねた歌と解しておきたい。

⑫「かへりてはよはげぞ見えんたびにてもつよからぬ身はかさとがめせ□」の「かさとがめ」は、笠同士がぶつかった際に文句を言うことで、『日本国語大辞典』（第二版）も『古語大観』も『古事談』の例を引くが、仲正歌の方が早く、和歌では他に例を見ない。これも伝統的な和歌の美意識から逸脱した語と言ってよかろう。

このように仲正の「法輪百首」詠は、身の不遇を痛切に嘆じながら、表現においてはかなり新奇、卑俗な語が用いられており、『為忠家両度百首』など他の仲正歌に見られる特徴は、述懐百首であるこの作品にも等しく看取できるのである。同様の特徴は、仲正が意識していると思われる俊頼の「恨躬耻運雑歌百首」にも見られる。一例のみあげてみよう。

立ちいづればひぢつかれつつはしたかのすずろはしきは我が身なりけり（『散木奇歌集』一四五八）

「（自分が世の中に）立ち出づ」に「（鷹狩の獲物の鳥が逃げ込んだ草むらなどから）立ち出づ」、「肘突かれ」に逃げ込んだ場所から犬などが追い出した獲物を鷹が取る意の「労《つか》れ」、「端《はした》（か）」に「箸鷹」、「すずろはしき」に「鈴」を掛けている。鷹詞を用い修辞に凝った詠み方は、馬具にまつわる修辞を駆使した仲正の⑦に近いものがあろう。

現時点で集成できる「法輪百首」詠には、俊頼の「恨躬耻運雑歌百首」から直接に影響を受けた歌は見出せないが、今後「法輪百首」の全体像が明らかになることがあれば、表現や発想上の影響関係が見出せる可能性は低くないだろう。

〈頼政〉

頼政歌については、『新注』の周到な分析に付け加えることは多くはないが、簡単に私見を述べたい。

まず㋐「時鳥又こそきかね我は世にあふちの花のさかりならねば」では、第二句が「またこそきかね」なのか「まだこそきかね」なのかが問題となる。『新注』は底本の表記「又」に従うが、ここは「まだ」と解するべきではないだろうか。

当時、「数ならぬ身ゆえに郭公の声を聞くことができない」という郭公詠の一つの類型があった。

　　いつの事にか

またできく人もやあらむほととぎすなかぬにつけて身こそしらるれ（『経信集』六四）

　大弐長実白河にて、郭公をよめる

おとせぬは待つ人からか郭公たれをしへけむかずならぬ身を（『散木奇歌集』二六三）

人は皆きくなるものを郭公そのうちにだにいらぬみぞうき（『為忠家後度百首』人伝郭公・一七〇・作者未詳）(35)

本来は「寄郭公述懐」題であったことを考慮するならば、頼政歌もこの系譜に連なると考えられる。

また、『新注』に指摘があるように、郭公と樗（楝）の取り合わせは季節の点で自然ではあるが例は多くない。しかし、

玉に貫く楝を家に植ゑたらば山ほととぎす離れず来むかも（『万葉集』巻十七・三九一〇・大伴書持）

なれまつといねぬあさけに郭公あふちのえだにいまこそはなけ（『出観集』一六七）

などから知られるように、樗は橘ほどでないものの、郭公が好む花木であるという認識があった。だからこそ頼政は、自分は時宜を得られぬ拙い身であり、郭公を呼び寄せる樗の花も満開ではないので、郭公の声はまだ聞けずにいる、と詠んだのであろう。橘ではなく樗を詠んだのは、言うまでもなく「世に合ふ」と掛けるためである。

㋑「世中を過がてになけ時鳥おなじ心にわれもきくべき」も、類似した型を先行例に見出だすことができる。

（題知らず）

こぬ人をまつちの山の郭公おなじ心にねこそなかるれ（『拾遺集』恋三・八二〇・読人しらず）

あきのよの虫も物をやおもふらんおなじ心になきあかしつつ（『定頼集』一八〇）(36)

ひとりゐてながむる秋の夕ぐれはおなじ心に松虫ぞなく（『永久百首』鈴虫・三二二・大進）

いずれも、鳥や虫が鳴く様と詠歌主体の悲哀を、「同じ心に」という表現を用いて重ねている。頼政歌の独自性は、郭公に関する常套的表現である「過がて」と自己の心情をいう「世の中を過がて」を重ねた点にあり、『新注』の「世間の生き難さを持ち出すことで意表を突く」との指摘は正鵠を射たものと言えよう。

㋒「一声はさやかに過て時鳥雲ぢはるかに遠ざかる也」、㋓「郭公あかですぎにし名残をば月なしとてもながめやはせぬ」の二首は、従来、述懐性が看取されないため「法輪百首」詠ではないとされてきた。しかし、六位蔵人をわずか二ヶ月で辞したという頼政の経歴を念頭において解釈するならば、これらは殿上を離れたことを惜しむ歌と見ることができるのではないだろうか。

まず㋒については、次のような例が参考になるだろう。

重之がかうぶり給はりておるるに、いかがおもふとおほせられければ

年へつつくもゐはなれてあしたづのいかなるさはにすまんとすらむ（『円融院御集』一八）

殿上はなれ侍りて、よみ侍りける　藤原清正

あまつ風ふけひの浦にゐるたづのなどか雲井にかへらざるべき（『新古今集』・雑下・一七二三）

頼政自身も

蔵人おりて侍しころ、夜半月といふことを人〳〵よみ侍しに

ねひとつと今やさすらん雲の上の月をみるにも忘られぬ哉（『頼政集』二四三）

蔵人おりてつぎの日、女房のもとへつかはしける

思ひやれ雲ゐの月になれ〳〵てくらきふせやに帰る心を（同・五七二）

と詠んでいる。㋒の「雲ぢはるかに遠ざかる」は、殿上を離れた我が身を飛び去ってゆく郭公と重ねた表現であろう。㋓が、「ほととぎすあかですぎぬるこゑによりあとなきそらをながめつるかな」（『金葉集』・夏・一一二・藤原孝善）を踏まえており、「月なし」は月が見えない意に、すがるべきもの、手がかりになるものがないという意を掛けていることは、『新注』が指摘する通りである。更に、後の例ではあるが、第五句が一致する次の歌も参考になろう。

殿上のけりける比、月を見て　藤原隆信

なにごとをおもふともなき人だにも月見るたびにながめやはせぬ（続詞花集・雑上・七九四）

㋓の歌は、短い殿上生活の名残を惜しみ、再び昇殿する手立てもなく、つくづくと思いに沈んでしまうという心情が込められていると解したい。

わずか四首のみの検討であったが、頼政の「法輪百首」詠は、類型を利用しつつ独自の工夫も見られるものであり、仲正のような新奇、卑俗な措辞は用いられていない。また不遇感はあからさまには吐露されず、とりわけ㋒と㋓にお

いては、叙景と重ねてさりげなく表現されていた。

さいごに

以上、仲正・頼政の「法輪百首」について検討してきた。『類題鈔（明題抄）』が紹介され歌題構成が判明したことにより、本百首の題詠史上における重要な意義が明らかになった。本百首と同じく『夫木抄』に見える仲正の「山家百首」は、「牆柳垂枝」「水辺杜若」「葵蔵老髪」などの歌題が知られ、堀河百首題を複雑化した結題百首と思われるが、同様の組題百首としては『為忠家初度百首』と並び早い例となる。また『夫木抄』には仲正の寄物恋題の歌が多数収載されているが、寄物題を構成する歌材は天象・地儀・舟車・布帛・器物・動植物など多岐にわたり、多くは先行例の知られない歌題である。仲正が、歌題設定において新しい試みに意欲的に取り組んだ歌人だということを強調しておきたい。

第一節で触れたように、西行は保延六年の出家直前に人々と「寄霞述懐」題の歌を詠んでいる。また俊成は保延六、七年に堀河百首題による述懐百首を成した。更に、西行には他にも寄物述懐題の歌が少なからず見られること[37]、仲正と交流のあった（『粟田口別当入道集』七二）惟方や、後に頼政との親交が知られる（『頼政集』一三二他）清輔が、述懐の百首を詠んでいることも興味深い。「法輪百首」は仲正・頼政父子のごく内輪の営みというだけでなく、周辺の人々に強い印象を与えたのではないか[38]。

「法輪百首」のすべての歌を分析できれば、更に指摘できることは多いであろう。後代の述懐題や述懐百首との関連、あるいは曾禰好忠らの初期百首や俊頼の「恨躬耻運雑歌百首」から「法輪百首」への直接の影響も看取できるかもしれない。
本稿では、『類題鈔（明題抄）』や断簡の紹介という先学の業績を踏まえ、現時点で明らかにできることを指摘した。全歌題は判明したとはいえ、根幹資料たる「法輪百首」詠は二人分を合わせても二十首に満たず、徒に憶測を重ねた嫌いもある。今後新たな「法輪百首」詠が発見され次第、論を修正していきたい。

注

（1）『桑華書志』所載「古蹟歌書目録」第九に「仲正集一帖号蓬屋集」とある。
（2）現存の仲正家集については拙著『転換期の和歌表現　院政期和歌文学の研究』（二〇一二年、青簡舎）四七一～五一六ページで詳述した。
（3）作者名を仲正とする歌は二〇二首あるが、内二首は作者名に誤りがあり、重複歌一首を含む。
（4）「『類題鈔（明題抄）』について―歌題集成書の資料的価値―」（『国語と国文学』67―7、一九九〇年七月）。
（5）①「伝飛鳥井雅親筆未詳歌集断簡―源仲正『法輪百首』か―」（頼政集輪読会『頼政集夏部注釈』二〇〇八年、早稲田大学戸山リサーチセンター個別研究課題研究成果報告書）、②「伝飛鳥井雅親筆未詳歌集（法輪百首カ）断簡・続稿」（頼政集輪読会『頼政集本文集成』二〇〇九年、同前）→『中古中世散佚歌集研究』（二〇〇九年、青簡舎）一〇〇～一〇八ページ。
（6）歴博本『類題鈔』の引用は、「類題鈔」研究会編『類題鈔（明題抄）影印と翻刻』（一九九四年、笠間書院）による。
（7）以下、和歌の引用は特に断らない限り『新編国歌大観』により、必要に応じて私に傍線を付した。『夫木抄』については、『新編国歌大観』（底本は静嘉堂文庫本）と共に、永青文庫本・宮内庁書陵部本・寛文五年版本も参照した。『新編私家集大成』による場合は、適宜濁点を付した。

（8）注（5）に同じ。
（9）『西行 長明 兼好―草庵文学の系譜―』（一九七九年、明治書院）一〇六ページ。
（10）『三勇集』については、拙稿「『三勇和歌集』考」（『国語と国文学』94―7、二〇一七年七月）を参照されたい。
（11）『散木奇歌集』の夏部の歌が、おそらくは「蛙」を詠んでいるという理由で『三勇集』春部に配されている。なお、『三勇集』の部立は、春・夏・秋・冬・恋・雑なので、『散木奇歌集』の祝部・悲歎部の歌も『三勇集』雑部に採られているが、これは部立を変更した例とは異なる。
（12）二〇一一年、青簡舎。以下、『頼政集』の引用はすべて同書の整定本文による。
（13）井上宗雄氏『平安後期歌人伝の研究』（一九七八年 増補版一九八八年、笠間書院）や『新注』は、『頼政集』一四〇・一四一番歌に述懐性が認め難いことを理由に、詞書「法輪寺百首中」が掛かるのは前半二首のみと見ている。しかし、本稿では「法輪寺百首中」は詞書の原則通り四首に掛かると見なしたい。第四節で詳述する。
（14）注（13）著書三三七ページ。
（15）久保田淳氏『草庵と旅路に歌う 西行』（一九九六年、新典社）も、「仲正の没年ははっきりしないものの、保延六年頃がその最晩年になりそうなので、義清と一座しなかったとも断言できないのである」と指摘する（四三ページ）。
（16）井上氏注（4）論文、松野氏『鳥箒 千載集時代和歌の研究』（一九九五年、風間書房）四五ページ。
（17）ここでは慎重を期したが、a～dが「法輪百首」詠である可能性を否定するものではない。また、「ひくひともなくてやみぬるくはまゆのいたづらものはわが身なりけり」（『万代集』雑六・三六四九・詞書「（述懐歌のなかに）」・仲正）、「うかりけるみをのこほりのきえずしてよろづの人にこえられぬらん」（『言葉集』・述懐・三九三・「氷」題・仲正）は、それぞれ「寄虫述懐」題、「寄氷述懐」題にふさわしい。題が書き換えられているために気付かれない「法輪百首」詠が存在することも、十分に考えられる。
（18）源顕仲の百首は、『類題鈔』に「刑部尚書源顕仲卿百題康和」とあるのによってのみ存在が知られ、成立事情も詠まれた歌も不明。四季と雑の五十題からなる前半と、四季題四十九題（一題欠か）の後半に分けられ、五十題二組を合わせたように見える。前半と後半に重複は皆無で、互いに補完し合う関係になっており、その点では『堀河百首』と『永久百首』

の関係に似ている。『類題鈔』が掲げる作品名に「百首」ではなく「百題」とあるのも気に掛かる。井上氏注（4）論文参照。「東宮百首」は、上野理氏（『後拾遺集前後』一九七六年、笠間書院）により紹介されたもので、序のみが残り、有題であったことは知られるが具体的な歌題構成は不明。

(19) 権大納言は藤原家忠。家忠母は源頼国女で、家忠は仲正の従兄弟。

(20) 『散木奇歌集』より集成できる。

(21) 拙稿「源仲正の寄物型恋題歌群─『夫木和歌抄』『三勇和歌集』を資料として─」（『中世文学』63、二〇一八年六月）参照。

(22) 証本の残る寄物題百首で「法輪百首」に先行するものは知られないが、肥後の「恋百首」が寄物題であった可能性もある。

(23) 年齢はひとまず井上宗雄氏の推定に従った。氏は、仲正の父や祖父、伯父らが三十歳前後で六位蔵人になっていることから、仲正の六位蔵人補任時を三十歳と仮定し、治暦二年（一〇六六）生と推定する（注13著書三一三ページ）。しかし、仲正母中納言君は小一条院女で摂関家女房であり、後二条関白師通乳母とする資料（宮内庁書陵部蔵〈五〇九─五七〉『金葉和歌集』勘物）もある。同時に仲正妹頼子は白河院の寵愛を受けており、青年期の仲正は父祖より恵まれた政治的環境にあったと思われる。更に、藤原惟方（天治二年〈一一二五〉生）、同隆季（大治二年〈一一二七〉生）らかなり年下の歌人との交流が知られることから、仲正の年齢はもう少し引き下げてもよいように思う。仲正の生年や交友関係については別に論を成したい。

(24) 天仁元年（一一〇八）、仲正は皇后宮令子内親王の半物をめぐって刃傷沙汰を起こし、五月に検非違使庁に拘された。『中右記』同年八月二十一日条に「大進惟信」と見えるので、仲正は事件によって解官されたものと思われる。

(25) 『百練抄』には「前下野守」とあるが、「前下総守」の誤りであろう。

(26) ただし、『公卿補任』頼政項の尻付には「故兵庫頭従五位上仲正一男」とある。

(27) 仲正は、藤原為忠主催の長承三年六月常磐五番歌合と、保延元年八月家成家歌合（共に証本は残らず『夫木抄』により知られる）に出詠している。

(28) 法輪寺を舞台にした和歌に関する論として、柴佳世乃氏「西行と法輪寺―道命との関連において―」(『国文』82、一九九五年一月)がある。
(29) 引用は『群書類従』により、新字体に直した。
(30) 井上氏注(13)著書三三六・六三七ページ、久保田氏注(9)著書一〇二ページ、久保木氏注(5)著書一〇七ページ。
(31) 詞書は、「行者がへり、ちごのとまり、つづきたるすくなり、春の山ぶしはびやうぶだてと申す所をたひらかにすぎんことをばただ思ひて、行者、ちごのとまりにて、思ひわづらふなるべし」。
(32) ⑦歌は彰考館文庫蔵『源仲正集』に採られている。該本には小山田与清門下の鈴木基之による書き入れがあり、それによって、与清は「あふりや」を「あぶりや」と読み、基之は「あふりや」と清音で読む立場であったことが知られる。神作光一氏「源仲正とその家集について」(『言語と文芸』55、一九六七年十一月)四九ページ、注(2)拙著四八五~四八六ページ参照。
(33) 『新編私家集大成』実方Ⅲによる。底本は冷泉家時雨亭文庫蔵資経本。伝本により小異があり、一七〇番歌初句は「ことづてん」が正しいと思われる。
(34) 引用は『新釈漢文大系』による。
(35) 『為忠家後度百首』諸本において当該題の歌は一首欠落している。作者名が明記されておらず、誰の歌が欠けているのか不明であるため、当該歌作者は特定できない。
(36) 『新編国歌大観』第七巻所収。『新編私家集大成』定頼Ⅱに同じ。
(37) 西行の詠んだ寄物述懐題のほとんどが、堀河百首題に基づくもの(すなわち俊成の「述懐百首」と同じ)であることも注意される。
(38) 稲田利徳氏『西行の和歌の世界』(二〇〇四年、笠間書院)一〇九~一一〇ページでも、西行が「法輪百首」を目にしていた可能性が示唆されている。

〈付記〉本稿を成すにあたり、明月記研究会会員諸氏より多くのご教示を賜った。記して感謝申し上げたい。

後白河院供花会歌会小考 ―家集詞書の記載から―

藏中　さやか

はじめに

本稿では即位前から後白河院（天皇期を含むが以下後白河院と称す）が催した供花会に伴って開催された歌会を取り上げる。北條文彦氏「長講堂の供花について」（『書陵部紀要』第三七号　一九八六年二月、以下北條論文と称す）は、生母待賢門院璋子が没した久安年間に「即位以前の雅仁親王の宮に於て始められ」た供花会は「自他の極楽往生を希求する御願」によるものとする。仏事に行道や舞、音楽の儀は行われず、歌会と今様を謡う場とを伴ったらしい。その文献上の初出は『兵範記』仁安二年（一一六七）五月一二日の記事である。開催の場は法住寺殿であるが、供花会の行事自体に焦点を当てる菅野扶美氏「後白河院の供花会と仁和寺蔵紺表紙小双紙」（『東横国文』第二七号　一九九五年三月、以下菅野論文と称す）は、仁安二年以降は新造の南殿供花御所、治承二年五月から寿永二年までは北殿長講堂で、また寿永三年以降は、六条殿長講堂であったと推定する。(1)『玉葉』『吉記』『山槐記』『顕広王記』『明月記』『仲資王記』『たまきはる』『梁塵秘抄口伝抄』巻十の記事等から、供花会では、法華経の読誦、転読が行われ、供花に当たっては浄衣を着用したこと等が指摘される。僧俗貴賤、時に女性が集まって院御所で開催された私的な法会であった。

はやく供花会歌会を論じたのは松野陽一氏『藤原俊成の研究』第二篇第五章（笠間書院、一九七三年、以下松野著書と称す）、久保田淳氏『新古今歌人の研究』第二篇第二章三（東京大学出版会、一九七三年、以下久保田著書と称す）であり、それらをもとに隆信、有房、親宗等、個々の歌人研究の側から論を進めた中村文氏『後白河院時代歌人伝の研究』（笠間書院、二〇〇五年、以下中村著書と称す）がある。『和歌文学大辞典』（古典ライブラリー）「後白河院供花会歌会」項では「供花会」について「一般に本尊に花を供えるのは堂荘厳の重要な要素だが、花卉を数多く供えることを法会の主眼とし」たもので「親王時代からの「不退之御勤」（吉記・承安四年〈一一七四〉九月十七日条）とし、例年五・九月におよそ八日間、院御所において僧俗による法華経読誦を行」ったと述べ、「供花会歌会に関する明確な記録はなく、日記や諸歌集の詞書等から推定すると、題は供花会開催月の夏または秋題に恋題で、俊成・頼政・重家・親宗・頼輔・有房・広言・隆信・親盛・公重・清重らの参加が永暦～治承頃確認できる」と説明する。(2)また松野著書は「連続した年の作品が残っているのではなかろうから、あるいは嘉応・仁安・永万の五六年位は遡れる資料かもしれない」と指摘する。寿永百首家集にその作が含まれ秋題が十一題確認されることや重家集の配列等から、承安頃から治承前半期の開催は確かであるが、その前後の開催については詳らかではない。今様の側から論じる植木朝子氏「供花と歌—今様の場」（『国文学』第四二巻第五号　一九九七年四月、以下植木論文と称す）も含め、先行研究の成果は、頼政集輪読会編『頼政集新注』上中下巻（二〇一一～二〇一六年　青簡舎、以下の頼政集本文は同書の整定本文による）所収の供花会歌会各歌の解釈や「会記一覧」にも反映されている。

本稿では先行研究が指摘するところを元に、開催情報の補遺を行うことから始める。なお、頼政集を除く歌集の本文は全て新編国歌大観により、必要な場合はその伝本系統を示す。

一

後白河院供花会は、古記録にその参会者や次第が具さに記されているわけではない。特にその親王時代の状況については記録を欠く。しかし『玉葉』嘉応二年（一一七〇）九月十一日条に記される「毎年五月九月有此事也、年来之御勤也」という表現や『玉葉』内の供花会記事に「恒例」という語がしばしば付されていることから、即位以前から例年行っていたものとされる。

知られる通り、後白河院は神仏への信仰厚く、天王寺や熊野への御幸も数多い。八日間とされる供花会はそれらの合間を縫うように催され、仁安二年（一一六七）五月十二日から崩御の前年建久二年（一一九一）九月二一日の最終回まで断続的に確認できる。すべてに歌会が付随していたかどうかは不明である。そして建久三年（一一九二）三月十三日に後白河法皇が崩御した後も六条殿の供花会は継承されていく。[3]その服忌解除の宣下が出された翌日となる『心記』[4]五月十五日条には次のように供花会の開催が記される。

恒例御供花也、予参入用黒衣、…御供花之間往事思事悲嘆休難、帰家後外記可除素服宣旨持来。

なお、後白河院没後の歌会開催を伝える記事には次のような寂蓮集一三四の詞書があり、[5]供花会歌会もまた、後白河院崩御後、開催されたことがあった。

後白河院かくれさせおはしまして三、四年の後、五月御供花の時、六条殿にて　池水久澄

昔よりたえぬながれをしらかはのせきいれし末も思ひこそやれ（一三四）

さて『玉葉』をはじめとする古記録に見える後白河院供花会の開催記事は、北條論文によって、次の通り収集され

る。

仁安二年（一一六七）五月・嘉応二年（一一七〇）九月・承安二年（一一七二）五、九月・承安四年（一一七四）五、九月・安元元年（一一七五）五月・安元二（一一七六）年九月・治承二年（一一七八）五、九月・治承三年（一一七九）九月・養和元年（一一八一）五、九月・寿永元年（一一八二）九月、寿永二年（一一八三）五、九月・文治元年（一一八五）五、九月・文治三年（一一八七）五、九月・文治四年（一一八八）五月、文治五年（一一八九）五、九月・建久二年（一一九一）五、九月

これらの中には、例えば侍従であった定家が供花会に参入したことを記す『明月記』養和元年（一一八一）五月十五日条が、治承三年（一一七九）十一月十七日に勅勘によって解官されていた前参議藤原光能の参加に触れるような場合[6]や『玉葉』建久二年（一一九一）五月二九日条、同年九月二二日条が供花会のために院に拝謁できなかったことを記す場合等[7]もあるが、おおむね、諸記録の記事は簡略である。

北條論文が記事の存在を指摘しながらその内容がこれまで特に検討されていないものに入道神祇伯顕広が記主である『顕広王記』[8]の記事がある。法住寺殿北殿長講堂での初の開催となる治承二年（一一七八）五月度に関する記載である[9]。

十四日条　始花事　依　勅定也。
十五日条　姫御前参院了、依御花也。
十六日条　供花始
二十日条　令進供花解文了。

ここで参院した「姫御前」とは顕広王の姫である信子女王を指すかと考えられる。「記録類でみるかぎり供花の会に

女性の姿は見出せない。だからといって供花の会が女性に開かれていなかった、とはなるまい」と菅野論文が述べるが、ここには高貴な女性が二日目に「依御花」「参院」したことが記される。(10) また七日目に供花と解文とが進上されたことも示されている。この時の会は二一日に結願した。『山槐記』同日条には、その作法が未刻から申刻までという短時間であり、導師であった公顕前権僧正や僧侶達に布施を賜うたこととともに十三人の「参仕公卿」の名が記される。整理すると、中宮大夫藤原隆季、権大納言藤原邦綱、同藤原実国、中納言藤原宗家、権中納言藤原兼雅、検非違使別当藤原忠親、左兵衛督藤原成範、右兵衛督平頼盛、皇太后宮大夫藤原朝方、参議左中将藤原実家、参議藤原家通、従三位藤原隆輔、左京大夫修範となり、権大納言以下が参仕する会の威容が想起される。

また『顕広王記』同年九月にも次の通り供花会の記載がある。

十一日条　院例供花始、雨下、例幣、祭主、王致重、忌部友平、卜部兼衡、上卿左大将、行事右中弁。

十七日条　花三千（十カ）前、進解文了、

十八日条　御花了、御導師僧正也、隆憲僧都、聊有御気不快事禍歟、即御幸鳥羽殿。

承安四年中の例えば六月の臨時廿二社奉幣の記事中の人名と重なるところが多いが、祭主は大中臣親隆、上卿である左大将は実定、行事の右中弁は親宗、また隆憲は正しくは澄憲である。菅野論文は花について「生花か造花か、五月九月というなら蓮花と菊の花か、法花経を転読する役の者が供花を用意するのか、このようなことはわかっていない」と述べるが、治承二年の二度では、結願前日に花と解文とを奉ったことが顕広王によって記される。なお、後の例では花器は金属製で華瓶に花を立てて供えたことが指摘される。

さらに以下の通り、若干ではあるがこれまでの指摘に補遺が可能である。(11) 引用本文は私意により摘記し〈　〉は割注部分を示す。

Ⅰ　仁安三年（一一六八）五月開催―『達幸故実抄』（書陵部柳原本・柳四八九）による。

・不蒙本座宣旨之前参議入散位列事

仁安三五十六院供花大納言二人〈定房／公保〉中納言〈隆季／兼雅〉宰相〈資賢〉散位二人〈邦綱《非座―》成範／邦綱者前参議也而此如被記示資賢位次在拝聴／下也如何〉

この時期は『玉葉』が記事を欠くところで、五月十六日の供花会に権大納言源定房、同藤原公保と中納言藤原隆季、権中納言藤原兼雅、参議源資賢に加え、散位藤原邦綱、同藤原成範も列したことを記す。前述の治承二年五月度の会にも名の挙がった隆季、邦綱、兼雅、成範は既にこの時から参仕している。

Ⅱ　安元二年（一一七六）五月開催―『玉葉』による。

十五日条　此日、軒廊御卜也、…又寮官、陰陽頭已下、中参院供花之由、一人不参、…供花時午刻云々、…。

記述の中心が同日の軒廊御卜にあるため詳細不明であるが、供花会が午刻より開催されたことが記される。

Ⅲ　治承元年（一一七七）五月開催―『愚昧記』による。

十六日条　…権中納言語云、昨日参院、是参供花也、法住寺殿也、…

権中納言実綱の発言として、前日、つまり十五日に法住寺殿で供花会があり参仕したこと記す。発言の主意はこの後に続く、延暦寺僧綱十余人が明雲の配流等の停止を訴え列参したことにある。『玉葉』には同日の記事があるがこの会には触れない。参仕者として権中納言実綱（兼実兄）が明らかになる。なお、同年九月開催について『玉葉』一日条には「又自此日被始院恒例供花云々、未神拝受領皆悉勤其役云々」とあり、北條論文には指摘がないが、久保田著書、植木論文は指摘している。

Ⅳ　寿永元年（一一八二）五月―『玉葉』による。

十八日条　自今日被始恒例供花云々。

V　元暦二年（一一八四）五月―『玉葉』による。

十一日条　自今日被始院供尤毎年例事。

他の箇所の記述により「尤」は「花」の誤記であろう。

以上が古記録からの補遺となる。本節では四十年にわたり続いた供花会開催に関する記事の補遺を試みた。その開催は長期にわたり社会変動の大きい時期に重なる。供花会の実態がこの間に変容したことも想像に難くないが、私的な催事ながら古記録には参仕者は卿相クラスであり受領層の働きも記されていた。断片的な記事に記載されるところではあるが、それらの人々が次節で述べる歌会に参集した歌人層と重なることは稀である。

なお、供花会歌会のうち開催年次が推定されているのは三度のみである。重家集の配列と詞書により承安元年（一一七一）五月十一日から開始された供花会に付随した歌会（「盧橘遠薫」「近隣恋」の二題による）と同年九月度の歌会（「旅泊月」「期女告恋」）の開催が推定される。また『玉葉』等には記事のない安元元年（一一七五）九月度の歌会開催を久保田著書が指摘する。その根拠は歌題「潤余秋月」（頼政集一九四詞書「潤余秋月　法住寺殿御花時御会」、有房集二〇五詞書「ゐんの御はなのついでに人人うたよみしに、うるふ月の秋の月といふことを」等）にあり、閏九月のある年次での開催を推定したものである。その他は不明で、季題により夏か秋かの区別だけが可能である。重家集詞書からは一度につき当季題と恋題とが詠じられたこともわかり、毎度同形式であったかと想像される。

供花会歌会出詠歌は、寿永元年（一一八二）までに編まれた寿永百首家集に含まれる場合が多く、十年ほどに限って収集される。これには原拠となる家集側がその範囲を限定しているという史料的な問題もある。歌会は全供花会に付随していたのではなく限られた期間にのみ開催されたのであろうが、寿永百首家集ではない頼政集等によってもその期間を史料面からは明確にすることができない。次節以降でさらに供花会歌会について述べる。

二

実務を行う「参仕公卿」に支えられた後白河院主催の供花会は、仏事に列する人々を迎え、歌会には歌人達が、今様の会には謡い手達が参集したと想像される。

松野著書、久保田著書は家集の詞書に記載されるところに依拠して歌題とその和歌を集成し、参加者として、重家、頼政、俊成、親宗、広言、有房、頼輔、隆信、親盛を指摘し、後白河院、公重の出詠も推定している。例えば隆信と広言間の交流が知られ、また中村著書第七章が「有房には親宗・親盛・広言など後白河院近臣との交遊が顕著に認められる」と述べるように個々の人間関係も想起される(12)が、いつの会に誰が参加したのか等、個別の会の具体的状況については伝わらない。『頼政集新注』解説（執筆、中村文氏）の「頼政の後白河院に関わる事績が仁安頃から見出されることを勘案すると、頼政はもう少し早い時期から供花会に参じていた可能性がある」という指摘は首肯すべきものであるが、頼政の供花会歌会参加年次が初めて明確になるのは承安元年（一一七一）五月度の会であるといった具合(13)で、俯瞰的な歌会資料を欠く。菅野論文は、『梁塵秘抄口伝集』巻十の「九月に法住寺にて花を参らせし時、今様の談義ありしに夜もすがら歌ひて、返りてのあしたに、業房、能盛、又数多ありけるに」から、今様の会が深夜に及んで開催され、歌会は仏事と今様の会との間に開催されたのではないかという見方を提示している。仏事に集った人々がそのまま居残るということであれば、歌会参加者のうち広言、親宗等、後白河院近臣で今様にも通じていた人々は今様の会にも重複して参加したことが想像されるが、両会の関係は不明である(14)。

このような状況において家集詞書から得られる情報は重要なものとなる。例えば「山家郭公」題は頼政集一五〇詞書の「山家郭公　法住寺殿会」より供花会歌会題であることがわかり、しかも同歌が治承三十六人歌合に入ることから治承三年以前の五月詠と限定される。このように各家集に残る「点」のような情報を寄せ集める作業が重ねられてきた。家集の記載は、供花会歌会で詠じたことを詞書に明示する場合もある一方で、詞書がどの歌にまで掛かるのかが不明瞭な場合や詠作機会を記さない場合も多い(15)。また詞書、歌題の表記には若干の揺れが含まれる場合があることにも留意する必要がある。

黒田彰子氏『俊成論のために』（和泉書院、二〇〇三年、以下、黒田著書と称す）第二章が「歌題に頼って歌会の参加歌人を認定することの危険性はもはや共通の認識といってよい。しかし、一方で歌題の共通性に依拠せねばならない場合の多いことも又事実である」と述べるように、歌題の一致に着目する方法は周辺事項を見落としかねないが、現状としては、複合題の家集収載状況を追いつつ歌人の経歴や歌人間の繋がり、場の特性等を考慮して判断せざるをえない。

開催年次未詳とされる供花会歌会の歌題には、夏題として、両方聞郭公・**山家郭公**・海辺郭公・旅泊五月雨・連夜照射・江辺蛍・**水風如秋**が、秋題として、関路暁鹿・**鹿声何方**・**鹿声遠近**・**九月十三夜**・**月前草花**・月照紅葉・**争尋紅葉**・海辺紅葉・**残菊夾路**・旅宿晩秋・**潤余秋月**、賀題として寄仙家祝が、恋題として、**恋遠所人**・**馬上恋**・契後隠恋・**秘従者恋**・**憚傍女恋**・**乍随不会恋**・海路恋・聞暁鐘欲帰恋・行不遇恋・逐日増恋・老後恋がある(16)。うち、「寄仙家祝」は隆信集（元久本）では次のように賀部に部類される。

後白河院御供花のついでに、人人歌よみ侍りしに、寄仙家祝

いくちたびぬれてほすらむ君がよにやまぢの菊における白露（三四六）

他例が見当たらない歌題で、後述するように「残菊夾路」題詠の中に「やまぢの菊」を含む和歌があることから「残菊夾路」題による作であったかとも考えられるが、この詞書に従えば夏秋恋題に加え賀題も出題されていたことになる。

列記した歌題のうち太字にしたものについては頼政集に見え、頼政が多数回供花会歌会に出詠していたことがわかる。『頼政集新注』では各歌の語釈に同題歌、類似歌の存在を適宜示し、「会記一覧」にも記すところがある。以下、諸先行研究の学恩に与りつつ考察を進めたい。

三

本節では出詠者とされている歌人の供花会歌会歌の補遺を示す。

まず家集として風情集が知られる公重（公通同母弟）を取り上げる。公重については『谷山茂著作集六平家の歌人たち』（角川書店、一九八四年）に詳しい。

「残菊夾路」題歌の集成は松野著書と『頼政集新注』一九七語釈にあるが、公重にも同題歌があり、詠作機会を明示しないが供花会歌会出詠歌である可能性がある。「～夾路」題は和歌中では「細道」という語で表現されることが多いが[17]、ここでは「やまぢ」「うらうへ」が次のように複数歌人によって用いられ、表現上の一致も見られる。

ゐんの御はなのついでに人人うたよみしに、のこりのきく道をはさむといふことを

しもがるるやまぢのきくのつゆけきにそらうへ《ママ》ながらまくりでにせん（有房集二二三）

残菊夾路　同（法住寺殿御花時御会）

露しのぐ山路のきくはうらうへのはかまにさへぞ移ひにける（頼政集一九七）

（院の九月の御供花の時の会に、）残菊夾路

にほひくる山下水をとめてゆけばま袖に菊の露ぞうつろふ（長秋詠藻二五八）

供花会に、残菊夾路といふことを

ゆきかよふなかなる路のほそければもろてに菊の花をこそをれ（親宗集七〇）

残菊みちをはさむ

うらうへにえぞゆきやらぬ紫にうつろふきくのむつましければ（風情集二〇一）

他例を示す。『頼政集新注』一五八語釈が集成するように、五月度の歌題「水風如秋」は隆信集一三三（寿永百首家集本では三三／月詣集五二九）詞書に「後白河院御時、供花の会に、水風あきのごとし」、広言集三五詞書に「水風似秋供花」とあり、親宗集三八詞書「水風如秋といふ心を」も三六の「供花会に」という詞書が掛かる。詠作機会を注記しない頼政集一五八もまた同時詠かと考えられる。従来、注目されていない公重の

みづのかぜあきのごとし

みぎはふく風のけしきのすずしさになみよりあきの立つかとぞおもふ（風情集二一四）

も供花会歌会出詠歌の可能性がある。

また「連夜照射」題は、親宗集では三六詞書「供花会に、連夜照射」とある一方、広言集では三五詞書「水風似秋供花」の二首前に位置し「連夜照射百首」とありこれは崇徳院句題百首のことを指す[18]。公重集には、崇徳院句題百首歌とは別の位置に次のように

連夜のともし

ますらをははやまのすそにともしてこのしたつゆにぬれぬよぞなき（三一九）

が見え、或いはこれも崇徳院句題百首出詠歌の草稿ではなく供花会歌会出詠歌なのかもしれない。

さらに千載集・恋二・七一七の院御製により集成される「逐日増恋」題による次の一首もある。

逐日まさるこひ

あはれとも聞きわたれかし涙川昨日に今日はまさる心を（三四九）

風情集の成立は承安三年（一一七三）四月以降没時の治承二年（一一七八）以前で、公重が参加したとすれば治承二年までのこととなる。以上が公重歌についての補遺である。

次に「老後恋」題について取り上げたい。同題歌は、松野著書が千載集入集の他二首とともに供花会歌会の作と推定した後白河院御製で、千載集・恋四に院御製として

うへのをのこども老後恋といへる心をつかうまつりけるに、よませ給うける

おもひきやとしのつもるはわすられて恋にいのちのたへん物とは（八六六）

とある。「うへのをのこども」から歌を詠む場が供花会歌会を指すとされる。この歌題は六百番歌合の「老恋」題につながりゆき、同時代の類想歌は多い(19)が、松野著書では集成されていない。供花会歌会出詠が確かな頼政の作は次の通りである。

老後恋

あふ事ぞまたでけぬべきさらぬだに残すくなき我身と思へば（頼政集五六一）

また広言集には七八「馬上恋供花」の次に位置する八〇「老後恋」があり、親宗集には類似する歌題となるが一〇五「老後初恋といふ心を」がある。さらに「老後恋」題により出観集七一三、清輔集二六一、林葉集七四九、同七五〇、

同八四七「老後恋同（ある所にて）」が詠まれる。林葉集にも見えることから歌林苑等、他の場での詠出も予想される。中村著書第七章が「後白河院自身には供花会歌会を催した以外に和歌に関する事績は殆ど見出せないが、和歌を愛好したその近臣達は、身分のそれ程高くない人々を中心として折に触れて集まり、私的で親密な雅会を開いて和歌を詠み合っていた」と述べるように、出詠者個々の交遊を考えると、供花会歌会という場一つに集約して考えるよりも他機会での歌題の転用とすべきかもしれないが記しおく。

この他、先に述べた承安元年（一一七一）五月度の「盧橘遠薫」題歌については、松野著書が隆信集、頼輔集（二一五「蘆橘遠薫」）の一首も集成に加え、『頼政集新注』一五五語釈は清輔、広言にも同題歌があることを指摘する。広言の一首は次の通りで、採録する月詣集は寿永元年（一一八二）十一月の跋文を有し、同年頃に賀茂社に奉納された寿永百首家集等を撰集資料として編纂されたものである。

花橘遠くにほふといふことをよめる　惟宗広言

たがさとの花立ばなをさそひきて我が物がほに風かをるらん（月詣集四二八）

四

本節では、これまで掲げられてきた歌人以外に目を向け供花会歌会で詠まれた可能性が考えられる和歌をわずかながら補遺し、参加歌人の外縁を拡大し得ることを示してみたい。

忠盛六男である薩摩守忠度は、千載集・春上に「よみ人しらず」とある「さざ浪やしがのみやこはあれにしをむかしながらの山ざくらかな」（六六）の作者として知られる。忠度の官人としての経歴や歌人としての活動については、井上宗雄『平安後期歌人伝の研究増補版』（笠間書院　昭和六三年）第五章に詳しいが、中村著書第七章は「平家一門の中では傍流で、むしろ清盛を中心とする政治の中枢からは除外されていた」と述べる。承安元年（一一七一）に開催されたかとされる経盛家歌合に重家、頼政、親宗らとともに出詠する忠度にはいわゆる寿永百首家集である忠度集があり、その中に次の「月前草花」題の和歌が見える。

月前草花

萩が花たをればぬるるそでにさへ露をしたひてやどる月かげ（三三一／月詣集六六〇）

同題歌は頼政集にも見え、一八九詞書「月前草花　法住寺殿会」とあり、『頼政集新注』一八九語釈では親宗、公重の次の同題歌を指摘する。

供花会に、月前草花

いとすすきつゆの白玉むすばずはよるとは見えじ秋のよの月（親宗集五六）

月前草花

しらつゆのたまかづらしてをみなへし月のかがみにかげや見ゆらん（公重集四一〇）

これらが同機会詠とすれば、当該の忠度歌が治承三年ごろまでに成立した治承三十六人歌合に入ることから同年までに開催された会での作となる。

また後白河院の今様の弟子であった清重にも月詣集に入る供花会歌会の同題歌があることを中村著書第十六章が指摘する。

海辺郭公といふことをよめる　中原清重

すみ吉のまつときさてや時鳥つもりのうらにはつね鳴くらん（三二一）

忠度集にも詞書を「海辺時鳥」とする

うの花となみやみゆらんほととぎすまがきのしまにきつつなくなり（二四）

という作があり、或いはこれらも供花会歌会の作であるのかもしれない。[20]

この他、忠度集には「恋遠所人」題に類似する次の「恋遠郷人」題歌も見える。

こひわたるいもがすみかは思ひねの夢路にさへぞはるけかりける（六四）

これについても存疑ながら供花会歌会出詠歌の可能性はあろう。この「恋遠所人」題は同時代の複数の歌人の作が伝わるが詞書や配列からそれらは供花会歌会での作とされる。松野著書は、次の俊成、頼政、親宗の作を掲げる。

同院の九月の御供花の時、遠き人を恋ふといふこころを

おなじ世にいきの松とは聞きながら心づくしの中ぞ悲しき（長秋詠藻三五七／俊成家集二六一）

恋遠所人　同（法住寺殿）

みちのくのかねをばこひて掘なりし妹がなまりのわすられぬ哉（頼政集五〇七）

供花会に、恋遠人といふ心を

いもがすむこしのみそらをながむればこひしとおもふ雁のたまづさ（親宗集九二）

その他、『頼政集新注』五〇七語釈が集成する同題歌を示すと、次の通りで、忠度歌に見える「いも」という語が共通する場合がある点、注意される。

とほきところの人をこふ（寿永百首家集本有房集「恋遠所人」八二も同じ）

おもひやるこころはみちにたびねしてかつがつきみをゆめにみるらん（有房集三三四）

遠所人恋

ながめだにやらむとおもへばいもがすむこなたかなたに雲ぞへだつる（風情集二〇二）

恋遠所人

あしがらの山のあなたにいもをおきてせきもあへぬはなみだなりける（禅林瘀葉集七九）

右のうち、風情集の一首は、供花会歌会歌題と一致する「鹿音いづれのかたぞ」「残菊みちをはさむ」題歌が並ぶ最終に位置する。(21)また禅林瘀葉集は資隆の寿永百首家集である。資隆は院に非常に近い立場にあり、(22)例えば『玉葉』治承二年七月二八日条には、八条院女房であった資隆女をこの両三ヶ月院が殊に寵愛したことを記す等、一族で院に親近したことがうかがえる。

さらにここで月詣集に次のように女性が詠んだ同題歌がある点、注目したい。

遠き人をこふといふことをよめる　源宗光女

便りあらばむやのはまぐりふみみせよ遥なるとの浦に住むとも（四七一）

源宗光は後拾遺集に一首入集する俊房（長元八年生、保安二年没）の男か。歌題中の「遠」を鳴門の浦として題意を満たし、撫養の蛤を詠み込む。『土佐日記』では牟野と記される撫養は現在の鳴門市にあたる。

同じく供花会歌会出詠歌と断定はできないが承安元年秋開催の供花会歌会と同題歌があるのが、実家（実定弟）である。久安元年（一一四六）生まれの実家は、中村著書第三章が詳論する通り、頼政はじめ幅広い人々との交遊が確認され、上西門院や建春門院周辺、また歌林苑での詠作が残る。

たびのとまりの月

つゆしげきくさのまくらにかげやどす月もたびねのこころありけり（実家集一三九）

右の一首は、承安元年（一一七一）九月度の供花会歌会の歌題と一致する。この時実家は三位中将であった。本稿

「二」で掲げた治承二年（一一七八）五月開催の参仕者の中にその名が見え、仏事、歌会双方に関わったことが考えられる。[23]

以上、前節と合わせこれまでの供花会歌会出詠歌の集成に若干の指摘を行った。指摘されてきた出詠歌人に加え、近時、清重、資隆が追補されていたが、さらに新たに忠度、宗光女、実家に同題歌があることを示した。

上記の存疑の者も含めると、供花会歌会には、今様に通じた後白河院近臣や実務官人である親宗、親盛、清重、資隆、実家、加えて蹴鞠でも繋がっていた広言、頼輔、今様に親近した歌人である頼政、[24]隆信[25]ばかりではなく、前代からの歌作が認められる公重や六条家歌人重家、二条天皇に近侍する立場から後白河院に接近する立場に転じた有房、平家歌人である忠度、近俗の歌風と距離をおいたかと考えられる俊成等、後白河院に連なる人々とこの時代の主要な歌人とが参加した。承安四年の今様合と重複するのは隆信、実家だけである点等から歌会と今様の会が異なる位相にあったことがうかがえる。供花会歌会は後白河院近習者に当代歌会の常連者が加わった場で、院に親昵する地下官人層と当代代表歌人らが和歌をもって交流するという面を持ち合わせていた。歌人構成については歌林苑を論じた中村著書第十五章が、当時の「主要な和歌行事は、若干の異動を含みながらもほぼ同じ顔ぶれによって成立した」と述べる[26]ことが思い合わされる。

五

本節では複数の同題歌が存在するものの供花会歌会出詠について積極的に支持する言及が見られない教長と清輔について、まとめておく。

崇徳院近臣であった教長は、保元の乱により常陸浮島に配流となり応保二年（一一六二）に帰洛している。その後は、仁安二年（一一六七）経盛家歌合、嘉応元年（一一六九）の頼輔家歌合に加わる等し、徐々に作歌を再開した。

さて、重家集配列から承安元年（一一七一）五月度の供花会歌会の歌題は「盧橘遠薫」「近隣恋」、同年九月度の歌題は「旅泊月」「期女告恋」であった。これら四題のうち一題が家集に見えるのが頼輔、隆信であり、複数題が家集に見えるのが、頼政（一五三「盧橘遠薫」・四七九「近隣恋」）、教長、清輔である。松野著書、久保田著書は、教長について全く言及しないが、その作は次の通りである。清輔についても合わせて掲げる。

盧橘遠薫

おひかぜにはなたちばなのかをるかをやがてしるべにたづねゆくかな（貧道集二八二）

近隣恋

ゆきかへる心はへだてなきものをただなかがきは人めなりけり（同七三五）

旅泊月

くまもなきつきのひかりにたづぬればここぞあかしのとまりなりける（同四三三）

山ぢをもおくりしつきはゆくふねのとまるうらわにまたやどりけり（同四三四）

盧橘遠薫

たがやどの花たちばなにふれつらん気色ことなる風のつてかな（清輔集八一）

近隣恋

くれなゐのすそひくほどのやどなれど色にいでなば人にしられじ（同二五七）

さらに教長の貧道集には頼政集詞書に「秘従者恋　法住寺殿会」とある

ちらさじとせめても思ふ玉章は我[27]使にて我ぞもて行（四三八）

に類似する歌題による次の二首が見える。

蔵従者恋

ことのははちりもやするとこひしさを人づてにてはいひもやられず（七六五）

ともにくる人もやあるとわがやどをいづるさへにもしのびつるかな（七六六）

同題歌が二首連続となっている理由は不明である。この他、貧道集には頼政集の

隠傍女恋　法住寺殿

しらすなよ局ならびのしも口は物いひあしき宮とこそきけ（五〇六）

と歌題が類似する作もある。同題は親宗集では

供花会に、憚傍女恋を

はながたみめならぶ人のもしとはばしらずといひてたまづさを見よ（一〇八）

とあり、「隠」「憚」に揺れがある。貧道集には当該文字を次のように「秘」とする

秘傍女恋

いまもかもかたみのみ見てつつむまにたまづさをだにつたへやはせぬ（七六三）

がある。また前述した「水風如秋」題は広言集では「如」を「似」とするが、貧道集にも

水風似秋

たつたがはなみよりかぜのふきこずばなにかはあきのけしきならまし（三一六）

がある。また親盛集七六詞書に「行不遇恋供花」とあるのと同題の

行不遇恋

つきにいでしむかしの人もわがことやぬしにもあはでゆきかへりけむ（六七七）

もある。

黒田著書第二章は、教長がおかれた政治的状況を述べる先行研究を踏まえた上で「教長は兼実家や後白河院のグループには近づいた形跡が認められない」とし、また貧道集内部の検証から「既存の歌題を詠むことは、かれの詠歌法の一特色」で「特定の歌会・歌合の歌題とのまとまった一致は決して偶合ではなく、追体験的な、あるいは間接的な歌会参加をめざした結果ではなかったか」とする。

しかし供花会歌会が「後白河院のグループ」というよりも当代歌人の集まる場の一つという性格のものであり、教長自身の作歌活動が再開する時期に重なることを考えれば、承安元年夏秋等、幾つかの会への参加は検討の余地もあろう(28)。自撰の私家集である貧道集中もっとも新しい歌は治承二年（一一七八）『別雷社歌合』出詠歌とされるので、それまでに出詠したものとすると、年次上の問題はない。

清輔の場合は、前述の「盧橘遠薫」「近隣恋」「老後恋」に「乍随不会恋」を加えた四題が家集に残る。このうち各集の詞書に見える「乍随不会恋」題は、供花会歌会出詠歌であることが明らかな頼政集五五三「乍随不逢恋　法住寺殿」、親宗集一一〇「乍随不逢恋の心を」、頼輔集七二「同会（供花会）、乍随不逢恋」の他、機会を明示しない清輔集二六七「乍随不会恋」や林葉集九一四「乍随不遇恋」に加え、崇徳院句題百首詠であることが明らかな教長の貧道集六七六「乍随不逢恋句題百首」、風情集五一四「乍随不遇恋」も存在する。このうち、清輔の作は永暦元年（一一六〇）清輔家歌合出詠者でもある頼輔の作と類似する。

みづひけばかはぞひやなぎなびけどもそのねはつよきものをこそおもへ（頼輔集七二）

水ゆけば川そひ柳打ちなびきもとの心はゆるぎげもなし（清輔集二六七）

久保田著書はこの二首の表現類似を「酷似する」と指摘しつつも清輔の供花会歌会出詠については「かれと後白河法皇との関係を考える上にも、かなり重要な問題を含むのであるが、はっきりしたことは言えない」と慎重な姿勢をとる。芦田耕一氏は「「乍随不会恋」だけでは似る歌を詠む可能性は低いと思われるので、二人はあらかじめ相談し合っていたということを示唆するものと考えられようか」と述べる(29)。これらをもって清輔が供花会歌会に出詠したとするには難しい面があり、なお検討を要するが、出詠したとすれば治承元年（一一七七）六月以前のことになる。

以上、教長、清輔については確たることを示すことができない。が、両者ともに承安元年（一一七一）五月度の供花会歌会での二題を詠じている点には注目しておきたい。同度の歌題による作は重家の他、頼政、隆信、頼輔にも認められる。或いは開催規模の大きな歌会として催され、両者も関与したものであったか。

六

最後に後白河院供花会歌会の歌題について検討してみたい。

歌題はいずれも複合題であるが、特に恋題には限定的な状況設定をする新しい趣向の歌題が含まれる。「山家郭公」題のような珍しくはない歌題が出題される一方で、次に示す「馬上恋」題のように特殊な歌題もあり、そのような場合はすべて同機会詠かと推察される。

馬上恋供花

思ひかねこまにまかせていでぬればこひぢのすゑはあふ人もなし（広言集七八）

供花会に、恋馬上人といふ心を
かり衣むしのたれとはしれねどもおもかげにたつこまの行ずり（親宗集九四）

この他、詠作機会を明示しない頼政集（四三一「馬上恋といふことを」）、隆信集（五三〇「むまのうへの恋」）、有房集（三四三「むまのうへにて人をこふ」三四四）がある。

仏事である供花会の後宴歌会に新奇で諧謔的な恋題が出されることは、歌林苑という場にも通じるこの時代の趣向というだけではなく、供花会に付随して開催された今様の会との関連性を考えるべきかと思われ、また供花会歌会が和歌的な伝統という枠組に収まらない場であったことも示唆している。

一方、以下の通り、先行例のある歌題もある。

先述した「盧橘遠薫」題は嘉保三年（一〇九七）五月開催の兵衛佐師時家歌合（判者は藤原経仲）で、「暁聞郭公」「水辺蛍火」「卯花似月」「夏夜恋」とともに出題された先例のある歌題である。このように供花会歌会の歌題には先例のある歌題が含まれる。例えば「水風如秋」の先行例には和漢兼作集五〇九詞書「水風如秋」（藤原明衡）、経衡集三二詞書「水風あきのごとし」、散木奇歌集三六二詞書「水風如秋」がある。「水風」は和漢朗詠集の「橘花」に採句される白詩の一節「盧橘子低山雨重　栟櫚葉戦水風涼」に見えるように水面を吹いてくる風の意で、「水風如秋」は盛夏の涼風を詠むべき歌題として五月にふさわしい。

また松野著書は「老後恋」とともに、千載集・秋下・三六〇詞書「月照紅葉といへる心ををのこどもつかうまつりける時、よませ給うける」、同・恋二・七一七詞書「逐日増恋といへるこころをよませ給うける」に見える後白河院御製の詠作機会が供花会歌会であろうと指摘したが、この二題のうち、「月照紅葉」題は在良集一四や六条修理大夫集二五三（和歌一字抄にも）、田多民治集八四が、また「逐日増恋」題は為忠後度百首が先例となる。これらもまた先行例のある歌題で、後述するように、撰集に際してあえて俊成がこのような歌題による後白河院の作を撰びとったと考えられる。

この他、「恋遠所人」が基俊集や散木奇歌集に見える類似題「恋遠人」を先例とすることを『頼政集新注』五〇七語釈が指摘している。

こういった先行する場の歌題が転用された様相を見ると、同一人が出題者であり続けたとは考え難いが、季題を中心に和歌的な伝統に沿った出題は先例に通じた者が行ったのであろう。

公重、教長らの歌が残る崇徳院句題百首と供花会歌会とで歌題の一致する場合があることについては既に述べたことがあるため確認に留める。(30) 崇徳院第三度百首かと考えられる崇徳院句題百首の開催は『詞花集』成立である仁平元年（一一五一）以前である。一致するのは「連夜照射」「乍随不会恋」の二題で、「卯花夾路」と「残菊夾路」のように類似する歌題もある。各題が用いられた供花会歌会の開催年次が不確定であるため断定はできないが、この二題は崇徳院句題百首が先行し、供花会歌会がその歌題を転用したものであろう。

また同時期の別の催事で同題が詠まれている場合もある。

長秋詠藻には供花会歌会での作であることを明示する歌が夏二首、秋二首、恋二首の計六首、二首ずつ続けて配される。そのうち、秋歌は次のように、

院の九月の御供花の時の会に、鹿声何方といふことを(31)

鳴く鹿は峰かふもとかとこの山旅の枕にこゑ送るなり（二五七）

残菊夾路

にほひくる山下水をとめてゆけばま袖に菊の露ぞうつろふ（二五八）

と供花会歌会での作が連続する。そしてこれらとは別に、二五七の同題歌である

鹿声何方

吹きまよふ嵐にたぐふ鹿の音は一方ならず袖ぬらしけり（二四二）

が見える。この二四二は永暦二年（応保元年）（一一六一）秋開催の二条天皇内裏歌会での作で、他に重家集二〇〇と有房集一五八、一五九が指摘される。(32)

供花会歌会の作として、頼政集一九五「鹿声何方　同（法住寺殿御花時御会）」があり、さらに久保田著書は「主催者としての法皇の詠であろう」として続古今集・秋下の

鹿声何方といふことをよませ給ひける　後白河院御歌

山ざとはあきのねざめぞあはれなるそこともしらぬしかのなくねに（四四七）

を挙げる。先述した風情集の二〇一「残菊みちをはさむ」、二〇二「遠所人恋」に連続する

鹿音いづれのかたぞ

あきやまのそこともえこそききわかねあらしにまがふさをしかの声（二〇〇）

も同じ時の作かと考えられる。なお松野著書は、広言集五〇詞書「鹿のこゑいづれのかたぞ歌合」、親宗集五一詞書「鹿何方といふ心を」を掲げ、広言歌に「あるいは別の会歌か」、親宗歌に「あるいは二条天皇応製五首会歌か」と注す。この供花会歌会と二条天皇内裏歌会の先後関係については、天養元年（一一四四）生の親宗の年齢、官途から供花会のほうが後と考えるのが妥当であろう。(33)ともに供花会歌会出詠歌人でもある重家、有房は二条天皇内裏歌会の作のみが確認されこの度の供花会歌会での作は伝わらない。しかしこのような双方の場に関わり得た人物の存在からは、さまざまな場で繰り広げられた歌人の交遊が歌題の流通にも影響を与えたことが思量される。

おわりに

以上、先行研究の指摘を参考に補遺を加え資料集成を行う形で供花会歌会について論を進めてきた。後白河院供花会の後宴として継続的に開催された歌会は後白河院周辺の数少ない貴重な和歌事績である(34)。後白河院に近侍した者たちばかりでなく、複数の場に出詠が認められる歌歴の豊かな歌人たちを含み込みつつ、先行例のある歌題と新しい趣向の歌題とを詠む場であった。同時期に盛んになる歌林苑や諸家で開催された歌合等、他の和歌催事と相対化して考えていく必要があるが、本稿では充分に論じきれず、私家集の詞書に着目するという方法に終始した。本稿で検討した供花会歌会出詠歌はそのほとんどが寿永百首家集に載るものである。供花会自体は、寿永、文治年間の開催が確認されるが、寿永以降の供花会歌会で詠じられた和歌を特定することは難しい。

本稿は、長秋詠藻と寿永二年（一一八三）二月下命、文治三年（一一八七）九月撰進の千載集における俊成歌と後白河院御製の詞書に触れて論を終えたい。

長秋詠藻で詞書中に供花会歌会であることを示すのは次の通りで、いずれも「御供花の時」と記す。他に「六」に示した前歌を受ける形で詠作機会を示さず歌題のみを載せる二五八詞書「残菊夾路」がある。

法住寺殿にて院の御供花の時の会に、両方聞郭公といふことを（二三二）

同御供花の時、旅宿五月雨といふ心を（二三三）

院の九月の御供花の時の会に、鹿声何方といふことを（二五七）

一院法住寺殿の五月の御供花の時の会、契後隠恋といふことを（三五六）

同院の九月の御供花の時、遠き人を恋ふといふこころを（三五七）

これらの内、ただ一首、千載集に入集するのが三五六「たのめこし野辺のみちしば夏ふかしいづくなるらむもずのくさぐさ」で、千載集・恋三・七九五では詞書に「法住寺殿にて五月御供花のとき、をのこども歌よみ侍りけるに、契後隠恋といへる心をよみ侍りける」とある。これについて久保田著書は「供花会での詠草中、かれが後年千載集に採録したものは、それを明記する限りでは自詠の「契後隠恋」のみであった。以て、近俗体の横行したこれらの作品群をかれはさほど重視しなかったこと、それらの中で「たのめこし……」の作は少く《ママ》も自信作であったことを知ることができるであろう」とする。

その俊成が撰んだ千載集に入集する後白河院御製のうち三五九「月照紅葉」、七一六「逐日増恋」、八六四「老後恋」題の三首が詞書に明記されないものの供花会歌会での作かとされるのは「六」で示した通りである。松野著書はこの詞書の在り方を「撰集下命者を歌界に理解深い、熱心な庇護者という姿に仕立てあげた結果」とする。久保田著書が「卑俗性を許容し、包容し得るものであった」と述べる供花会歌会は、勅撰集入集歌たる御製が詠み出される場には不相応な機会であった。これに加え、供花会歌会出詠者に治承までの政治的記憶を喚起する者が含まれることも、詠作の場を明記することを避ける方がよいという意図的判断を促したのではないかと想像される。

注

（1）場所を巡っては、『吉記』寿永元年（一一八二）九月十四日条に南殿（法住寺殿）で供花会が始行したことを記すが、皇后宮（前斎宮亮子内親王）の御所であったことから経房は「猶不常事也」と記す。また例外として『玉葉』文治四年

（一一八八）五月十二日条に「於白川押小路殿有」とあえて記す場合があるが、翌文治五年（一一八九）五月以降は『仲資王記』記事より六条殿で開催されていることがわかる。

（2）菅野扶美氏執筆。

（3）北條文彦「中世に於ける長講堂の供花の沿革について」（『駒沢史学』第五八号　二〇〇二年三月）参照。

（4）定能卿記とも。前出（3）同論文注（5）参照。本文は大和文華館蔵本による。

（5）中村著書第十六章、植木朝子『梁塵秘抄とその周縁』（二〇〇一年　三省堂）参照。

（6）同年九月四日条には「天晴。院御供花」とある。

（7）『玉葉』建久二年（一一九一）五月二九日条に「巳刻参院、泰経卿入見参、只今依供花之間、不謁暫可待歟云々、仍暫伺候之間、泰経卿出来云、定経数刻歟、加之、今旦、未供朝饌以前、令出御供花座、縦雖其事供饌以前、御対面無心歟云々、見気色、今日有不可召御前之天気歟、仍逐電退下」とあり、『同』同年九月二二日条に「上皇昨日御帰洛、仍巳刻参院、以棟範朝臣、入見参、依供花之間取乱事、不謁之由被仰出…」とある。

（8）本文は高橋昌明・樋口健太郎「国立歴史民俗博物館所蔵『顕広王記』承安四年・安元二年・安元三年・治承二年巻」（『国立歴史民俗博物館研究報告』第一五三集　二〇〇九年十二月）による。

（9）この開催については『山槐記』の記事により紹介されることが多い。

（10）菅野氏は、六波羅蜜寺での供花の会等を例に、法花八講では女人成仏を対象にした提婆達多品が七巻本法花経ならば四巻に入り二日目に相当することを指摘している。

（11）小松茂美編著前田多美子補訂『後白河法皇日録』（二〇一二年　学藝書院）等を参考にして古記録類の確認作業を行った。

（12）隆信については中村著書第一章、親宗については同書第四章、有房については同書第七章参照。それぞれ供花会歌会への言及がある。親宗は天養元年（一一四四）生、正治元年（一一九九）没で蔵人、弁官等の実務官僚を務めた後白河院近臣である。広言は生没年未詳で承元二年（一二〇八）に七五歳で没したかとされる。嘉応元年（一一六九）頼輔家歌合参加が早い事績で今様に優れていた。有房は天承元年（一一三一）頃生、没年未詳。二条天皇没後に後白河院に近侍。笙に堪能で院近臣と親しい関係にあった。養和元年（一一八一）に左中将となる。親盛は生没年未詳で正治二年（一二〇〇）の石清水若宮歌合が最終事績、後白河院近臣で今様の弟子でもあった。いずれも寿永百首家集とされる家集がある。

(13)『玉葉』同日条による。

(14)例えば松野陽一『千載集　勅撰和歌集はどう編まれたか』（一九九四年　平凡社）は「『梁塵秘抄口伝集』によると、この供花会の後で、「今様談義・歌沙汰」を何度もやっていたことが知られるのですが、和歌と今様とがどのような順序で催されたのか、別の機会で行われたものか、その関係はわかりません。ただ両方とも同じような場で催され、感興の点では重なり合うところが多かったと推定される点が注目されます」と述べる。

(15)寿永百首家集である親宗集から例を引くと、五九詞書「供花の会に、閏余秋月といふ心を」、六〇詞書「同じ会に、尋紅葉といふ心を」、六一詞書「同じ会に、海辺紅葉の心を」のように明確に「同じ会に」を付す場合もあるが、「供花会に」という詞書がどの歌にまで掛かっているのかが不明瞭な三六詞書「供花会に、連夜照射」、三七詞書「社頭蛍」、三八詞書「水風如秋といふ心を」のような場合もある。

(16)松野著書には「旅宿暁秋」「行逢恋」とあるところを親盛集五六・七六により「旅宿晩秋」「行不遇恋」に改めた。また「寄仙家祝」を秋題とするが、賀題とした。

(17)拙稿「平安末期における題詠法、素描―歌題と和歌表現の連接―」（片桐洋一氏編『王朝文学の本質と変容　韻文編』二〇〇一年　和泉書院）参照。

(18)崇徳院句題百首については拙著『題詠に関する本文の研究』（二〇〇〇年　おうふう）第二章付節一参照。

(19)上條彰次校注『千載和歌集』（一九九四年　和泉書院）等参照。

(20)この他にも新古今集・夏・二〇六詞書「海辺郭公といふことをよみ侍りける」（公通）、出観集一九四詞書「海辺郭公」等がある。

(21)秋歌に続くところは、『頼政集新注』の会記一覧作成時に秋開催の供花会歌会の歌題として分類する根拠とした。

(22)井上宗雄『平安後期歌人伝の研究　増補版』（一九八八年　笠間書院）第六章の五「資隆」項）参照。資隆は生没年未詳だが『玉葉』から文治元年（一一八五）九月の生存が確認される。

(23) 同題は建仁元年(一二〇一)仙洞句題五十首でも出題されている。
(24) 植木朝子「源三位頼政と今様」(『国語国文』第七三巻第一号 二〇〇四年一月)、菅野扶美「「内野通りの西の京」論」(『国語国文』第七八巻第二号 二〇〇九年二月)参照。
(25) 中村著書第一章、植木朝子『梁塵秘抄の世界』(二〇〇九年 角川選書)第三章、第四章参照。
(26) さらに中村文「経盛家歌合の性格―〈平家歌壇〉の再検討―」(『変革期の社会と九条兼実―玉葉をひらく』二〇一八年勉誠出版)は、仁安元年(一一六六)重家家歌合、同二年(一一六七)経盛家歌合、嘉応二年(一一七〇)実国家歌合の「構成メンバーは大きく異ならない」ことを示す。
(27) 「使」を「袂」とする伝本もある。
(28) 稿者は、前出注(18)同書で崇徳院句題百首と供花会歌会の題の類似を指摘した。
(29) 芦田耕一『六条藤家清輔の研究』(二〇〇四年 和泉書院)参照。
(30) 前出注(28)参照。
(31) 夫木抄・秋三では詞書を「崇徳院御時、御供花時御会、鹿声何方」に誤る。
(32) 重家集二〇〇詞書「鹿声何方」「さをしかのあらしにたぐふこゑすなりいづれの山のたかねなるらん」、有房集一五八詞書「二条のゐんの御所にて、しかのこゑいづれのかたぞといふことを」「おぼつかなたつきもしらぬゆふぎりにいづれのみねぞをしかなくなり」のあと続けて一五九「しかのねはまたもきこえでやみぬめりのばらしのはらいづくなるらん」とある。「~何方」という歌題は「郭公何方」「水鶏何方」等、類例が多い。「~夾路」題のように歌題は一部を変更することで新題となり、先行歌題が活用されたことが想像される。
(33) 頼政集の直前歌一九四と同機会とすると安元元年度となるが、秋歌が二首となることから、詞書の「同」は供花会歌会であることだけが掛かるものと解した。
(34) 供花会歌会の他に頼政集四一七に「被妨人恋 院殿上会」とある「院殿上会」も後白河院主催かと考えられる。

源頼政「松の木間より」詠と『西行物語』

久保木　秀夫

一　頼政の秀歌一首

『頼政集』秋部に次の一首がある（本文は『頼政集新注』――以下『新注』――に拠りつつ、私に一部校訂）。

海辺月

住吉の松の木間《こま》より見わたせば月落ちかかる淡路島山（二〇五）

勅撰集にこそ採られることはなかったものの、『宝物集』（七巻本、『新大系』では一四二）や『歌仙落書』（五一、詞書「住吉にて月をみて」）、『新時代不同歌合』（十番右・五九）、また『無名抄』や『愚秘抄』、『落書露顕』などで引用・言及されている点、長きに亘って人口に膾炙した、頼政の秀歌にして代表歌のひとつと認めてよいのであろう。そのような当該歌の注釈につき、『新注』では偶々論者が担当したが、特に他出状況と本文異同とに関して、あまり詳しくは記せなかったことや、簡潔にでもひと言触れておくべきところを触れず終いとしてしまったこと、また最近になって新たに認知して興味深く思われたこと、などがあるので、本論において補訂追考していきたい。

二　二句目「松の木間より」と代替案

さて、右のとおり頼政の当該歌は、複数の歌書類で取り上げられていることが知られる。うち右で書名だけ示しておいた『愚秘抄』(1)では、名歌にも関わらず勅撰集入集を果たさなかった代表例として、次のように当該歌を俎上に載せる。

(1)『愚秘抄』鵜末

さてまた名歌とて、集に入らぬ歌侍り。

住吉の松の木間よりながむれば月落ちかかる淡路島山

此歌を、新古今撰び侍りし時申し出だして、いかなれば今まで代々の勅撰に漏れけるやらん、と沙汰せしにつきて御不審ありて、各考へ申すべきよし勅定ありしかば、松の木間と詠める詞わろきに因りてなり、と人々申されき。是をばさて何とか直すべき、と仰せ下されし時、西行は「松の木の間より」とおくべきにやと申しき。愚老は「松のひまより」とぞ詠みたきと申し侍り。是はいづれがよろしきやらん、定めがたくこそ。

『新古今集』撰集時、どうして当該歌ほどの名歌が、これまで勅撰集に採られてこなかったのか、ということが議論となり、後鳥羽院からも見解を問われた。そこで二句目の特に「木間」ということばに難があったのだろう、と撰者らは答えた。すると重ねて後鳥羽院から、ならばこれをどのように直すべきかと問われたため、かつて西行は「松の木の間より」とするのはどうかと言っていた、愚老（定家と解するのがよかろう）であれば「松のひまより」と詠みたいところと申し上げた。が、いずれがよいかは定めがたい——といった内容である。もっとも「いかなれば今まで代々の勅撰に漏れけるやらん」などと言っても、『新古今集』以前で機会があったとすれば『千載集』か、詠作時期によっては『詞花集』からか、となろうから、いささか誇張に過ぎるであろうか。また後鳥羽院と撰者との遣り取りや、西行・定家の各代替案などについても、特に外部徴証があったりするわけではないため、どれほど信憑性があるものなのかもわからない。

ただしこのような、「松の木間より」という二句目に難があるとされ、では変えて読むならどうするか、という代替案がいくつも示されてきたという逸話は、『落書露見』(2)にも見ることができる。ここで了俊は「歌にも連歌にも、替詞は肝要也」として、まず「替詞」とは「其歌、其句の心・風情を変へずして、言のわろきを聞きよきに取り替ふる」ものを言う、と説明した上で、当該歌を、

住吉の松の木間よりながむれば月落ちかかる淡路島山

と引用し、次のように続けていく。

(2)『落書露見』

此歌、「松の木間」といふ詞、聞きわろしとて、昔の上手たち、さまざま替言を案じて作られけるに、或は「松のひま」、或は「松のすき間」「松のたえ間」「松の木の間」、いしいしとありけれども、「木間」にはなかなか劣りたり、と沙汰ありけり。所詮「松の木間」といふは、おさへたる自由の詞なる故に、嫌はれけると云々。「木の間より」といひても劣るべし、と沙汰ありける也。

すなわち、やはり当該歌二句目の「木間」がかねてから論点とされてきており、かつての名だたる歌人たちが、「木間」の「替詞」として「ひま」「すき間」「たえ間」「木の間」などと次々提案していった、しかしいずれも「木間」より良いものとは言い難かった、というのである。

実際のところ、右のような「替詞」が、頼政と同時代以降の歌人らによって示されていったかどうかは裏付けられない。ただ「和歌&俳諧ライブラリー」(『日本文学Ｗｅｂ図書館』)で試みに調べてみると、

(3)『親宗集』(『新編私家集大成』の本文を私に校訂、以下同)

ある所の歌合に、松隔落花といふ心を

高砂の松のひまより見わたせば尾上に降れる花の白雪(一九)

という事例が見出せたりする。平親宗はまさに頼政の同時代歌人であるから、頼政の当該歌に触発されつつ、しかし「木間」には違和感を覚えて「ひま」と改めた、などとも憶測できる。

あるいはほかの「(松の)すき間」「たえ間」「木の間」についても調べてみると、また次の諸例が見出せたりする。ちなみにここで掲げるのは「松の〇〇」に加えて、「住吉の」「見わたせば」「淡路島(山)」といった、当該歌の二句目以外のことば(波線部)も含まれているもの——要するに複数語の重複によって、当該歌との関連性があると推定し得るもの——に絞り込んだうちの、その一部である。

(4)『紫禁和歌集』

同比、当座、春

住吉の松のたえ間の夕霞よすとも見えず澳つ白波(一一四〇)

(5)『新後撰集』

従二位行家、住吉社にて歌合し侍りける時、松間花　　式乾門院御匣

見わたせば松のたえ間に霞みけり遠里小野の花の白雲(巻二・春下・七七)

(6)『文保百首』

（冬十五首）　　　　　　　　　　　　　（従二位行権中納言兼春宮権大夫臣源朝臣有忠上）

住吉の松の木の間を降りうづむ雪より見えぬ淡路島山（一九六五）

(7)『南朝五百番歌合』

四百七十七番　左勝　　　　　　　　　　　　権大納言公長

住吉の浦わの波の夕なぎにみればほどなき淡路島山（九五三）

右　　　　　　　　　　　　　　　　　　　　権大納言実為

しばしこそ寂しかりしかなれぬれば吹きもいとはぬ軒の松風

淡路島あはやとみゆる夕なぎに松の木の間に風ふかずとも（九五四）

もとより「たえ間」「木の間」を代替案とするならば、「木間」より一音分増えてしまうことになるので、当該歌の「木間より」や、(3)の親宗詠の「ひまより」のようにはできず、「～間の」「～間に」となるのはほぼ必然であったと言えよう。その上で、(4)～(6)や、(7)の特に判歌の各傍線部などは、当該歌を踏まえ、かつ「木間」の「替詞」をも示しつつの詠作だった、とも考えられるか。ただし『顕輔集』には、当該歌に先立つ可能性があり、もしかすると頼政も参考にしていた可能性もある、次のような一首が見られる。

(8)『顕輔集』

新院、仁和寺殿にて、人〳〵に和歌詠ませさせ給ふとて、中務大輔季家が請い《ママ》しに、松間紅葉といふ題を

住吉の松のたえ間の紅葉にやつもりの海士は秋を知るらん（一三八）

という一首が見られる。とすると(4)の順徳院詠などは、むしろこの顕輔詠を踏まえたものだったのか、とも思われてくる。同様に(5)～(7)などについても、当該歌そのものから直接的に、ではなくて、当該歌から派生した別の何らかの

歌（現時点では特定できず）を介して間接的に詠まれたもので、それぞれの作者としては、特に「替詞」を試みようとしたわけではなかったか、とも考えられよう。

このあたりはもう詳細不明とせざるを得ないが、『新注』の〔補説〕でも触れておいたとおり、実のところ当該歌の「松の木間より」は、何も頼政だけの独自表現というわけではなかった。例えば次の数首のように、同時代の他歌人によっても用いられていたのであった。

(9)『続詞花集』

二条のおほき大后宮にて、月照松と云ふことを　　源忠季

葉がへせぬ松の木間よりもる月は君が千年のかげにぞ有りける（巻七・賀・三五一）

(10)『為忠家初度百首』

（社頭）　　（顕広）

浦風にかみさびにけり住吉の松の木間よりみゆるかたそぎ（雑・六七六）

(11)『為忠家後度百首』

木間月　　（木工権頭為忠）

小夜更けて松の木間よりほのめくは月の桂の枝のかげかも（月・三六〇）

頼政の当該歌と、これらの詠との前後関係は必ずしも明らかではない。ただ(9)詞書の「二条のおほき大后宮」は鳥羽天皇准母の令子内親王（天養元年〈一一四四〉没）であり、また(10)『為忠家初度百首』(11)『後度百首』も長承三年（一一三四）～保延元年（一一三五）頃の成立とされるものである。うち(10)(11)の両百首には、時に三十歳ほどであった頼政自身も出詠している。よって仮に頼政の当該歌が、両百首以前、さらには(9)以前に詠まれていたとするならば、忠季や

顕広（俊成）などは、「松の木間より」という一句を、頼政の当該歌から直接もしくは間接的に摂取したもの、とも捉えられよう。が、歌人としての経歴や業績からして、そうだった蓋然性は実際には低いのではなかろうか。やはり（現存資料に拠る限り）先に⑼⑽などがあり、それに基づき頼政も同じ句をそのまま当該歌に取り入れた、とみておくのが穏当なように思われる。

そうした場合、言わば後発的だった頼政の当該歌ばかりが批判の俎上に載せられるのは割に合わないようでもある。が、これも〔補説〕で触れておいたように、次節で取り上げる『無名抄』の俊恵説から推して、何より当該歌の「月落ちかかる淡路島山」という下句、あるいは「月落ちかかる」という四句目が高評価を受けたがために、「松の木間より」についても、当該歌のそれが自ずと目立つかたちとなって、後世さまざまに取り沙汰される結果を招いた、ということだろう。

三　「見わたせば」「ながむれば」の本文異同

次いで『新注』の段階で、本来言及しておくべきだったが、しないままとしてしまっていた点を補足的に取り上げておきたい。それは本文異同に関してである。と言っても当該歌の場合、『頼政集』諸本間での異同はほとんどなく、あっても例の二句目の「こま」が「このま」や「ひま」になっている、といったあたりに集中している（これは前節のような評価が影響したものか）。しかしながら本文上、特に問題のない三句目「見わたせば」に関し、当該歌を引く他文献を調べていくと、そこには『頼政集』諸本間では見られなかった異同が確認されるのである。具体的に、現存資料の範囲内では、鴨長明『無名抄』(3)がその最も古い例となる。

⑿『無名抄』上の句劣れる秀歌

俊恵云、「歌は秀句を思ひ得たれども、末いひ適ふることの難きなり。後徳大寺左府の御歌に、

奈呉の海の霞の間よりながむれば入る日を洗ふ沖つ白波

頼政卿歌に、

住吉の松の木間よりながむれば月落ちかゝる淡路島山

この両首、ともに上句思ふやうならぬ歌也。『入る日を洗ふ』といひ、『月落ちかゝる』などいへる、いみじき詞なれど、胸腰の句をばえ言ひ適へず、遺恨の事なり」。

ここで長明は師である俊恵によるものとして、

・「後徳大寺左府」実定の「入る日を洗ふ」や、「頼政卿」の「月おちかゝる」などは秀句である。

・しかしせっかくこのような「いみじき詞」を下句において詠んでいるのに、いずれも「上句思ふやうならぬ歌」となっている。

・頼政詠で言えば「松の木間よりながむれば」という「胸腰の句」を「え言ひ適へ」なかったところである。

・このように秀句を得ても、首尾一貫した秀歌を詠むのは「難」きことであり、実定詠や頼政詠のように「上の句劣れる」歌となるのは「遺恨の事」である。

という言談を紹介している。『無名抄』のこの俊恵の説も、前節のような「松の木間より」の後代における評価に、小さくない役割を果たしたものと推測される。

が、今ここで注目したいのはその説以上に、頼政の当該歌の三句目が、『頼政集』では諸本いずれも「見わたせば」

であるところ、『無名抄』では「ながむれば」となっている、という点である。なお、すでにお気づきの向きもあろうが、前節で引いた『愚秘抄』や『落書露見』でもまた同様に、やはり三句目は『無名抄』同様に「ながむれば」となっていた（論点が拡散するためそこでは敢えて触れないでいた）。

つまりは『頼政集』諸本間ではなく、同集と他文献との間において、本文異同が生じていた、というわけである。一体なぜそうなったのかは、やはりここでも不明ながらも、憶測を逞しくするならば、

・当初頼政が詠んだのは、『無名抄』などがそうするところの「ながむれば」であった。

・ところが俊恵などから「胸腰の句をばえ言ひ適へず、遺恨の事なり」との批判を受けた。

・しかし、少なくとも二句目の「松の木間より」に関しては、俊成などによる同時代詠も実際にあったため、論難に応じる必要はないものと判断された。

・一方の三句目に関しては、茫漠とした語感を伴う「ながむれば」から、広く遠く俯瞰する「見わたせば」へと改めて、高く評価された下句をより活かし、と同時に一首全体の脈絡は保たせるようにした。

・そのようにして改訂した方を『頼政集』には入集させた。

などといった経緯も想定できようか。俊恵が「胸腰の句をばえ言ひ適へず」と判断した理由や意図が、具体的にはどのようなものだったのかが読み取りづらく、あるいはそもそも時系列的裏付けもなく、その他の根拠も薄弱であるため、想定の度が過ぎるかと、論者自身も自覚するところ小さくないが、参考程度の一案として書きとどめておくこととしたい。

四　『西行物語』における引用とその諸相①

次いで『新注』公刊後になって気づいた関連資料一点について述べていく。すなわち頼政の当該歌が、『西行物語』の多種多様な本文のうちのいくつかで引用されている事例があった、という点である。礪波美和子氏による、所収歌の有無を主な基準とした分類に基づけば(4)、それは「吉野・熊野・大峰への修行の旅の場面」を持つ「乙類」中の、

・B類（比較的古態を保っているという。『続群書類従』所収の文明十二年〈一四八〇〉奥書本など）
・D類（増減や改変の顕著な本文という。永正六年〈一五〇九〉奥書本・寛永十七年〈一六四〇〉奥書本など）
・E類（他文献からの引用や注釈の追加が多い本文という。島原図書館松平文庫本など）

の各本文、ということになる。

具体的な場面としては、出家を遂げた西行が、吉野・熊野・大峰と修行の旅を続けて大和近辺に至ったところで、それまでの同行の僧たちと別れ、一人で住吉を訪れるというところ。ひとまずB類中の文明十二年奥書本の本文を掲げてみると(5)、次のようになっている（ここでは適宜校訂を加える）。

⒀宮内庁書陵部図書寮文庫蔵・文明十二年奥書本（「文明本」）
ただ我ひとり、もとの墨染になりて、住吉に参りてみれば、源三位《げんみ》頼政の卿《きやう》の、月落ちかかる、と詠みけるもことはり、とおぼえて、また松のしづ枝を洗ひけん浪《なみ》、今の心地して、
　いにしへの松のしづ枝を洗ひけむ浪を心にかけてこそ見れ
　住吉の松のね洗ふ浪の音こずゑにかはるおきつ白波

その年は住吉に籠《こもり》て行ひて、かへる年の春《はる》、都《みやこ》さして行きけるに…

ここで住吉の実景に接した西行が、これならば頼政が「月落ちかかる…」と詠んだのも納得がいくといい、と同時に、

⒁『後拾遺集』

（延久五年三月に住吉にまゐらせたまひてかへさによませたまひける）

民部卿経信

沖つ風吹きにけらしな住吉の松のしづ枝を洗ふ白波（巻十八・雑四・一〇六三）

という源経信詠も、まさしく今に相応しい心地がしたため、特に経信詠を踏まえた「いにしへの…」「住吉の…」という二首を詠んだという。

実際の西行と頼政とに接点があったかについては、すでに久保田淳氏が「歌席を共にしたことがある」と明らかにした上で、「歌に没入した頼政と歌筵を同じくすることは、西行にとっても大きな刺激となったに違いない」と指摘している。(6) よって西行が頼政の当該歌を想起したという右の場面も、現実味を感じさせる物語描写となり得ている、と言ってよかろう。

ところで『西行物語』に関しては、典籍の形態を保っている諸伝本のほかに、分割されて古筆切となったものも数種類、現存している。その中に、これまで紹介される機会のなかった一葉があり、しかもちょうど本論で問題としている部分が書写内容となっている。ただそれを取り扱うには、やや込み入った考証が必要となりそうなため、図版や翻刻の紹介を含めた詳細な考察は別の機会に譲りたい。ここでは簡潔に、注目点のみ述べておくと、その一葉というのは、

⒂原美術館蔵手鑑『麗藻台』所収・伝後醍醐天皇勾当内侍筆断簡であり、『西行物語』唯一の名物切たる伝近衛道経筆高雄切の、あるいはツレではなかろうか、とも推定し得るものである。その本文は⒀の文明本に近似しつつも、非常に特徴的なことに、二首ある西行詠の直前に、傍書書き入れなどではない本行部分の本文として、かつ西行詠と同じ二字下がりの書式で、頼政の「松の木間より」の当該歌一首全体を、そのまま記載しているのである。このようなかたちの本文に接したならば、加えてこれといった予備知識もなかったならば、合わせて三首となっているうちの二～三首目のみならず、一首目の当該歌もまた頼政ではなく、西行の詠として、自ずと読まれていくこととなろう。

それにしてもなぜ⒂の断簡で、このように頼政の当該歌が竄入することとなったのか。最も想定しやすい経緯としては、おそらく本来は（文明本同様）地の文にある「月おちかゝる」に対する注記として、とある時点で一首全体が行間等に書き入れられることがあり、それがさらに転写の過程で本行化されていった、といったあたりかと思われる。

五　『西行物語』における引用とその諸相②

ともあれ『西行物語』のこの場面では、右のような本文異同が生じている場合のあることがわかった。であるならば、せっかく異文の多い『西行物語』なのであるから、⒀の文明本や⒂の断簡以外の、乙類中の他本ではどのような本文となっているのか、確認してみるのも無意味ではなさそうである。そこで試みに、すでに翻刻済みで接しやすい主要伝本をいくつか調べてみたところ、次のようになかなかに興味深い結果が得られた（以下改行を追い込みとするなど、書式は必ずしも忠実ではない）。

(16)萬野美術館旧蔵本(7)（甲類・B類、「萬野本」）

たゝ我ひとりもとのすみそめになりて住吉にまいりてみれは源三位よりまさの卿の月をちかゝるなとよみけるもことはりとおほえて又松のしつえをあらひけむ浪いまの心ちして

　いにしへの松のしつえをあらひけむなみをこゝろにかけてこそ見れ

　すみよしの松のねあらふなみの音を木すゑにかくるおきつしほ風

其年は住吉にこもりてをこなひて返年の春宮こへ行けるに…

(17)名古屋市蓬左文庫本(8)（乙類・B類、「蓬左本」）

只一人本のすみそめになりて住吉にまいりてみれは源三位《ケンサンミ》頼政卿月をちかゝるとよみけむもことはりと覚て見る程に凡河内躬恒か歌に松のしつ枝をあらふしら浪とよみたるもまめやかに思合られて

　いにしへの松のしつ枝をあらひけん浪をこゝろにかけてこそみれ

　住吉の松かねあらふ浪の音に木すゑにかゝるおきつしほかせ

其年ハ住吉に籠ゐて行けり次の年の春宮こへのほりけるに…

(18)国立歴史民俗博物館蔵・田中穣氏旧蔵本(9)（「歴博本」）

たゞ一人本の墨染の衣になりて、住吉にまいりて見れば、頼政《ママ》　住吉の松の隙よりながむれば入日をあらふ奥《ママ》つ白浪、とよみけんもことはりと覚て、

　古への松のしづえをあらひけん浪を心にかけてこそ見れ

　住吉の松の根あらふ浪の音を梢にかくる沖つしほ風

其年は住吉に籠行居て、年立帰れば都の方へ行けるに…

⒆神宮文庫蔵・永正奥書本[10]（乙類・D類、「永正本」）

大峯を出ぬれはもとの墨染の衣に成てつれたる同行もわかれ〳〵になて（マヽ）たゝひとりゆく程に大和国ちかく成てふるはたといふ所にとゝまりけるに山鳩声もおしますなきけれは

ふるはたのそはのたつきにゐる鳩の友よふこゑのすこき夕暮

か様に心をすましつゝ住吉の方へまいりて見程に源三位頼正（ママ）卿まいり給し時こゝろをすまして夜もすからなかめあかし給ふ

住吉の松のひまよりなかむれは月おちかゝるあはち嶋山

と詠し給ひけんもことはりと覚て面白く

いにしへの松のしつ枝にあらひけんなみを心にまかせてそ見る

さて都へ帰りけるか…

⒇慶應義塾図書館蔵・寛永奥書本[11]（乙類・D類、「寛永本」）

只一人本の墨染に成て、住吉へ参りて見れは、源三位頼政卿、住吉の松の木間より詠れは、と読けるもことはりに覚て、

古の松のしつ枝をあらひけん波を心にかけてこそ見れ

さても都へ帰て見れば…

〈頭注〉山家集云、松ノシツエヲアラヒケン、古ニカハラスヤトオホエテ、古ノ松ノシツエヲアラヒケン云々。西行此哥ヲヨミシハ、承安元年六月ノ比ナリ。コレヨリ末ニ、仁安三年二月ニ、鴨社参詣ノ事ヲ載タリ。然レハ此詞、前後次第シテカケルニモアラサルニコソ。経信卿歌、奥津風吹ニケラシナ住吉ノ松ノシツエヲ

アラフ白波、頼政哥、住吉ノ松ノ木間ヨリ詠レハ月落カヽル淡路嶋山、此詞ニ頼政ヲヒケルハ、コトタカヒテオホユ。

うち⑯の萬野本は、『西行物語』の絵巻として現存最古とされる、鎌倉時代作の徳川美術館蔵残欠本の僚巻である。それら徳川本＋萬野本の本文は、⑬の文明本とかなり近似している点、文明本の本文の古態性を証するものともなっている。もっとも萬野本での、この住吉の場面を記した本文部分については、室町時代の補写であることが早くから言われてもいる。よって厳密には、同本における鎌倉時代写の他の詞書とは、ひとまず区別した上で、あらためて論じるべきかと考えているが、当面問題としている本文部分に限って言えば、小異がある程度であり、ほぼ完全に一致していると言ってよい。

続く⑰の蓬左本は、かつて宮次男[12]によって紹介された、明応五年（一四九六）の奥書（おそらくは書写奥書）を持つ「白描源氏物語絵巻」サントリー美術館現蔵・元上中下三軸の巻子本（中巻は今日散佚、残った上下巻をそれぞれ二分割して、現状四軸）という伝本とほぼ同種の本文、というのみならず、失われた中巻部分の本文をも有している、と指摘されているものである。[13]小異の数自体は⑯の萬野本より増えているものの、傍線部に限って言えば、やはりほとんど一致している。

六　『西行物語』における引用とその諸相③

⑱の歴博本は、礪波氏の分類後に内田澪子氏[14]によって見出された伝本で、「広本系『西行物語』の初期的な姿の痕跡を残しているのではないか」と評価された一方、山口眞琴氏[15]によって「整序・改訂を旨とした省略本の性格を示

す」ところが見受けられるため、「なお慎重な議論が必要」と注意喚起もされている本文である。その当否についての論者なりの見解は固まっていないが、ともあれこれまでの⒀⒃⒄と比較して明らかに異なっているのは、地の文における頼政の当該歌の引き方に関してである。すなわち、これまでのような「月落ちかかる」という四句目だけではなく、「住吉の松のしづ枝を洗ふ白波」と、上句すべてが引かれるのと同時に、⒀などで続けて言及されていく、経信の「松のしづ枝を洗ふ白波」という一首とは異なった「入日をあらふ奥つ白浪」という別の一首の下句が連なっていき、それで首尾整った一首のようになっている、という点である。しかもその、別に引かれた下句というのが、前節で取り上げた『無名抄』で「上の句劣れる秀歌」と俊恵が評したもう一首、「奈呉の海の霞の間よりながむれば入る日を洗ふ沖つ白波」という実定詠なのである。

どのような経緯によってこのような混態が生じることとなったのか、少なくとも実定詠が引かれたのがまったくの偶然だった、などとはさすがに考えづらい。あるいは『無名抄』なり、類話を載せた当時現存の歌学書なりと接触した結果であろうか。また、あるいは『歌枕名寄』の最古写本（鎌倉時代末期頃か）たる静嘉堂文庫本(16)などには、

新古一　なこの海の霞のまよりなかむれはいる日をあらふおきつしらなみ　後徳大寺左大臣
（巻十四・畿内部十四・摂津国二・住吉篇・二一六五）

続後十一　なこの海やとわたる船のゆきすりにほの見し人のわすられぬかな　権中納言俊忠
（同・二一六六）

（略）裏書云、後嵯峨院御時古歌連歌に「＼（朱）なこの海の霞のまよりなかむれは」と云句出来に「＼（朱）月落ちかかるあはちしま山」と被付けり。同座に又後に「＼（朱）住吉の松のこまよりなかむれは」と出来、「＼（朱）いる日をあらふおきつ白波」と被付けり、人々入興と云々、

という、大変興味深い「裏書」が見出されもする。「後嵯峨院御時古歌連歌」とは、右「裏書」の続く記載を読む限り、

古歌の上句と下句だけで付け合っていく連歌だったとおぼしいが、その中でまさに歴博本にあるように、「住吉の松＼（朱）のこまよりなかむれは」が前句となり、「いる日＼（朱）をあらふおきつ白波」がその付句となっていたことが知られる。もちろん「後嵯峨院御時古歌連歌」自体の実態がほぼ不明な現状、これと歴博本とを短絡的に関連づけるのは避けるべきだが、単なる偶合と簡単に切り捨てるのも躊躇われるため、参考として言及しておく。

いずれにせよ、少なくともこの部分に関しては、歴博本の本文の方に後代の改変がある、と認めることは可能であろう。ついでに述べれば、ここで引かれる頼政の当該歌の上句において「松の木間より」ではなく「松の隙より」となっているのも、前々節で取り上げた『落書露見』にあったような、「替詞」に関する議論の影響を受けてのことか、どうであろうか。

七　『西行物語』における引用とその諸相④

残る⒆の永正本と⒇の寛永本とに関しては、乙類に属しつつも記事の一部を省略した一本を共通祖本としていたろうこと、ただし派生後の転写の過程で、それぞれ別個に種々の増減や改変がなされたために、両本間で一致しない独自本文もかなりみられる結果となったのだろうこと、どちらかと言えば寛永本の方が共通祖本の本文をまだ保っていることなどが、秋谷治氏[17]や山崎淳氏によって明らかにされている。

そうした前提でみてみると、例えば⒀の文明本などにはあった「また松のしづ枝を洗ひけん浪《なみ》、今の心地して」という地の文一節と、西行の「住吉の松のね洗ふ浪の音こずゑにかはるおきつ白波」という一首とを、永正本・寛永本は確かに揃って欠いている。これは両本の共通祖本においてすでにそうなっていた、とみるのがおそらく適当だろう。

ただし文明本などにおいては、この場面で詠まれた西行の「いにしへの松のしづ枝を…」の一首にしても、また「住吉の松のね洗ふ…」の一首にしても、より直接的には前掲した⒁の経信詠「沖つ風吹きにけらしな住吉の松のしづ枝を洗ふ白波」を踏まえていようから、肝心のその一首に関する記述が地の文にないという、永正本・寛永本の共通祖本の本文は、整合性のない在り方となってしまおう（ちなみに寛永本の頭注の後半で指摘されているのもこの点である）。逆に言えばこの場面では、頼政の当該歌は（極論として）なくてもよいが、経信詠はなくてはならないものだということである。しかし実際に右のとおりとなっている点、ここは永正本・寛永本の共通祖本側での省略――それにしても内容をよく理解していなかったのだろうか――とみておくのがよさそうである。

また右以外の部分に関し、文明本と、永正本・寛永本とをそれぞれ比較してみると、大局的には寛永本の方が文明本に近く、永正本の方が遠い、ということは一読明瞭かと思われる。特に永正本は、同じ乙類の他本とも構成を異にしている。例えば文明本で言えば、引用冒頭の「ただ我ひとり、もとの墨染になりて、住吉に参りてみれば」となっている一節について、永正本では二重傍線部のように三分割された上、文明本ではそこから四首も前にある、別の場面での「ふるはたのそはのたつきに…」という一首と、それに関わる地の文とが、その間に組み込まれるかたちとなっている、といった具合にである。

そのような永正本の独自本文の中でも、特に興味深く思われるのが（校訂して再掲）、

源三位頼政卿参り給ひし時、心を澄まして、夜もすがら眺め明かし給ふ。

住吉の松のひまよりながむれば月落ちかかる淡路島山

と詠じ給ひけん…

となっているところである。『頼政集』に基づく限り、当該歌は「海辺月」題に基づく題詠である。かつ永正本を除

く各本文も、西行が住吉の実景に接した際に、頼政の当該歌を想起した、と述べるにとどまり、頼政がどのようにこれを詠んだか、という詠作状況にまでは踏み込まない。ところが永正本に限っては、頼政が住吉に実際に赴いたその際に、心を澄ませて、一晩中眺め明かして詠んだ歌、と実に具体的に語るのである。念のため言い添えるならば、『西行物語』を離れた他文献で、今回確認し得た中では唯一『歌仙落書』だけが（本論冒頭でも示したとおり）「住吉にて月をみて」という詞書を施している。この『歌仙落書』そのものか、あるいはこれに類する資料や認識、伝承などがそれなりに世上に存していたのを取り込んで、永正本にあるような、より具体的な描写へと次第に改変されていった、ということなのかもしれない。

このあたりも結局は、憶測の域を出るものではないけれども、『西行物語』のとある一本の独自本文のその中に、ほんの小さな、しかしほかではなかなか知ることのできないような、歌人としての頼政の一物語がひそんでいたのは、少なくとも論者にとっては予想外の発見であり、それだけに一方ならず愉快に思えた次第でもあった。

注

（1）本文は『日本歌学大系』に拠りつつ、一部私に校訂を加える。
（2）本文は高梨素子氏校注『歌論歌学集成　第十一巻　落書露見』（二〇〇一年七月、三弥井書店）に拠りつつ、一部私に校訂を加える。
（3）本文は小林一彦氏校注『歌論歌学集成　第七巻　無名抄』（二〇〇六年十月、三弥井書店）に拠る。
（4）礪波美和子氏「『西行物語』諸本について」（『人間文化研究科年報』第十一号、一九九六年三月）。
（5）文明本の本文は久保田淳氏編『西行全集』（一九九六年十一月、第三版、貴重本刊行会）に拠る。

（6）久保田淳氏「西行と源平の人々」（『中世和歌史の研究』所収、一九九三年六月、明治書院）。
（7）本文は久保田氏編『西行全集』に拠るが、『新修日本繪巻物全集　第12巻　西行物語絵巻』（一九七七年五月、角川書店）掲載の影印をも参照し、読点をトルなど、一部に改訂を加えた。
（8）本文は礪波美和子氏「蓬左文庫蔵『西行上人絵詞』について」（『人間文化研究科年報』第十二号、一九九七年三月）に拠るが、異同部分を示した傍線をトル、表記を改めるなど、一部に改訂を加えた。
（9）本文は内田澪子氏「国立歴史民俗博物館蔵田中穣氏旧蔵『西行物語』翻刻・附解題」（『国立歴史民俗博物館研究報告』第145集、二〇〇八年十一月）に拠る。歴博本そのものを視認していないため、ここでは歌番号をトル程度の改訂にとどめた。
（10）本文は横山重・松本隆信編『室町時代物語大成　第五』（一九七七年三月、角川書店）に拠るが、和歌の各句間にまで施された読点をトルなど、一部に改訂を加えた。
（11）本文は山崎淳氏「〔資料紹介〕慶應義塾大学附属図書館蔵『西行繪詞』」（『詞林』第十六号、一九九四年十月）に拠るが、各種の通し番号類をトル、表記を一部改める、頭注の掲げ方を変えるなど、一部に改訂を加えた。
（12）宮次男「白描西行物語絵巻」（『美術研究』第三百三十二号、一九八二年十二月）。
（13）礪波美和子氏「蓬左文庫蔵『西行上人絵詞』について」（注（8）に同）。
（14）内田澪子氏「国立歴史民俗博物館蔵・田中穣氏旧蔵『西行物語』考」（『和歌文学研究』第八十六号、二〇〇三年六月）。
（15）山口眞琴氏「享受と再編――『西行物語』の伝流と形成――」（『中世説話集の形成』所収、二〇〇九年八月、笠間書院）。
（16）本文は福田秀一・杉山重行・千艘秋男氏『謌枕名寄　下　静嘉堂文庫本』（一九九六年十二月、古典文庫）に拠るが、一部に校訂を加えた。また渋谷虎雄編『校本　謌枕名寄』（一九七七年三月、桜楓社）をも参照・活用した。
（17）秋谷治氏「寛永本『西行物語』考――『西行物語』原型を探る――」（『一橋論叢』第八十六巻第五号、一九八一年十一月）。

『新和歌集』からみた宇都宮歌壇

渡邉　裕美子

一　はじめに

武士が社会の中で存在感を増して政治の表舞台に姿を現し始めるのと、歌人として名をなす武士が登場するのは、ほぼ同時である。その先駆けが、源頼政であり、平忠度を初めとする平家歌人たちである。中世初期を代表する歌人西行は出家者だが、在俗時は後白河院の北面の武士であった。そして、鎌倉に武家政権が誕生すると、関東歌壇が生まれる。源頼朝の時代には、まだ歌壇的な活動は見られないが、頼朝が和歌の政教性をよく理解し、自身もかなりの歌作の実力を身につけていたことはよく知られる。三代将軍実朝が和歌に熱心に取り組み、将軍を中心に鎌倉で歌会が頻繁に開かれたことや、宗尊親王の時代に本格的な歌壇活動が行なわれたことも周知であろう。さらに、関東歌壇の誕生とほぼ並行して、地方都市宇都宮に歌壇が生まれ、その歌壇活動を基盤とした私撰集『新和歌集』が編纂された。その成立は正元元年（一二五九）と推測されている。(1) 地方歌壇としては抜群に古く、この時代に、都と鎌倉以外にこうした活動が行なわれていることは驚くべきことと評価されている。

宇都宮歌壇の研究は石田吉貞により先鞭が付けられ、(2) その後、歌壇の成立過程やその性格、『新和歌集』の成立事情(3)、家集を残した信生・笠間時朝・蓮瑜といった歌人と家集の研究などが進められてきた。さらに近年、歴史学の分野で宇都宮氏を含む関東武士団の研究が飛躍的に進み、宇都宮氏の地方武士団としての実態や宗教活動がかなり明確になった(4)。そのため現在では歌壇活動以外の側面を視野に入れた上での研究が可能になっている。本稿では、こうした近年の研究成果を踏まえて、『新和歌集』の分析を行ない、宇都宮歌壇の性格について改めて考えてみたい。なお、『新和歌集』の編者については、笠間時朝とする説が有力だが、諸説あって定説を見ていない(5)。本稿ではその問題には立ち入らず、『新和歌集』が宇都宮歌壇の所産であることに着目して分析することとする。

二　宇都宮歌壇についての研究概要と問題点

具体的な分析を始める前に、これまで宇都宮歌壇の成立過程やその性格について、どのように捉えられてきたかを確認しておこう。

宇都宮歌壇が成立するにあたって、初めに大きな役割を果たしたのが、宇都宮頼綱（蓮生）と朝業（信生）の兄弟である（「宇都宮氏関係系図」参照）。頼綱は、鎌倉幕府の有力御家人であったが、元久二年（一二〇五）八月謀反の嫌疑を掛けられ、郎従六十余人を伴って三十四歳で出家した。この事件を機に当主として表立って活動することはなくなる一方で、経済や宗教・文芸面での在京活動を活発化させる(6)。嵯峨中院に山荘を営み、娘を藤原定家の息為家と結婚させて、京都歌壇の中心にあった御子左家と姻戚関係を結んだ。このことが宇都宮歌壇成立において、非常に大きな意味を持ったとされる。頼綱嫡子泰綱（母は北条時政女）は父の出家時にまだ三歳と若年であったため、頼綱出家後は朝業が頼綱男の頼業（母は稲毛重成女。梶原景時女とも）とともに幕府への奉仕を行なっている(7)。しかし、その朝業も承久元年（一二一九）に親しく仕えた実朝暗殺後に出家した。泰綱が当主としての活動を本格化するのは、さらに下って寛喜元年（一二二九）頃からとされるが、[8]『新和歌集』成立までのおよそ三十年間は泰綱が当主であった時期に当たる。

『新和歌集』の歌人別入集数を見てみると、第一位は蓮生の六十首、信生は第六位三十四首と、この二人の兄弟の歌が多く収載される。しかし、信生をしのいで、信生息の時朝が第二位五十一首、浄意法師という僧侶歌人が第五位三十七首であることが注目される。時朝の入集数は、泰綱の第四位四十四首、泰綱の嫡子景綱（蓮瑜）の第三位四十七首を越えている。石田吉貞は、入集数だけでなく、集中に時朝の関係する歌会などの歌が大変多いことや、宇都宮氏以外の有力歌人の歌が時朝との関係において詠まれていることを根拠として、『新和歌集』の編纂者は時朝であると推測した。また、浄意法師については、曾祖父の神祇伯顕仲から続く勅撰歌人の系譜に連なることを明らかにし、関東に下って宇都宮歌壇の中心となって多くの歌人を育てたのだろうと指摘した。

この石田論を継承しつつ、大きく修正を加えたのが、小林一彦の論考である。[9]小林論は、「従来、宇都宮歌壇とは、血縁的には宇都宮氏を、地縁的には下野宇都宮を中心として、成立、展開された地方歌壇とされてきた」が、そうではない、と主張する。構成歌人などの面から、「『新和歌集』の中心が明らかに宇都宮宗家にあるのに対し、「宇都宮歌壇」は必ずしも宗家を中心に営まれていたとは言い難い」とし、結論として次のように述べる。

地方歌壇としての「宇都宮歌壇」の実質的成立は、時朝・浄意の出会いに求められると言っても過言ではなく、「宇都宮歌壇」とは、浄意法師を指導者に仰ぎ、笠間時朝を中心として、常陸から下野にかけての広い地域で展開された詠作活動の総体である

『新和歌集』という歌集において、時朝と浄意法師が非常に目立った扱いを受ける特異な存在であることを、石田論

は編纂資料の問題としたのに対し、小林論は「宇都宮歌壇」の実態を反映したものとして捉え直したのである。

小林論が、時朝・浄意の活動こそが「真の地方歌壇を常陸・下野の地域に定着させた」と評価するのは、単に時朝の活動が活発であるというだけでなく、それに比して、宇都宮宗家の活動が低調であるという点が大きな論拠になっている。石田論に既に「宇都宮宗家の泰綱がよませた歌など一つもなく、景綱関係の詞書はただ四つ五つあるに過ぎない」という指摘があるが、小林論はその点について具体的に検討を加えて次のように指摘する。蓮生については、「むしろ京都歌壇の人物として考えるほうがより適切」であり、「宇都宮の地において歌壇活動を展開していた形跡は認められない」とし、泰綱については「一族の棟梁にして財力にも恵まれており、歌壇的催しを十分主催し得る位置にいながら」そうはしておらず、「詠作活動に時朝ほど熱心であったとは言い難い」とし、景綱については「主催になる歌合等散見されるものの、その数は時朝のそれに比して半数にも満たず、参加・出詠歌人も大きく見劣りがする」という。また、地域的には、むしろ宇都宮以外の地において、「より活発な歌壇活動が行われている」という見方を提示する。「宇都宮歌壇」というと、宇都宮宗家の活動ばかりに目が奪われがちになるところ、地方都市宇都宮の、さらに当時は宇都宮の地方にあたった常陸の笠間や鹿島の地まで歌壇活動が広がっていたという点に目を向けさせた点で、小林論は非常に重要である。

しかし、この小林論の検証過程には、いくつか疑問がある。まず第一に、宇都宮宗家と時朝の歌会等開催数の比較において、その催しの規模を問題としていない点である。歌壇活動の活発さを捉えるのに、開催数だけを判断材料とするのでは不十分であろう。もう一点は、歌会別入集数では『新和歌集』中、最大の四十六首の出典となった「宇都宮神宮寺二十首」を、宇都宮宗家の主催でないこと等を理由に、比較の対象から外していることである。次節以降では、こうした点を考慮に入れて、宇都宮歌壇の性格について改めて検討してみたい。

〔宇都宮氏関係系図〕

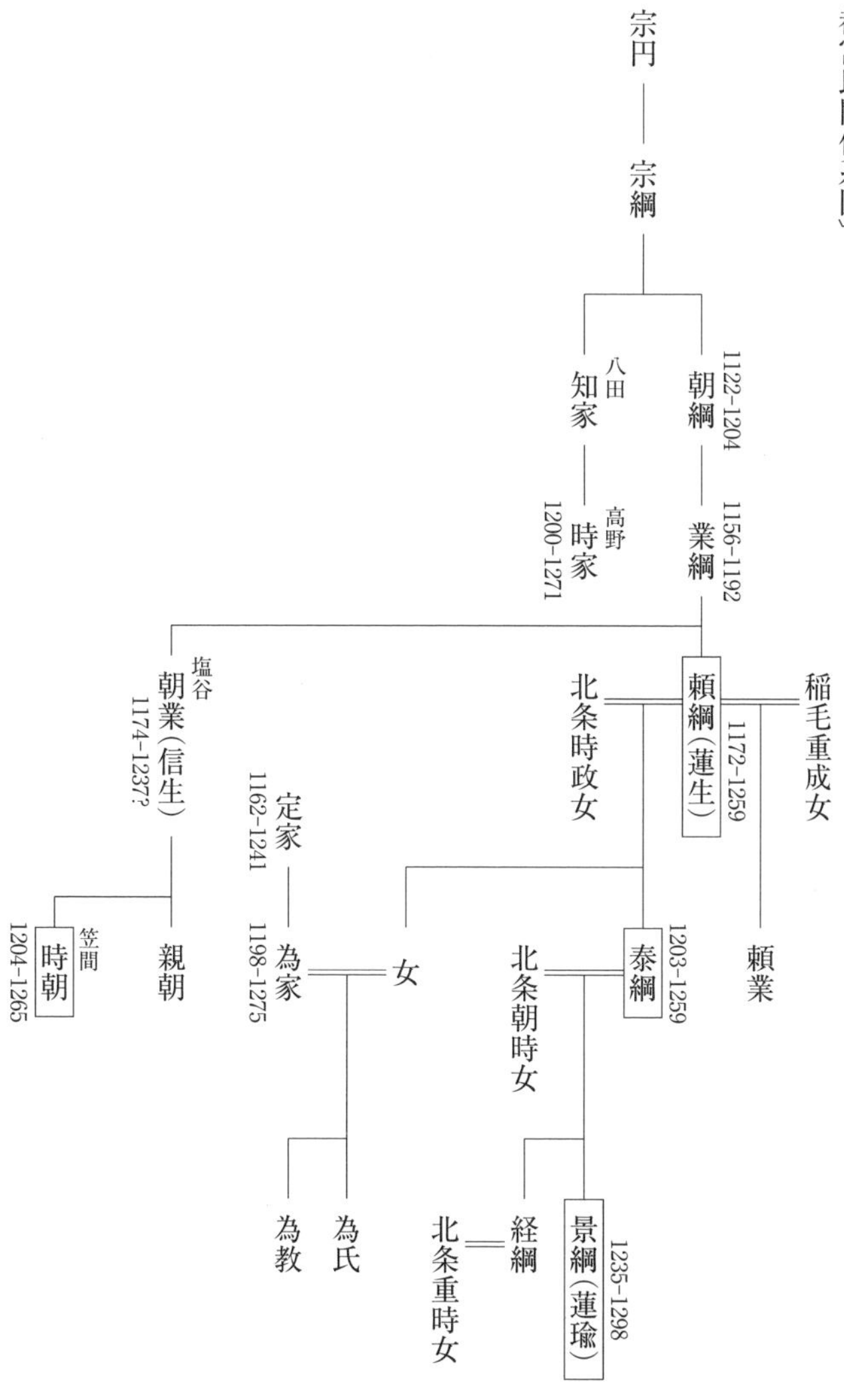

＊人名横のアラビア数字は生没年

三　歌壇的行事の規模と出詠者

以下に『新和歌集』詞書から、宇都宮の地において開催された和歌行事と、時朝を主催者として主に常陸の笠間で行なわれた和歌行事の出詠者を、男・僧・女に分けて一覧にしたものを掲出する。表には、歌人の属性による分類（「記号」欄）、その行事から『新和歌集』への収載歌数（「歌数」欄）、当該歌人の『新和歌集』入集歌総数（「総数」欄）を記し、勅撰集や私撰集に歌が採られている場合は、その歌数を記した（「その他入集」欄）。

〔歌壇行事出詠者一覧〕

○宇都宮氏関係

1-1　宇都宮神宮寺二十首

		記号	名	姓／僧位	歌数	総数	その他入集
1	男1	●	時家	藤原（高野）	4	8	東撰8、宗尊合10
2	男2	●	光幹	平（馬場）	1	8	ナシ
3	男3	●	朝氏	藤原（野田）	1	7	東撰1、歌枕名1
4	男4	●	重氏	高階	1	6	東撰2
5	男5	●	時高	清原（芳賀）	1	5	ナシ
6	男6	◎	基隆	藤原（後藤）	1	5	**続古今以下**8、東撰8、宗尊合10
7	男7	●	基氏	源（加古）	2	4	東撰3
8	男8	▲	清定	藤原	1	3	東撰1
9	男9	●	秀政	平	2	3	ナシ

10	男10	●	国長	丹波	1	2	ナシ
11	男11	●	行郊	神	2	2	ナシ
12	男12	●	憲綱	源	1	1	ナシ
13	僧1	●	西円		3	17	**新後撰**1、東撰9、拾遺風5
14	僧2	▲	浄忍		10	12	東撰1、夫木1、現存5、楢葉5、時朝集2
15	僧3	◎	素暹		5	9	**続後撰以下**22、東撰23、拾遺風2
16	僧4	●	照因		1	8	ナシ
17	僧5	●	謙忠	権律師	2	5	東撰2
18	僧6	●	謙基		2	3	東撰1
19	僧7	●	証蓮		1	1	東撰1
20	女1	▲	重頼女		1	7	**新勅撰以下**2
21	女2	●	謙基妹		2	2	ナシ
22	女3	●	謙基姉		1	1	ナシ
			歌数計		46		

1-2 景綱百五十番歌合（1）

1	男1	★	景綱	藤原（宇都宮）	3	47	**続古今以下**30、拾遺風2
2	男2	●	広長	丹波	1	3	ナシ
3	男3	●	行宗	源	1	2	ナシ
4	男4	●	朝高	藤原（稗田）	1	1	ナシ
5	男5	●	信行	源	1	1	ナシ
6	僧1	●	想生		1	12	ナシ
7	僧2	●	証定		4	10	東撰7
8	女1	●	親朝女	〔信生孫〕	1	5	ナシ

歌数計	13

1-3　景綱五十番歌合（2）

1	男1	●	道清	坂上	1	16	ナシ
2	男2	●	時季	清原（芳賀）	1	8	ナシ
3	男3	●	季房	大江	1	5	ナシ
4	女1	●	友家女	橘（氏家）	1	4	ナシ
歌数計					4		

1-4　景綱歌合（3）

1	男1	★	景綱	藤原（宇都宮）	2	47	**続古今以下**30、拾遺風2
2	女1	●	友家女	橘（氏家）	1	4	ナシ
歌数計					3		

1-5　景綱歌会（4）

1	男1	◎	時盛	藤原（安達）	1	6	宗尊合10
歌数計					1		

1-6　景綱探題歌会（5）

1	男1		経光	藤原	1	2	?
歌数計					1		

1-7 経綱妻追善名号冠字七首

1	男1	○	為家		1	11	**新勅撰以下**333
2	男2	○	為氏	〔為家男〕	1	3	**続後撰以下**232
3	男3	○	為教	〔為家男〕	1	1	**続後撰以下**36
4	男4	○	信実		1	4	**新勅撰以下**132
5	男5	○	光成	〔光俊男〕	1	2	**続後撰以下**9
6	男6	○	為継	〔信実男〕	1	1	**続後撰以下**18
7	僧1	★	円瑜	法眼	1	3	ナシ
8	僧2	★	蓮生		1	59	**新勅撰以下**39、東撰11
9	男1	★	泰綱	〔蓮生男〕	1	44	**続後撰以下**5
10	男2	★	頼業	〔泰綱兄〕	1	9	東撰1
11	男3	●	時朝	〔信生男〕	1	51	**続後撰以下**3、東撰12
12	男4	★	経綱	〔泰綱男〕	1	1	ナシ
13	男5	★	時光		1	1	ナシ
14	男6	★	景綱	〔泰綱男〕	1	47	**続古今以下**30、拾遺風2
15	男7	◎	長時	〔重時男〕	1	2	**続後撰以下**12、東撰15、拾遺風1
			歌数計		15		

○時朝関係

2-1 稲田姫社十首

1	男1	●	時朝	藤原（笠間）	1	51	**続後撰以下**3、東撰12
2	男2	★	泰綱	藤原（宇都宮）	1	44	**続後撰以下**5
3	男3	●	時家	藤原（高野）	1	8	東撰8、宗尊合10
4	男4	●	朝景	藤原	2	8	ナシ

5	男5	●	蔭清	藤原	1	6	ナシ
6	男6	○	光俊	藤原	5	5	**新勅撰以下**100
7	男7		政家	源	1	1	ナシ
8	僧1	▲	浄意		1	37	**新勅撰以下**3、東撰13、閑月1、時朝集1
9	僧2	●	西円		2	17	**新後撰**1、東撰9、拾遺風5
10	僧3	●	証定		1	10	東撰7
歌数計					16		

2-2　時朝五十首

1	男1	◎	基政	藤原（後藤）	4	12	**続後撰以下**11、東撰8
2	男2	◎	親行	源	1	12	**続後撰以下**4、東撰25
3	僧1		円嘉		1	3	**続後撰以下**3
歌数計					6		

2-3　時朝四十八首

1	男1	●	能範	大中臣	1	9	ナシ
歌数計					1		

2-4　時朝三十首

1	僧1	◎	仙覚	権律師	1	3	**続古今以下**2、東撰6
歌数計					1		

2-5 時朝十首

1	男1	●	泰重	藤原	1	6	ナシ
歌数計					1		

2-6 時朝女追善無常十首

1	男1	●	頼明	源	1	3	ナシ
2	僧1	▲	西音		2	17	**続古今以下**7
3	僧2	▲	浄忍		1	12	東撰1、夫木1、現存5、楢葉5、時朝集2
歌数計					4		

2-7 時朝館探題歌会

1	男1	●	蔭清		1	6	ナシ
歌数計					1		

2-8 時朝館正元元年八月十五夜歌会

1	僧1	▲	浄意		1	37	**新勅撰以下**3、東撰13、閑月1、時朝集1
歌数計					1		

2-9 鹿島社僧十首

1	僧1		理然		1	1	ナシ
歌数計					1		

2-10　時朝館歌会

1	男1	▲	孝行	源	1	1	**続後撰以**下2
			歌数計		1		

2-11　時朝歌会

1	男1	●	広長	丹波	1	3	ナシ
2	僧1	▲	浄意		1	37	**新勅撰以下**3、東撰13、閑月1、時朝集1
			歌数計		2		

＊行事ごとに男・僧・女に分け、1-7以外は『新和歌集』入集総歌数が多い順に並べた。
＊1-7については、『新和歌集』入集順のままに掲げた。また、姓の代わりに係累がわかる場合はそれを示した。
＊「記号」★…宇都宮宗家一族、●…宇都宮歌壇構成員、▲…東下歌人とその縁者、◎…宗尊親王歌壇構成員、
○…京都歌壇に属する歌人、空欄…未詳
＊「その他入集」には、勅撰集（太字）と、『新和歌集』と同時代に編纂された私撰集を中心にその入集歌数を示した。
＊東撰…東撰和歌六帖、宗尊合…宗尊親王家百五十番歌合、拾遺風…拾遺風体和歌集、現存…現存和歌六帖、
閑月…閑月和歌集、楢葉…楢葉和歌集、夫木…夫木和歌抄、歌枕名…歌枕名寄

景綱主催の和歌行事のうち「景綱歌合」（1-4）とした歌合は、詞書に「藤原景綱歌合し侍りけるに」（五一七・橘友家女）、「歌合し侍りけるに、冬恋を」（六五二・景綱）、「館にて歌合し侍りけるに、月前鶏」（七七一・景綱）とあるものを掲げた。また、「景綱歌会」（1-5）とした歌会は、詞書に「藤原景綱よませ侍りける歌に」（五八・時盛）とあるものである。そのため、これらは単独の催しではなく、別の景綱主催歌会・歌合と同時だった可能性がある。同様に、時朝主催の「時朝歌会」（2-11）には、「藤原時朝よませ侍りける歌の中に」（三八・広長）、「藤原時朝すすめ侍る歌に、山家月」（二〇三・浄意）と詞書にある歌会を含めたが、これらは二種の歌会であったかも知れず、また、それぞれ別

の歌会と同時だった可能性がある。こうした事情から、行事数には若干の不確定な要素を含まざるを得ないが、全体像を把握するにあたって大きな影響はないと考える。

この一覧表から、石田や小林が指摘するように、時朝主催の歌会の種類が非常に多いということが一目瞭然である。その数は景綱主催の和歌行事の二倍近くにのぼる。このうち小林の他、中川博夫が詳しく検討するように(10)、時朝の領地笠間に鎮座する稲田姫社に奉納された「稲田姫社十首」(2-1)は、宇都宮歌壇にとって重要な催しであったことは間違いないと思われる。この歌会では、都から下向していた藤原光俊を招き、宇都宮歌壇の主要歌人が顔を揃えている。また、時朝主催の歌会では、後藤基政や源親行、仙覚などの宇都宮歌壇外の著名な人物に定数歌を求めているのが目につくという点も従来の指摘のとおりである。

しかし、ここに和歌行事の規模という視点を入れると、どうであろうか。景綱主催の行事には「百五十番歌合」(1-2)、「五十番歌合」(1-3)という歌合がある。ここから『新和歌集』に入集するのは十三首と四首に過ぎないが、それぞれ三百首、百首の歌が集められ、歌合の形に番われたことが明らかである。『新和歌集』に先だって成立した第八勅撰集『新古今集』の重要な撰歌資料となった『六百番歌合』や『千五百番歌合』という規模の歌合を想起すると、この規模の歌合には特に驚きを覚えないかもしれない。しかし、この二つの大規模な歌合は、院政期以降に主流となった百首歌という詠歌形式と、平安初期から行なわれていた歌合が結びついて成立したのであって、それ以前の歌合史に目をやると、ここまで大きな歌合は実は数えるほどしかない。『平安朝歌合大成新訂増補』は所収歌合の通計を四百七十五度とし、うち番数が判明するのは約二百度である。そのうち百番を超える歌合は、百番構成の「皇太夫人班子女王歌合」(11)〔歌合大成番号五〕、百十番構成の「安元元年閏九月十七日右大臣兼実歌合」〔四〇〇〕の二度だけである。百番未満五十番以上の歌合も、七十番構成の「仁安元年中宮亮重家歌合」〔三六一〕など七度あるに過ぎない。そうした中で、景綱が百五十番、五十番という大規模な歌合を二度も開催していることは注目に値しよう。

以下に「景綱百五十番歌合」の歌を『新和歌集』から集成して掲げる。

館にて百五十番歌合し侍りけるに　藤原景綱

里人の衣手さむみわかなつむあしたのはらに雪はふりつつ（春・一〇）

証定法師

まきもくの山は霞みてみゆきふるこまつがはらにうぐひすぞなく（同・一一）

百五十番歌合侍りけるに　藤原景綱

いにしへの神代をかけてをしほ山しらゆふはなのいまもさくらし（同・四一）

証定法師

はなの色のしらゆふかけてたまくしげみむろの山に春風ぞ吹く（同・四二）

百五十番歌合に、深夜織女　藤原景綱

ゆきあひによやふけぬらんあまのがはとわたる風のそらにすずしき（秋・一六五）

証定法師

かささぎのゆきあひのはしのなかぞらにきりたちわたり夜ぞふけにける（同・一六六）

源行宗

あふことはとしにまれなるたなばたのこころもしらずふくるよはかな（同・一六七）

藤原景綱百五十番歌合し侍りけるに、羇中嵐　証定法師

たび衣かさなる雲はとだえして嵐をわくるみねのかけはし（羇旅・四二四）

藤原景綱百五十番歌合に、寄煙恋　源信行

消えかへりあさまのけぶりいたづらにそらにのみしてたつわがなかな（恋上・五三六）

藤原朝高

消えかへるふじの煙のそらにのみうきて思ひのはてぞかなしき（同・五三七）

丹波広長朝臣

しらせばやもゆらんふじの山よりもなほ身にこえてあまるおもひを（同・五三八）

想生法師

きえよただなびくかたなきゆふ煙わが身あさまの名をたてぬまに（同・五三九）

藤原親朝女

かやりびのゆくかたもなきけぶりこそむせぶおもひのたぐひなりけれ（同・五四〇）

これらの詞書を見ると、「館にて百五十番歌合し侍りけるに」（一〇）とあることから、『千五百番歌合』のように机上で結番されたものではなく、実際に当主の居館である宇都宮館で披講されたものであることがわかる。歌題は、四季・雑（羈旅を含む）・恋の結題のみの構成であったと考えられよう。全歌数は三百首なので、十名参加であれば一人三十首、十五名参加であれば二十首、二十名参加であれば十五首となる。現在、出詠者で判明するのは八名だが、十名から二十名の参加があったのではないかと推測される。出詠歌人について先に掲げた一覧表を確認すると、宇都宮歌壇以外の歌集に入集しているのは、主催者の景綱と証定という僧侶歌人の二名だけで、宇都宮という地を基盤とする歌人を中心とする歌合であったと考えられる。この歌人構成は「五十番歌合」も同じである。また、「百五十番歌合」出詠者の一人である藤原朝高は、宇都宮氏と領地の問題で政治的に対立していた那須氏の一族である。(12)こうした出詠者がいることにも注意しておきたい。この点については、後にもう一度触れることとする。

景綱がこれらの大規模歌合を主催したのは、『新和歌集』成立時の二十五歳以前であることが確実である。対する時朝は景綱父の泰綱と同世代で、時朝・浄意の和歌活動が先行し、景綱は恐らく時朝の活発な活動の影響を大きく受けていたのであろう。しかし、現存歌の範囲内では、景綱主催歌合に時朝・浄意の出詠は認められず、二人の直接的な関与は想定されない。若い景綱が突然大規模な歌合を主催できるとは思われず、こうした歌合の存在は、景綱の活動以前から「真の地方歌壇」が宇都宮の地に成立し、かなりの程度、成熟していたことを物語るのではないだろうか。

『新和歌集』の成立時期直後の弘長元年（一二六一）七月七日に、関東歌壇において宗尊親王を主催者として『中務卿宗尊親王家百五十番歌合』が成立している。この歌合は、宗尊親王の和歌師範だった真観を中心にして机上で結番されたと推測されている。(13) また、同歌合は将軍家の公的な盛儀の歌合で、関東歌壇が最も活況を呈した時期の主要業績と評価されているが、それよりも景綱主催の「百五十番歌合」のほうが先行する。この点からも、景綱主催「百五十番歌合」がいかに画期的であったかが了解されよう。

一方、時朝主催の和歌行事を見てみると、前述の「稲田姫社十首」（2-1）以外では、「時朝五十首」（2-2）に基政と親行、「時朝三十首」に仙覚の出詠が確認できるが、それ以外は開催行事数こそ多いものの、『新和歌集』入集歌数と作者の顔ぶれからすると、規模としてはあまり大きくなかったのではないかと推測される。また、「稲田姫社十首」以外の定数歌は披講されたかどうか確認できない。さらに、規模や披講を伴った開催が確認される歌合は一度も無い。これに対して、再び宇都宮関係の和歌行事に目を転じると、景綱主催以外に「宇都宮神宮寺二十首」（1-1）、「経綱妻追善名号冠字七首」（1-7）という二つの和歌行事が目を引く。前者は、主催者不明ながら、判明する参加歌人が計二十二名、総入集歌数四十六首にのぼる。後者は、景綱弟の経綱の勧進によるもので、『新和歌集』哀傷部巻頭から十五首連続して配列されて、大きな存在感を見せている。いずれも宇都宮の地で開催された和歌行事として無視できないものであろう。景綱主催歌合の規模を考慮に入れ、景綱主催以外のこれらの行事を含めると、むしろ宇都宮以外の地において、「より活発な歌壇活動が行われている」とはとても言えないし、参加歌人が大きく見劣りするようには見えない。次節以降では、景綱主催以外のこれら二つの催しについて考察しよう。

四 「宇都宮神宮寺二十首」と宇都宮歌壇構成員

1. 中世都市宇都宮と宇都宮神宮寺

宇都宮は、宇都宮明神（宇都宮社、二荒山神社）の門前町と奥大道の宿駅が結合した、政治的にも経済的にも重要な複合都市として十二世紀以降、大きく発展した。(14) 幕府体制下における鎌倉に先行する（あるいは原鎌倉に匹敵する）中世東国の最重要都市との位置づけもある。(15)

宇都宮明神は下野国一宮として地元の尊崇を集めるだけでなく、奥州平定の重要拠点に鎮座する神として鎌倉幕府からも重んじられた。蓮生祖父朝綱が、その宇都宮社の社務職（検校職）を源頼朝より安堵されたのは、元暦元年（一一八四）のことと『吾妻鏡』は伝える。市村高男は、実際に朝綱が宇都宮社務職を掌握したのは、もう少し遅れて奥州合戦後の建久初め頃ではないかと推測するが、いずれにしろこの社務職の掌握によって頼朝軍事政権下で御家人としての宇都宮氏の地位の安定化に成功したと指摘する。(16) 朝綱は治承寿永の内乱期に宇都宮社前で国家安寧を願う一切経会を奉行し、以後、一切経会は宇都宮社の恒例行事となる。その執行機関として朝綱によって宇都宮社の結界内に建立されたのが宇都宮神宮寺ではないかと推測されている。(17) 宇都宮氏は、弘安六年（一二八三）景綱の時代に、当主・一族・被官を統制する武家家法として『宇都宮家弘安式条』（以下、『弘安式条』）を定めているが、その七十ヶ条の三分の一が宇都宮社・神宮寺の神事と仏事、それを支える神官・供僧についての規制である。宇都宮社の「祭祀を担う神官としての立場は、氏として発展を遂げる基盤」[18]とされ、そこで行なわれる神事・仏事への参加が一族・同族意識を強め、各地の所領支配にも有効に働いたと指摘される。[19]そして中世都市宇都宮は、宇都宮社・神宮寺と、それに向かい合って建てられた宇都宮館という二つの構造物を核として、さらに発展したと考えられている。[20]

神宮寺の成立事情からするとそうではないのだが、神宮寺は宇都宮氏の「累祖之氏寺」（『弘安式条』第二条）と認識されていた。[21]そうした歴史・性格を持つ宇都宮神宮寺は、宇都宮明神とともに宇都宮氏の紐帯のシンボルと言ってよいだろう。寛喜元年（一二二九）七月、蓮生はその内部空間を荘厳する障子歌を、婿の為家を通して都の定家と家隆に依頼していることが、『明月記』から知られる。この年は、二十七歳に成長した嫡子泰綱が当主としての活動を本格化させる年でもある。

　廿九日〈甲午〉天晴
有朝露云々、関東入道於本居所作堂障子、書大和国名所〈十ケ所〉、予、前宮内卿　令詠歌、可押色紙形由、誂宰相、仍今朝腰折五首書送〈葛木山〈春〉、久米磐橋〈同〉、多武峯〈同〉、布瑠社〈夏〉、初瀬山〈同〉〉、前宮内〈吉野山〈春〉、二上山、三輪山〈夏〉、龍田山〈秋〉、春日山〈同〉〉、秀歌多、可恥、行能朝臣可書云々、世以雖処軽忽、此三人没後、詠歌右筆誰人乎、[22]

依頼された両名合わせて十首の歌のうち、半数の五首が『新和歌集』に「宇都宮神宮寺障子歌」として見える（七、九四、一九八、二五九、八〇九）。[23]歌題から障子絵は名所障子絵であったことがわかるが、それは大和国の名所で統一されていた。歌を定家と家隆に、色紙形の染筆を『新勅撰集』の清書も担当した能書の行能に依頼していることからすると、名所絵を都の一流の絵師に依頼した可能性もあるだろう。このような蓮生の試みは、都の和歌文化を宇都宮の地に移入する上で、大きな意味を持ったと推測される。(24)

2.「宇都宮神宮寺二十首」の位置づけ

蓮生が障子歌で荘厳した後に、神宮寺に奉納されたと考えられるのが(25)「宇都宮神宮寺二十首」である。これは先に述べたように『新和歌集』編纂においてもっとも重視された撰歌資料で、二十二名の四十六首が入集する。小林一彦は、この二十首は、『新和歌集』と「勅撰集と応製百首の関係にも擬せられる」緊密な関係にあるが、宇都宮宗家を始め、『新和歌集』上位入集の有力歌人は出詠しておらず、宇都宮一族の「公的な二十首」ではなく、「神宮寺に於て歌会という形で執り行われた」とは考えがたいと指摘する。そして、小林論が『新和歌集』撰者であると主張する西円法師により「私的に勧進された定数歌」であると推定する。しかし、仮に「神宮寺二十首」の主催者が小林論の推測どおりであったとしても、宇都宮における和歌行事として、それ以外で行なわれた和歌活動との比較対象から外す理由にはならないのではないか。また、小林論は、「神宮寺二十首」が歌会として催行された形跡がないことを歌壇的行事として扱うにはふさわしくない理由としているが、それは、前述したように「時朝五十首」(2-2)以下の時朝主催の定数歌も同様である。そもそも「神宮寺二十首」のような寺社奉納定数歌の場合、披講されないことは往々にしてある。法楽和歌が流行する平安後期以降の史的展開を見てみると、歌合は宝前で披講されることが多いが、百首歌は披講されずに宝殿に納められる傾向にある。(26)寺社奉納百首歌では、清書して神仏に捧げることを重視するのである。「神宮寺二十首」でも披講されていないことは問題にならないだろう。中世都市宇都宮の中心にあり、宇都宮氏の紐帯のシンボルとも言える神宮寺に二十二名に上る歌人の「二十首」が奉納されたことにこそ大きな意味がある。

また、一方で、山本隆志は、この二十首は宇都宮氏にとって最重要仏事である一切経会に伴って行なわれた法楽和歌であると指摘する。(27) 山本がこのように考える根拠が明確ではないので、その当否は判断しがたい。ただし、神宮寺では、年間を通して多くの恒例仏事が営まれているので、法会に伴う法楽和歌であった可能性は大いにあるだろう。

3.「宇都宮神宮寺二十首」の歌題構成と出詠者

『新和歌集』に入集する「神宮寺二十首」の部立を見ると、歌題構成は、春・夏・秋・冬・神祇・羇旅・恋・雑であったと推測される。うち素暹法師の一首のみ「宇都宮神宮寺二十首中に、隣家卯花を」(夏・九一)という結題を示す詞書を持つが、他の四十五首は「宇都宮神宮寺二十首歌(に)」とあるばかりで、題は記されておらず、結題で詠むよう指定されていたわけではなかったと考えられよう。

素性が明らかになった出詠者は以下の五つのグループに分けられる。

Ⅰ．宗尊親王歌壇構成員
Ⅱ．宇都宮一族
Ⅲ．東下歌人とその縁者
Ⅳ．周辺地域の武士
Ⅴ．僧徒層とその縁者

このうちⅡの「宇都宮一族」については、当時、「都市・宇都宮を舞台として、宇都宮氏を核とする領主連合」が形成されており、宇都宮氏と「宇都宮一族」との関係は、「自律的な領主相互の家礼型主従関係、ないしは従属的同盟関係」と規定できる、という指摘が高橋修にある。(28) また、Ⅴの「僧徒層」は宇都宮の身分体系に組み込まれた僧侶のことで、これについては後述する。

以下、グループごとにどのような出詠者がいるのか順に見ていこう。

Ⅰ．宗尊親王歌壇構成員

素暹（東胤行）重胤男。鎌倉幕府御家人。しばしば在京。藤原家隆男の隆祐と親しい。弘長三年（一二六三）以前に没しているので、「宇都宮神宮寺二十首」は最晩年の歌歴になる。

藤原基隆（後藤）基綱男。鎌倉幕府御家人。兄基政とともに宗尊親王歌壇の中心的存在と指摘される。(29)『新和歌集』成立の正元元年（一二五九）の三年前の康元元年に引付衆だった父が没、翌正嘉元年より兄基政が引付衆。

Ⅱ．宇都宮一族

藤原時家(30)（高野）鎌倉幕府御家人。正元元年に引付衆。後、文永元年（一二六四）には評定衆に加えられる。祖父は八田宗綱（蓮生曾祖父）。父小田知家(31)（蓮生祖父朝綱の弟）は京の作法に通じた御家人として頼朝に信頼され、時家はその跡を継いで活動した。正治二年（一二〇〇）出生で、泰綱・時朝と同世代になる。時朝主催の「稲田姫社十首」に参加している。『新和歌集』には、「神宮寺二十首」の四首（三三一・四三〇・五四三・五八三）、「稲田姫社十首」の一首（二一〇）の他、蓮生との関係がうかがわれる贈答歌が収められている。離別歌巻末に見える歌を挙げてみよう。

蓮生法師、京へのぼりけるに申しつかはしける　藤原時家

わきてよのわかれはかなしもろともにおいては末の残りなければ(32)（四二一）

また、雑下には蓮生の贈歌とともに時家の返歌が収められている。

藤原時家がもとへ申しつかはしける　蓮生法師

わするなよながれのすゑはわかるともひとつみやまのたにがはの水（八一七）

返し　藤原時家

わかるともいかがわすれんみなかみはおなじながれのたにがはの水（八一八）

いずれも蓮生との深い絆が強調される歌であろう。この二十首の主催者として、時家も十分その資格を持っていると言えるのではないだろうか。

清原時高　清原姓で、「高」を通字とする宇都宮氏の被官芳賀氏の一員かと推測される。

Ⅲ．東下歌人とその縁者

藤原清定　承久の乱で京方として戦った武人で、嘉禄以後の都の歌合にたびたび出詠し、定家や同じ院旧臣の藤原秀能と親しく交流していた。その後、東下したらしく、時朝の家集に名前が見え、『拾葉和歌集』という散佚歌集の撰者として知られる。(33)『新和歌集』（雑下）には、浄意法師と交わした「昔」を恋う内容の贈答歌が見え、同じ京下りの歌人として親しく交流していたことがうかがわれる。

藤原清定たづねまうできて、かはりにし世のことどもよもすがらかたり侍りけるついでに　浄意法師

あらぬよのむかしがたりをすみぞめのそでにもかはるいろぞかなしき（八四〇）

返し　藤原清定

あめのよのむかしがたりのぬれ衣かさねてしほるわかのうら波（八四一）

藤原重頼女　父の重頼はもとは後白河院に関わる事績などが見える京の官人で、治承・寿永の内乱収束以降、京と鎌倉を往還して過ごしたと中村文が推測している。(34)重頼の妻は源頼政女で歌人として名高い讃岐である。重頼女の「神宮寺二十首」の歌は、次の一首である。

さとはあれてふりゆく庭の荻の葉にとふべきものと秋風ぞふく（秋・一八一）

重頼女の『新和歌集』入集歌は全七首で、その中には次のような歌がある。

竹御所かくれさせ給ひてのち、常の御所にまゐりてよみ侍る

いかばかりなみだもちりもつもるらん君なきとこのふるき枕に（哀傷・四八八）

中村は、「竹御所」とは鎌倉四代将軍九条頼経の妻となった二代将軍頼家の女のことで、重頼女はこの女性に仕えていたと指摘する。ちなみに「竹御所」は天福二年（一二三四）七月二十七日、頼経の子を死産して、三十二歳で亡くなっている（『吾妻鏡』）。重頼女の詠歌は他に『新勅撰集』（恋五・九八〇、恋歌の題詠）と『続古今集』（恋三・一一八〇、「寄鳥恋」題）に各一首が知られるばかりで、活発に歌壇活動をしていたわけではないと思われるが、それでも勅撰集に題詠歌が採られ、また将軍妻室に親しく仕えていたことからすると、都の教養文化を身につけた女性として重んじられていたのだと推測される。

浄忍　家隆の息隆祐と交流がある。鹿島社前で十首を講じ、時朝と親しい[35]。『新和歌集』には十二首入集しており、やや注意される歌人である。

宇都宮氏は、鎌倉開府以前は「京都社会の構成員ともいふべき侍であった[36]」と指摘される。その後、下野国宇都宮に本拠地を置き、宇都宮社務職を相承する神官御家人という特殊な性格を持ちつつ、北条氏と姻戚関係を結んで鎌倉幕府内で重きをなした[37]。「神宮寺二十首」に出詠する後藤基隆の一族は、宇都宮氏と姻戚関係で結ばれているだけでなく、もともとは京都に本拠地があり、その後、鎌倉幕臣として重きをなすという点でよく似ている。和歌を含む都の文化に親しむ素地を持つ一族と言ってよい。さらに、承久の乱後には、後鳥羽院旧臣歌人など「都からはじき出された人々が次々に東下」するという社会状況が生まれる[38]。そうやって東下した藤原清定や、「神宮寺二十首」には出詠していないが、宇都宮歌壇の指導者的立場にいた浄意法師のような歌人たちを、宇都宮歌壇では積極的に受け入れ

ていたのだろう。

Ⅳ．周辺地域の武士

藤原朝氏（野田）　熱田大神宮司家一門で、御家人化して鎌倉に在住していた。天福元年（一二三四）下野国鑁阿寺大御堂建立の棟札「方々雑掌」七名の一人と指摘される(39)。妻は足利義兼女である(40)。

高階重氏　高師直の曾祖父に当たり、鎌倉中期三代の足利氏当主に執事として仕えた足利氏被官である(41)。高階氏庶流の家政は朝綱猶子になっており、宇都宮氏と高階氏は人的ネットワークでつながれていると指摘される(42)。

源基氏（加古）　父は足利泰氏。足利荘内の加古を名字の地とする(43)。

平光幹（馬場）　常陸平氏馬場流。常陸大掾。大掾は常陸守護の八田氏とともに二元的に常陸国を支配していたと指摘され(44)、大掾を世襲する常陸平氏馬場流の一族は、この二十首に出詠している宇都宮一族の時家とは政治的に対抗する勢力である。その二人が同じ奉納和歌に参加して、宇都宮氏の紐帯のシンボルである神宮寺に歌を捧げていることに注意される。先に「景綱百五十番歌合」でも同様に、領地問題で宇都宮氏と対立する那須氏一族の者が出詠していることを指摘したが、こうした歌会・歌合への参加が、宇都宮氏と周辺武士との融和の機会になっていたのだと推測されよう。

Ⅴ．僧徒層とその縁者

僧侶歌人として関東歌壇で活躍する素暹以外に、西円・照因・権忠・顕基・証蓮の五名が見え、その近親者と思われる顕基妹・顕基姉も出詠者に含まれる。これらは宇都宮氏の身分体系に組み込まれた僧徒層とその縁者と考えられる。次に、その身分体系について確認して、宇都宮歌壇の構成員について考えたい。

4．宇都宮の身分体系と宇都宮歌壇構成員

宇都宮の身分体系は、「神社組織として総括される点に最大の特徴がある」[45]と指摘され、『弘安式条』の内容の検討から、宇都宮の内部組織は大きく神官層・僧徒層・宮仕層に分けられると考えられている。それぞれについて、高橋修や永村眞の考察によって整理すると以下のようになる。神官層は宇都宮検校を筆頭に神官十二人で構成される。検校のもとで神事を執り行い、宇都宮社を運営する主体であって、宇都宮氏と「宇都宮一族」に対応する身分と考えられる。それぞれ鎌倉に参住し、在京して京都大番役を勤仕する鎌倉御家人でもある。また、「日常的に宇都宮社内に居住」するのではなく、都市・宇都宮の内部に「宿所」を構え、そこから社頭に「参住」すると指摘される[46]。この指摘は重要で、神官層が神事等で宇都宮に滞在する期間が、そのまま歌壇的行事が営まれる機会になったと想定される。次に、僧徒層は「神宮寺に常住する五口の供僧（御堂供僧・社僧）を初めとする大衆」と「宮中の念仏堂に止住する念仏衆（時宗）」からなり、その他、寺内に止住して大衆に従う修験山伏や、稚児や俗役などが存在した。このうち歌会等に参加したのは主に供僧・大衆であろう。宮仕層は「宇都宮に臣従する神領内の領主層」[47]で、神官や供僧の下知に従って、下部を使って領内支配の実務を担当した。やはり「宇都宮一族」に相当し、その被官層まで含む。

こうして見てみると、「宇都宮神宮寺二十首」の出詠者は、Ⅰの「宗尊親王歌壇構成員」や重頼女などを除くと、この宇都宮の組織を基盤としていることが了解される。それがそのまま宇都宮歌壇構成員ということになるだろう。

ところで、『時朝集』（九一）詞書には「新玉集に入哥〈五十三首、幡州西円撰〉号宇都宮打聞」とあり、散逸歌集『新玉集』が「宇都宮打聞」と呼ばれていたことを伝えている。また、成立年代は下るが、『新和歌集目録』が、やはり『新和歌集』が「宇都宮打聞」と呼ばれていたことを伝える。『新玉集』と『新和歌集』が関係があるのか否か議論のあるところだが[48]、その点は今は措く。重要なのは、宇都宮歌壇を基盤とする私撰集が「宇都宮打聞」と号されていることである。このことは歌壇の中心が、氏族としては宇都宮氏に、地域としては宇都宮にあったことを示している。そして、宇都宮歌壇構成員は、武士団としての宇都宮の組織を基盤としていると考えられる。

以上の検討から、宇都宮歌壇は次のような人々で構成されているとまとめられる。

一、宇都宮氏と宇都宮一族、その配下にある被官層、僧徒層とその縁者の歌人。

二、宇都宮氏と地縁・血縁などでつながる武士とその縁者で、歌壇活動の拠点が宇都宮にある歌人。

五　「経綱妻追善名号冠字七首」と宇都宮歌壇の催しの性格

次に、哀傷部巻頭の「経綱妻追善名号冠字七首」（1-7）十五首について検討したい。この十五首は「尾張権守藤原経綱すみ侍りける人身まかりてのち夢に、なもあみだ仏といふもじをはじめにおきて歌をよみてとぶらへ、と見侍りけると聞きてよみておくりける」という詞書を持つ為家の次の歌、

みしはうく聞くはかなしき世の中にたへて命のうたてのこれる（四四七）

で始まる。詞書から、経綱が妻を亡くした後に見た夢に従って、妻の追善のために「なもあみたふつ」を冠字とする七首を親しい人々にそれぞれ求めたことがわかる。経綱は泰綱男、景綱の同母弟で、蓮生の孫にあたる。この十五首の歌人については、佐藤恒雄が詳細に検討している(49)。それによると、経綱妻は執権北条重時女で、康元元年（一二五六）六月に流産の後、赤痢を煩って亡くなった（『吾妻鏡』）。第一首目の為家は経綱を外甥とし、経綱が為家を通して「御子左家とその縁辺にあるごく親しい人たちに結縁を依頼」したもので、それが前半六首目の為継までになる。後半一首目の法眼円瑜は「宇都宮一族で官寺に属した一人」で、以下景綱まで八首は、時朝をやや例外として、経綱と格別親しい宇都宮宗家の人々の歌。最後の長時は重時の嫡男で、康元元年二十七歳から執権になった人物。亡くなっ

た経綱妻はその姉か妹であると佐藤は指摘する。円瑜は、都や鎌倉での事跡が知れず、やはり宇都宮神宮寺の供僧のうちの一人だろう。最後の長時の歌は、

一首によみておくりける　　平長時

なもあみだ仏といまはちぎりてぞ浮世の夢をおどろかすらむ（四六一）[50]

とあって、他の人々と異なり冠字七首とせずに、「なもあみた仏」すべてを詠み込んだ一首だけを送ったことが知られる。それ以外の人々は冠字に「なもあみたふつ」を置く七首を経綱に送り、各一首が『新和歌集』に採られているのである。

宇都宮宗家の関係者のうち、経綱と時光は『新和歌集』入集歌がこの一首のみで、他の撰集にも歌が採られていないことから、歌壇活動をしていたわけではないと推測される。しかし、他の歌人は複数の歌が『新和歌集』に採られ、勅撰集や他の鎌倉関係の私撰集にも歌が入集している。そうなると、この「追善名号冠字七首」も宇都宮歌壇の催しとして捉えてよいのではないか。宇都宮宗家関係者と都の御子左家関係者という歌人構成は、先に検討した「神宮寺二十首」が宇都宮歌壇構成員と宗尊親王歌壇構成員を出詠者としていたのと、基本的に同じである。一方、宇都宮歌壇の催しの中には、第三節で触れた景綱主催歌合のように、宇都宮歌壇構成員だけで行なわれたものもある。つまり、歌人構成から見ると、宇都宮歌壇の催しには、

一、宇都宮歌壇構成員と、京都や関東歌壇に属する／属した歌人が出詠するもの

二、宇都宮歌壇構成員だけが出詠するもの

の二つが存在したと言える。これまで取り上げた催しのうち、開催時期が明らかなのは、康元元年（一二五六）六月以降の「追善名号冠字七首」だけであるが、景綱主催歌合は景綱の年齢から考えて、『新和歌集』成立時の正元元年

（一二五九）からそれ程さかのぼるとは思われない。これら二つの歌人構成の催しは、並行して存在したのだと思われる。これは時朝主催の和歌行事にも当てはまる。かつて石田吉貞は、京都または関東歌壇に属する歌人が少数でも交じっていれば、『新和歌集』は「真の意味で宇都宮歌壇のもの」とは言い得ないとし、「経綱妻追善名号冠字七首」などは「真に宇都宮歌壇の中から生み出された歌ではない」が、「広い意味で宇都宮歌壇の所有した歌」であると指摘した(51)。宇都宮歌壇構成員だけが出詠する催しを、「真の」宇都宮歌壇の催しとして弁別しようとするのである。しかし、前掲二つの歌人構成の和歌行事が並存することが、宇都宮歌壇のあり方なのであって、このことは宇都宮歌壇の本質の一端を表しているように思う。石田は、また宇都宮歌壇について、「たえず中央からの補給を要した」が、京都歌壇から距離が遠すぎたために補給が自由にできず、性格の弱さにつながったとも指摘する。しかし、「補給」は京都からとは限らないだろう。宇都宮歌壇は、宇都宮に基盤を置く歌壇構成員のみで行事を行なえるまでに成長するが、一方では歌壇を維持するために都や関東歌壇からの刺激を常に必要とし、都や鎌倉で活動する／活動していた歌人に出詠を求めていたのではないか。

六　おわりに

以上、本稿では『新和歌集』の分析をとおして、宇都宮歌壇の構成員やその性格を考えてきた。そうして見えてきたのは、蓮生によって宇都宮の地に移入された和歌文化が、いかにして成熟したのかということであろう。確かに庶流の時朝は活発に和歌活動を展開しており、時朝が個人的に定家や家隆など有力・権門歌人たちに多数の定数歌を進献していたこともよく知られる。しかし、宇都宮の地が空洞化していたわけではない。宇都宮には、宇都宮氏や宇都宮一族、その被官、神宮寺の僧徒等によって歌壇が形成され、景綱二十代前半には、当主の居館において、宇都宮歌壇構成員だけで大規模歌合を複数回開催できるまでになっている。宗家の主催ではない「宇都宮神宮寺二十首」が開催できたのも、宇都宮歌壇の成熟を物語っていよう。その一方で、京都や鎌倉の歌壇からの刺激を常に必要とし、機会があるごとに縁を頼って詠歌を求めている。

宇都宮歌壇とは「常陸から下野にかけての広い地域で展開された詠作活動の総体である」という小林論による従来の把握は、歌壇活動が面として広がっているような誤解を招く。『新和歌集』の詞書を見ても、常陸の時朝以外の宇都宮一族や周辺地域の武士たちがそれぞれの所領で和歌活動を行なっていた形跡はない。宇都宮歌壇の活動の中心は、やはり宇都宮にあり、しかも神宮寺や当主の居館といった宇都宮のまさに心臓部で主に展開されている。本論中で触れたように、「宇都宮社・神宮寺の神事・祭礼・仏事に参加することにより、一族・同族意識が再生産され、下野を中心とした所領支配に有効作用した」(52)と指摘されているが、歌壇活動もまた同様の意味を持ったのだと考えられる。

しかし、成熟してもなお、都や鎌倉からの「補給」を必要とする宇都宮歌壇のイメージは、言ってみれば、京都歌壇や関東歌壇の衛星のようなものではないか。当時の歌壇状況については、「京と鎌倉圏の二元的構造」がまずあり、鎌倉歌壇と併行して形成された宇都宮歌壇にも「宇都宮宗家と時朝の二つの円」が存在するという指摘が既に田渕句美子にある(53)。より正確には、衛星である宇都宮の、そのまた衛星として、常陸の時朝の活動は捉えられる。時には、時朝の和歌活動がダイレクトに都や鎌倉の歌壇とつながることはあるけれども、中世都市宇都宮の領主であり、大武士団を率いる宇都宮宗家の活動を過小評価すべきではないだろう。

この宇都宮歌壇の成熟に、これまで詠作に熱心ではないとされてきた泰綱の活動が関わっていると思われるのだが、それを論ずるには紙数が尽きた。期を改めて論じたい。

＊和歌の引用は、新編国歌大観に拠った。ただし、『新和歌集』については、小林一彦「校本『新和歌集』（上）」（『芸文研究』五〇、一九八六・一二）、「同（下）」（『芸文研究』五一、一九八七・七）により異文を確認して、校訂したところがある。

注

（1）佐藤恒雄『藤原為家研究』第七章第六節「新和歌集の成立」（笠間書院、二〇〇八）
（2）「宇都宮歌壇とその性格」（『国語と国文学』二四-一二、一九四七・一二）
（3）前掲注1佐藤論参照。前掲注2石田論以降、石川速夫、小林一彦、中川博夫らによって、さまざまに論じられてきているが、佐藤論はそれら先行論文を整理しつつ、『新和歌集』の最終的成立が正元元年（一二五九）であることを論証し、その撰者は時朝であると指摘する。
（4）石川速夫『宇都宮市史』第三巻中世通史編（一九八一）、永村眞『栃木県史』通史編3中世（一九八四）、山本隆志「辺境における在地領主の成立―宇都宮朝綱を中心に―」（『鎌倉遺文研究』一〇、二〇〇二・一〇）、同『東国における武士勢力の成立と展開―東国武士論の再構築―』（思文閣出版、二〇一二）、江田郁夫編『下野宇都宮氏』（戎光祥出版、二〇一一）、市村高男編『中世宇都宮氏の世界』（彩流社、二〇一三）、永村眞「中世宇都宮氏とその信仰」（『中世宇都宮氏―頼朝・尊氏・秀吉を支えた名族―』栃木県立博物館、二〇一七）等。
（5）他に、宇都宮景綱説（石川速夫）、西円法師説（小林一彦）がある。
（6）市村高男「中世宇都宮氏の成立と展開―下野・豊前・伊予の三流の関係を探る―」（前掲注4『中世宇都宮氏の世界』所収）
（7）前掲注6市村論。なお、朝業は出家後ではあるが、承久三年（一二二一）の承久の乱では京都へ攻め上って宇都宮氏の名声を高めている。
（8）前掲注6市村論

(9) 「宇都宮歌壇の再考察—笠間時朝・浄意法師を中心に—」(『国語と国文学』六五‐三、一九八八・三)
(10) 「『新和歌集』成立時期補考—「稲田姫社十首歌」「鶴岳社十首歌」をめぐって—」(『徳島大学教養部紀要』(人文・社会科学)二五、一九九〇・三)
(11) 『寛平御時后宮歌合』のこと。実質的主催者は宇多天皇で、古歌・旧詠・新詠の撰歌合と考えられている。
(12) 藤原朝高は、那須与一宗高の兄弟稗田九郎幹(朝)隆であると考えられている。朝高は承久二年(一二二〇)に稗田他の地を伊勢外宮権禰宜度会常生に寄進している。その後、那須氏は乾元二年(一三〇三)にわたって御厨化の動きを見せるが、下野国衙の抵抗にあい実現しなかった。「この背景には在地での宇都宮氏と那須氏の対立抗争がからみ、那須氏による御厨化の動きを、国衙在庁に依拠した宇都宮氏が阻止したのではないかと推定される」と指摘される(ジャパンナレッジ・平凡社『日本歴史地名大系』「稗田御厨」)。
(13) 「宗尊親王家百五十番歌合」『和歌大辞典』(古典ライブラリー)
(14) 高橋修「中世前期の都市・町場と在地領主—中世都市・宇都宮をめぐって—」(『中世都市研究』一五、二〇一〇・九)
(15) 高橋修「「常陸守護」八田氏再考—地域間交流と領主的秩序の形成—」(『茨城の歴史的環境と地域形成』雄山閣、二〇〇九)
(16) 前掲注6
(17) 前掲注4山本論。さらに山本は、宇都宮神宮寺は二荒山神社裾下にあり、現宇都宮城址に比定される宇都宮館とは釜川を挟んで近接した位置関係にあると指摘する(前掲注4山本著書)。
(18) 前掲注4永村眞「中世宇都宮氏とその信仰」
(19) 前掲注6市村論
(20) 前掲注6市村論
(21) 前掲注4永村『栃木県史』。第二条全文は「一、神宮寺幷尾羽寺往生院善峯堂塔庵室等、可加修理事／右、伽藍之洪基者、累祖之氏寺也、土木之構、起自父祖之懇志、若有破損之聞者、早速可令修治也」(『中世法制資料集』第三巻、岩波書店、一九六五)。

(22) 引用は、冷泉家時雨亭叢書『明月記四』の自筆本影印に拠り、割書は〈 〉で括った。
(23) 小林一彦「新和歌集撰者考―西円法師をめぐって―」(『三田国文』九、一九八八・六)参照。『新和歌集』では、定家と家隆の作者名に混乱がある。
(24) 蓮生関係では、この「宇都宮神宮寺障子歌」以外に、正嘉元年(一二五七)の「蓮生八十賀」の歌と「蓮生八十賀屏風歌」が、『新和歌集』に入集する。参加歌人は、蓮生以外は御子左家を中心とした都の歌人たちである。前掲注1佐藤論参照。
(25) 前掲注23。小林は、当該二十首出詠者の後藤基隆が、障子歌成立の寛喜元年に十歳前後であることを根拠に、二十首は障子歌より後の成立と推定する。
(26) 拙稿「後鳥羽院熊野御幸の和歌覚書―法楽和歌としての位置づけ―」(『立正大学人文科学研究所年報』五四、二〇一七・三)
(27) 前掲注4山本著書
(28) 前掲注14
(29) 後藤基隆については、中川博夫が父基綱・兄基政とともに詳細に事績を検討して、幕府の重鎮である父の「地位・事績を継承して、同家の勢力保持の一端を担いつつ、歌人として活躍し」、「同家及び鎌倉圏の文運隆盛に貢献する人物であった」と指摘する。「後藤基綱・基政父子(一)―その家譜と略伝について―」(『芸文研究』四八、一九八六・三)。関連する論考に、同「後藤基綱・基政父子(二)―その和歌事績について―」(『芸文研究』五〇、一九八六・一二)。
(30) 知家嫡男知重が「小田」の地を名字の地とし、十郎時家は田中荘内と見られる「高野」を名字の地としたと指摘される(『茨城県史』精興社、一九八六)。ただし、『関東評定衆伝』(群書類従巻四九)では、時家が評定衆となった文永元年以降の傍書名字に「小田」とある。
(31) 朝綱が大番役のため在京していたときには、在地での統率は知家などが担ったのではないかという推測がある(野口実『板東武士団と鎌倉』戎光祥出版、二〇一三)。
(32) 彰考館本を底本とする新編国歌大観は結句「心なければ」だが、小林一彦作成の校本に拠れば、他七本は「残なければ」であり、歌意から言っても「残り」が適当と判断して校訂した。
(33) 清定については、田渕句美子『中世初期歌人の研究』(笠間書院、二〇〇一)参照。
(34) 「藤原重頼をめぐって」(『埼玉学園大学紀要』一六、二〇一六・一二)
(35) 前掲注33田渕著書
(36) 佐々木紀一「桓武平氏正盛流系図補輯(下)」(『国語国文』六五-一、一九九六・一)
(37) 前掲注4永村『栃木県史』、前掲注6市村論
(38) 田渕句美子「関東の文学と学芸」(岩波講座日本文学史第5巻『一三・一四世紀の文学』岩波書店・一九九五)
(39) 藤本元啓『中世熱田社の構造と展開』(続群書類従刊行会、二〇〇三)
(40) 前掲注4山本著書
(41) 小川剛生『武士はなぜ歌を詠むのか』(角川学芸出版、二〇〇八)
(42) 前掲注6市村論
(43) 前掲注4山本著書
(44) 前掲注15高橋論、前掲注30『茨城県史』
(45) 前掲注14高橋論
(46) 前掲注14高橋論
(47) 前掲注4永村『栃木県史』
(48) 小林一彦「二つの宇都宮聞書―『新和歌集』成立の経緯と撰者を探る―」(『中世文学の展開と仏教』おうふう、二〇〇〇)参照。
(49) 前掲注1
(50) 新編国歌大観は第三句「ちぎりても」とするが、小林一彦作成校本に拠れば「ちぎりてぞ」の本文の方が優勢で、歌意から言っても「ぞ」が適当と判断して校訂した。
(51) 前掲注2

(52) 前掲注6

(53) 前掲注38

Ⅲ　頼政をめぐる歌人たち

源頼政の挙兵と歌世界

日下　力

一　反平家貴族、源資賢との交流

宇多源氏で音曲に長け後白河院の側近であった按察大納言源資賢（一一一三〜一一八八）は、治承三年（一一七九）十一月の清盛のクーデターによって解官追放され、一旦は東国へ赴いたものの、西に方角を変えさせられ（『玉葉』同月二十二日条）、結局、丹波国に身を置くこととなったらしく、翌年七月十三日に恩免されて都へ帰ってきた（『山槐記』同日条）。その丹波国にいた時に頼政と歌の贈答をした事実が、彼の家集『入道大納言資賢集』から知られる。

丹州に籠居之時、述懐の心を

嘆きこそ大江の山と積りぬれ　命いくののほどにつけても　A

世の中の心づくしを嘆くまに　我が身の憂さは覚えざりけり　B

同じころ、源三位入道のもとへ申し遣はしし

今はさは君しるべせよはかなくて　まことの道にまどふ我が身を　C

返し

言の葉は大江の山と積もれども　君がいくのにえこそ散らさね　D

（『新編国歌大観・四』より。漢字を適宜あてる）

帰洛した資賢の身辺には、故頼政と関わる人物が二人いた。一人は、彼の郎等、弥太郎盛兼。もう一人は、人相見をよくし、以仁王に必ず位につく相があると言ったという少納言藤原宗綱。以仁王の「近臣」とも評され（『玉葉』元暦元年〈一一八四〉十一月二十七日条）、相少納言の異名を持ち、『平家物語』には改名前の伊長の名で出る。資賢とその二人との結びつきを伝えるのが、『吉記』と『玉葉』の養和元年（一一八一）九月の記事である。まず、前者の二十一日条、

後聞、故頼政法師郎等弥太郎盛兼、有二嫌疑事一、〈故三条宮之間事云々、故委不レ記〉、於二前按察侍家一、前幕下遣二武士一、欲レ搦之間、件盛兼自殺死、〈掻二切咽笛一〉。又前少納言宗綱入道、自二前按察許一、被二搦出一云々。

文中に「前按察」とあるのが資賢で、「前幕下」は清盛の息、宗盛である。盛兼は、資賢に仕える侍の家に潜んでいたところを、宗盛の派遣した武士に捕縛されようとしたので喉を掻き切って自殺、宗綱の方は資賢のもとにいて連行されたという。次は『玉葉』の二十四日条、

定能卿来談二雑事一、相少納言入道又被二搦取一了、是資賢卿之許、件人一両度来臨、因レ茲両人成二談議一之由、世間之人令二沙汰一云々、為レ恐二其思一、資賢卿搦二出件入道一、〈元為二資賢卿聟一云々〉、其間所従侍自害云々、如レ此之間、資賢深成レ恐云々、

宗綱が「又」捕らわれたとあるのは、前年の乱直後の六月十日、南都に逃走して捕縛された人々の中に彼がいたからで、同書に「其中有二相少納言宗綱一云々、〈件男年来好相レ人、彼宮、必可レ受レ国之由奉レ相、如レ此之乱逆、根源在二此相一歟、不可云々〉」と記す。定能卿の談話を伝える右の記述によれば、資賢のもとに宗綱が一、二度来訪、二人で相談してい

るというわさが世に立ち、それを恐れて資賢が彼をつかまえて差し出し、家来は自害、実は宗綱はかつて資賢の婿だったという。こうした結末に、本人はいたく恐れをなしているというのである。

『吉記』の方が、より正確に違いない。事実は、まず、捕縛されようとした盛兼が自殺し、それを知った資賢が宗綱の身柄を差し出した、ということではなかったか。そうしたことで、彼は難を逃れたのであろう。

後代の編纂になる『吾妻鏡』にも、関連記事がある。同年十一月十一日、故頼政の一族たる加賀竪者が鎌倉に参上したが、それは、頼政の「近親、埴生弥太郎盛兼」が、去年の合戦後、「蟄㆓居于或所㆒、潜欲㆑参㆓関東㆒之処」、九月二十一日に宗盛の手の者に生け捕られようとして自害、その与力の衆と称して宗綱を捕縛、昵懇の間柄ということで自分にも探索の手が伸びたため、あわててここに参向したのだということであった。盛兼が潜んでいた「或所」は、資賢の侍の家に他ならない[1]。

盛兼は、『源平盛衰記』と長門本『平家物語』にも登場、「因幡国の住人」で、平等院における最後の戦いにおいて、頼政の嫡男仲綱の首を御堂の板敷の下に隠した人物とされる。

○

あらためて、資賢と頼政の贈答歌に注目してみよう。最初のAの符号をつけた資賢の歌の意は、洛中追放の身となって生きながらえたにつけても、嘆く思いが幾重にも重なり大江山のように高くなったというもの。「命いくの」には、言うまでもなく、歌枕の地「生野」が掛けられている。Bでは、世情についてあれこれ気をもんで嘆いているうちに、自分自身のつらさは感じなくなっていたことだと詠う。Cでは、頼りなく真実の道に迷っている我が身に、今は君が道しるべとなってほしいと頼む。

対する頼政の返歌Dは、貴殿の嘆きの言葉が大江山のように高く積み重なったにしても、君が生きて行く道の上に決して散らすことはできない、という意なのであろう。ABとCとの間に「同じころ」云々の詞書が入り、Cは別の時に詠じたように書かれてはいるが、AとDとの言葉の対応関係、すなわち「大江山」「いくの」の共通性から、あきらかにA・B・Cは一連の歌として、同じ時に頼政のもとに送られたものと理解できよう。

この歌の贈答には、秘められた要素があるように思われる。頼政の返歌の、「君がいくのにえこそ散らさね」から感得されるものである。散らすことのできない「言の葉」は、Bで示されている、「わが身の憂さ」を忘れさせるほどの、今の「世の中」を「嘆く」思いの託された言葉なのであろう。洛中追放の身となった立場からすれば、当然、発せられてしかるべき言葉であった。

Cの歌の「今はさは君しるべせよ」とは、何を期待しているのであろうか。頼政は前年十一月十七日の清盛クーデター直後の二十八日に出家していたし（『公卿補任』）、資賢は「まことの道」に迷っていると言っているのであるから、仏道への「しるべ」を望んでいるのかと思えば、頼政の歌は、それに応じてはいない。返歌は、貴殿の世情を嘆く言葉を、君の行く手に散らして、人生の邪魔になるようなことはできないと言っているに等しい。そこに、他人に知られてはならぬ、内密にしておかねばならない二人だけの秘密があったように見通されてくるのである。

その秘密とは、乱後、頼政の郎等が資賢の侍の家にかくまわれ、皇位につくよう以仁王に勧めたという宗綱が彼の邸宅に出入りしていた事実と、「君しるべせよ」という歌の一句とを勘案するならば、資賢が内々に頼政に挙兵をうながしたものと推察するのが妥当であろう。歌の贈答は、資賢が丹波に蟄居してから、以仁王の件が発覚するまでの五か月ほどの間に交わされた。頼政がどの時点で挙兵を決意し、資賢の言葉がそれにどのように影響したかは知るよしもない。が、こうした歌によるやりとりがあったことは、従来、まったく看過されてきたことであった。(2)

『入道大納言資賢集』の成立は、集の末尾に「〈本云〉寿永元年八月六日書留返之」とあることから、寿永元年、すなわち頼政の死から二年後の一一八二年と見て、詞書の記述内容とも矛盾なく、誤りはなさそうだという。(3)盛兼自害、宗綱捕縛は前年の九月、すでに、この年の三月二十日には出家していた。七十歳である。没するのは六年後。

寿永元年は大飢饉の年であった。そのため、大きな戦いはなく、翌年が倶利伽羅峠で大敗した平家一門の都落ちとなる。生活不安が横溢し、戦局は膠着状態ながら、平家の衰運は否定すべくもなかった。そうした世情のもと、彼は全二十九首の小家集を自身の手でまとめた。出家を契機としたものであったかもしれない。自らの生の終焉も、おのずから意識されていたことであろう。

頼政より九歳若いとはいえ、歌の贈答をした時は六十七、八歳。ともに老人として世を憂うる思いを共有できたに違いない。専権をふるう清盛は、五歳年下であった。その清盛も、家集編纂時には世を去っていた。内密に取り交わされた言葉を、それほど秘匿する必要もなくなった状況下で、資賢は頼政に対する哀悼の思いがつのり、家集にそれを留めたのであったろう。

二　頼政追憶歌群より

何人もの歌人たちが、頼政と生前に取り交わした歌を家集に収めている。惜しまれる人柄だったからであろう。まずは、親交のあった藤原惟方（一一二五〜一二〇一以降）の『粟田口別当入道集』。惟方は、母が二条天皇の乳母であった関係から、その側近となり、参議・検非違使別当を務めるが、後白河院政派と二条天皇親政派との対立抗争のなかで、平治の乱の翌年（一一六〇）、院に対する不敬事件を起こして流罪となり出家、六年後の永万二年（一一六六）四十二歳で召還されて帰洛し、最終的に洛外の粟田口に居を構えた。

家集の成立は、奥書から文治五年（一一八九）二月中旬と知られるが、そこには仁安二年（一一六七）暮春から歌を集めだし、その後、二、三巻、書き続けたが、いまだ取捨が必要な段階ともある。収録されている頼政との贈答歌は、一連の六首。次のようにある。

「東山に侍りしころ」、頼政が訪ねてきて、「昔のことども忘れがたく」などと言って帰ったのち、「かきたへ」音信がなかったので、四月ころ、誰からとも分からないように、歌を「さし置かせたりし」として、

いかにして野中の清水思ひ出でて　忘るばかりにまたなりぬらん　A

すると、二、三日ばかり経って来訪、紙の端に歌を書いて「落として帰りたりし」、

飽かざりし野中の清水見てしかば　また夏草を分くと知らなん　B

その後また、「同じき人のもとより申したりし」、

ほととぎす語らふころの山里は　人訪はずとも寂しからじな　C

「返し」の歌は、

ほととぎす語らふことを山賤《やまがつ》は　都の人と思はましかば　D

この返歌にさらに一首「添へたりし」、

寂しさを問ふべきことと思ひける　人の心を今年知りぬる　E

向こうから、「たちかへり申したりし」

寂しさはさやはありしと人知れず　嘆きしことは今年のみかは　F

（『私家集大成・2』より。漢字を適宜あてる）

この家集を最初からここまで読み進めてきて、他との異質さを感じてしまうのは、詞書の末尾が、「返し」とあるものを除き、すべて「たりし」という、完了の「たり」に過去の「き」の連体形を添えた形で結ばれていることである。家集全体では十八例あるが、その内の五つがここに集中していることになる。歌は全二四二首あり、ここ以外の「たりし」は、所々、点在しているに過ぎない。

過去にあった頼政との交際が、ひとくくりのものとして思い出されているのであろう。二人の応酬には、いたずら心が含まれていて明るい雰囲気がある。

なかなか訪ねて来ないのを軽く揶揄した歌を誰とも分からぬように置かせた自分に対し、自らやって来て歌を書いた紙を落として行った相手（A・B）。時を置いて今度は向こうから、「ほととぎす」と語らう季節になったから、人〈私〉が訪ねて行かなくとも「寂しからじな」と詠みかけてくる（C）。それに応じたDの歌。少々分かりづらいが、語らっている「ほととぎす」を「都の人」と思うなら、寂しくはないだろうに、の意なのであろう。書き添えたEの歌では、「寂しからじな」と言いわけめいたことを言って姿を見せぬ相手の「心」を、皮肉っぽく、その冷たさを「今年」知ったという。対して頼政は、配流地にいた時のあなたの「寂しさ」を、「人知れず」私は嘆いていたのであり、気に掛けているのは「今年のみ」ではなかったのだと応じてきた（F）。

『頼政集』では、右のA～Fの歌を個別に三か所に収録（C・D＝一四五・一四六、A・B＝六〇五・六〇六、E・F＝六一八・六一九。数字は歌番号、以下同）、なかでも最後の二首の作歌事情は、これとは異なっていて、惟方が流刑地から帰還して「ほど経てのち、山里の寂しさはいかが」などと頼政が尋ねた時の応答であったとする。どちらが正しいか判然とはしないものの、惟方が、二人のやりとりを意図的に一つにまとめ、自分に対する友情の示された歌を最後に持ってきたのは確かであろう。そこに、亡き頼政への思いが託されていることは間違いない。

惟方は頼政より二十一歳も若く、身分にも差があったものの、二人は「昔のこと」を共通の話題にできる関係にあった。『頼政集』は、さらに三回の贈答歌を載せる。

まず、大谷にいた惟方を訪ね、藤の花が咲いて松に絡んでいるのを目にして帰って来た時のやりとり（六一〇・六一一）、頼政は名残惜しかった気分を、惟方は再訪を待つ気持ちを歌にしている。次に、その大谷の地を人知れず出て、居場所が分からなくなったのに、そこをかすかに聞きつけて、誰とも分からないように文をさし置かせた時のやりとり（六一四・六一五・六一六）、頼政は居場所を教えてくれなかったことを恨み、惟方は隠遁する心を知ってほしいと応える。そして三番目は、「昔のこと」を語りあった時のもの（六三九・六四〇）。

詞書に、「昔のことども語りつつ、あはれ尽きせで帰りて」のち、惟方の方から「故院の北面の車などのみ面影に立ちしか」と書いてきて、

ありし世の君やかたみに止まるらん　まず見し前に昔覚えし

返し

世も変はり姿もあらぬ君なれば　我も昔のかたみとぞ見し

詞書の文面にある「故院」は、二人がかつて仕えていた鳥羽院のこと。惟方は、その鳥羽院の、二条天皇の実現を望んだ遺志に沿うように二条帝の側近となり、頼政は自分の娘の讃岐を、女房として帝に仕えさせていた。二人が旧知の仲だったのは、その時代からのことであったのだろう。

平治の乱の際、いったん反乱に与していた惟方が離反し、後白河院と二条帝を救出した功績は、『愚管抄』や『平治物語』が伝えていて有名である。頼政の方は、反乱軍の源義朝と行動を共にしながら途中で寝返ったと、かつては理解されていたが、(4) それは改作された『平治物語』に基づいていたからであった。古態本では、救出された二条帝が

六波羅の平氏邸に入り、そこが皇居となった段階から彼は戦場に現れ、義朝から平氏側についたことを非難されると、「十善の君につき奉る」は当然、そちらこそ愚かと反論して相手を沈黙させたとある。当時は五十五歳、大内守護の立場になっていたとすれば、天皇のいるところに参向するのが理にかなった行動、義朝への反論もありえた話であろう。惟方と頼政とが交わした昔語りには、その時のことも含まれていたのかも知れない。

二条帝の時代は、頼政にとって特別なものであったように見える。『頼政集』には、「二条院の御時、禁中柳垂」（二六）、「祝、二条院の御時、女房にかはりて」（三一七）、「二条院、位の御時、問聞増恋と云ふ心を人にかはりて」（四四三）という、宮中での活動をしのばせる詞書の歌が三首あり、帝の崩御に伴う歌もある（三二八）。二条帝の即位式の場には、兵庫頭として参仕し、相応の役目をこなしていた（『兵範記』保元三年十二月二十日条）。惟方にとっては、良き時代を懐かしんでくれる最良の友であったのであろう。亡き頼政を悼む心情の深さが、推しはかられる。

○

惟方と同様、頼政との思い出を一連の歌としてまとめて、自撰の家集に残したのが小侍従である。寿永元年（一一八二）に賀茂社奉納のために賀茂重保から請われて提出、彼の撰になる『月詣和歌集』の資料となった、いわゆる寿永百首家集に、である。

二人が恋愛関係にあったことはよく知られているが、それは小侍従が前夫の中納言藤原伊実に死別した永暦元年（一一六〇）以降に始まった関係と見られる。彼女は四十歳前後、彼は六十歳近い年齢であった。『頼政集』には、彼女との歌の贈答が計十一回、それぞれ個別に載っているが、『小侍従集』ではその内の六回に、さらに別の一首を加え、全十三首が一連のものとなって収められている。次に多いのが九首であるから、一目瞭然、際だっている。頼政の死んだのは二年前、彼女もすでに六十歳を過ぎていたろうか、老齢になって、二人の思い出を書き残しておきたい心境に駆られたのであろう。

最初の歌は、なれ初めのころのもの、「二、三日、訪れぬに、風邪さへおこりて心細ければ」として、

訪へかしな憂き世の中にありありて　心とつける恋のやまひを

返し

生かば生き死なば後れじ君ゆへに　我もつきにし同じやまひを

（『私家集大成・3』より。前同）

相思相愛の間柄がしのばれる。しかも小侍従は、来訪を自分の方から求めた歌を最初に掲げた。深く愛していたことを吐露するかのように（『頼政集』＝五三六・五三七）。

次に配したのは、頼政に不都合な事情があって、「しばし音せで」年の瀬になってから送ってきた歌、春になる前に山水が凍って滞るように、二人の関係が「絶え果てぬとや人は知るらん」というもの。その時、彼女の方は年籠りに籠もっていたので、出てきてから、凍って滞っている頃とかと聞いた山川、その氷が絶え果ててしまって「春ぞ知らるる」、と応じたという。関係が途絶えがちであっても、心は通じ合っていたことをものがたる（『頼政集』＝四二一・四二二）。

また、頼政が「この暮」にと約束しながら何日も過ぎてしまい、その不都合となった事情を「細かに書きつけて、今宵必ず」と言ってきた時は、こちらから、〈材木を組んで筏として流す杣山の川の浅い瀬では、きっとまた、夕方に差し支えが生じるでしょう〉と返事をしたところ、相手は、昨日から会えなくて涙が落ち加わった杣山の川ですから、水かさも「今日は増されば暮もさはらず」と返してきたという。ウィットに富んだやりとりがあったことを、彼女は書き残したのであった（『頼政集』＝三六四・三六五）。

大内裏に共に出仕していたころ、五月雨が何日も続き晴れ間もなかった時、お仕えしていた太皇太后宮藤原多子の大宮御所へ参上したところ、頼政は宮中を退出、近くに住んでいて、折しも月が珍しく顔を出したことに言寄せて、「雨雲の晴れ間に我も出でたるを　月ばかりをや珍しと見る」と言ってきたから、「雨の間に同じ雲居は出でにけり」、それでこちらを訪ねてくれるなら、どうして月に劣ることがありましょうか、と応じたとある。互いを思う関係が続いていたのであろう（『頼政集』＝一五二・一五三）。

次に、菊の花を介した応酬が四首続く。お互いに支障があって、長い間、いらっしゃらなかった時、「十月一日、つぼみたる菊の枝につけて」、向こうから

君をなを秋こそはてね色かはる　菊を見よかし開けだにせぬ

返し

いさやその開けぬ菊も頼まれず　人の心の秋はてしより

二、三日ばかりして、色あせた菊に結んで、今度はこちらから、

開けぬを秋はてずとや見し菊の　頼む方なくうつろひにけり

返し

うつろはば菊ばかりをぞ恨むべき　我が心には秋しなければ

「秋」に「飽き」を掛け、小侍従の軽いからかいに応じて、頼政は変らぬ愛を彼女に誓っていたことになる（『頼政集』＝四九八〜五〇一）。

独自に加えた最後の一首は、平忠度との関係がうわさになった時のこと(5)、頼政より、「時めかせ給ふらむこそめでたく」と言ってきたので、次のように返事をしたというもの。

よそにこそ撫養《むや》のはまぐり踏みみしか　あふとは海女の濡れ衣と知れ

「撫養」は、阿波国の港湾の名で（現鳴門市）、無益《むやく》の意を掛け、その浜で取れる貝合わせ用の「はまぐり」を持ちだして、「踏み」に「文」を重ね、「よそにこそ」つまり他人ごとのように、貴方からのつまらない文を見たという。そして、下の句の「あふ」は「はまぐり」の縁語で、忠度と会ったなどというのは、とんでもない「濡れ衣」と知ってほしいと訴えたのであった。

この歌を最後に持ってきたのは、亡き頼政への手向けで、自分が変らぬ愛を抱いていたことを告げるためであったのだろう。一連の歌の最初と最後、あい相応して、いたましい最期を遂げた故人を惜しむ思いが表出されている。『頼政集』には、『小侍従集』収載歌のほかに、彼女とのやりとりが、六四・六五、四六六・四六七、五一八〜五二七、六二五・六二六、六七〇・六七一と、多く載る。(6) このうち、六二五・六二六の歌は、小侍従が出家した時のもので、彼の方から、

我ぞまず出づべき道に先立てて　慕ふべしとは思はざりしを

返し

おくれじと契りしことを待つほどに　やすらふ道もたれゆゑにぞは

共に出家することを約束しあっていた仲だと分かる。彼女の出家は、治承三年（一一七九）一月から三月初旬までの間で、(7) 頼政のそれは同年の十一月であった（前記）。この贈答歌は、治承二年には成立していたと考えられる『頼政集』よりは後のことで、他人の手によって追加された作の一例ともされている。(8) が、本人の手で追加されたとも考えられる要素が残っており、それについては後述してみたい。

○

小侍従の仕えた大宮、こと太皇太后宮藤原多子の御所は、白川にあった頼政邸と交換したものであった。(9) その結果、多子の兄、大納言実家（一一四五〜一一九三）の隣りに彼は住むこととなり、歌による交際が深まった。造花の桜を贈ったり（『頼政集』三八・三九）、開花した隣家の桜の梢を見て詠みかけたり（四八・四九）、時鳥の初音を聞いたろうと問いかけたりし（一四三・一四四）、実家からも、左のごとく、八月十七日の澄み切った明月にことよせた歌が寄せられ、それに応じている。

われ見てもたぐひ覚えぬ月の夜は　古りぬる人ぞまづ問はれける（二一一）

返し

七十《ななそぢ》の秋にあひぬる身なれども　今夜《こよひ》ばかりの月は見ざりし（二一二）

頼政没後の養和二年（一一八二）三月以降、文治二年（一一八六）十月以前の成立とされる(10)『実家卿集』には、十五首の頼政関連の歌が見出せる。そのうち、『頼政集』の四八・四九歌、一四三・一四四歌が、重複する。この家集では、前二家集とは異なり、それらの歌が一まとまりになって収録されているわけではない。印象的なのは、右に引用したような、二人の間で取り交わされた老いをめぐる歌の贈答である。『頼政集』に収載された四八・四九歌に続いて、「かくて年あまた重なりてのち、花のころ、彼より」として、次のようにある。

命あればまたも見てけり去年《こぞ》だにも　これや限りと思ひし花を

返りこと

花を見てこれや限りと思ふとも　残りの花の数は尽きせじ

（『私家集大成・3』より。前同）

また、頼政の長患いを見舞った歌に対しては、返ってきた二首の歌が記されている。

浅からず思ふらめども白川の　末もなき身ぞ瀬絶え死ぬべき

かくて程へて、彼より

さらぬだに避《さ》らぬ別れの近き身に　昨日今日かの心地こそすれ

隣家に住むゆえに、頼政の最晩年の姿をもっとも身近に見たのが、実家だった。親にも等しい年齢の、頼政の壮絶な最期を耳にした胸中は、決して穏やかなものではなかったに相違なく、その感慨が、こうした彼の歌を自らの家集に収める動機となったのであろう。

三　老いの自覚

頼政が自らの家集をまとめ上げた時、七十代の半ばに差し掛かっていたことは疑いあるまい。命を絶ったのは、それからわずか数年後、七十七歳であった。家集のなかで、老いがどのように詠われているかを、まず、ひとわたり見ておこう。

寒い冬を終え、春を迎えて咲く梅や桜は、古来、人々を喜ばしい気分にさせ、また、何がしか命にかかわる思いを新たにさせてきたが、頼政の歌にも、それは顕著である。

万代の春まで咲かむ宿の梅を　命もがなや手折りかざさむ（『頼政集』二九）

年ごとにあはれとぞ思ふ桜花　見るべき春の数しうすれば（六一）

いにしへはいつもいつもと思ひしを　老いてぞ花に目は止まりける（六七）

これ聞けや花見る我を見る人の　まだありけりと驚きぬなり（六八）

散りがたになりにけるこそ惜しけれど　花や返りて我を見るらん（六九）

いずれも、生の終焉に向けて意識が働いている歌と言えよう。二番目と三番目の歌は、晩年になって知った桜に対する愛惜の思いを、次の二首は、年老いた自分の姿を自嘲気味に詠う。やや皮肉に自己を客観視するそうした歌は、以下にあげる歌にも含まれている。

時の移ろいを感じさせるのは、春よりも、寒さに向かう秋の季節。そこでもまた、命が想起されることになる。

鹿の鳴く方をもえこそ聞き分かね　今は耳さへおぼろなりけり（一九五）

秋の夜も我が世もいたく更けぬれば　かたぶく月をよそにやは見る（二〇八）

かくばかりさやけき月を命あらば　また来む年の今夜もや見む（二二五）

落ちかかる山の端近き月影は　いつまで共に我が身なるべき（二三六）

秋ゆゑに寝ぬ夜なりけり尽きぬべき　我がよはひをば誰か惜しまむ（二五四）

尽きようとしている「我がよはひ」を詠った最後の歌は、「秋」の部の最終歌である。続く「冬」の部も、老いの歌を所々に配しつつ、末尾は老齢の「我が身」を詠った歌で結ぶ。

月も見よ菊には似ずな世の中に　残れる身こそ白くなりけれ（二五八）

身の上にかからむことぞ遠からぬ　黒髪山に降れる白雪（二八六）

注連《しめ》の内に夜を通すかな下消えぬ　頭《かしら》の雪をうち払ひつつ（二九五）

われが身や古る河水の薄氷　昔は清き流れなれども（三〇四）

数ふれば我が身も年も暮れはてて　ふるも頭の雪かとぞ思ふ（三〇八）

このように、「秋」と「冬」の部を老いの歌で閉じているところに、老齢に対するこだわりの強さが現れていよう。当然、四季のみではなく、「別」「恋」「雑」にも、それぞれ次のような歌が見出せる。

はるばると行くも止まるも老いぬれば　また逢ふ事をいかがとぞ思ふ（三一八）

いづこぞや妹《いも》が玉梓《たまづさ》隠し置きて　覚えぬほどに老いぼけにけり（四四五）

いたづらに年もつもりの浜におふる松ぞ我が身のたぐひなりける（六一三）

次にあげる歌は、人生の終わりを思いつつ、この家集を編纂していた時に湧きあがってきた感慨を、すなおに言葉にしたものなのであろう。

昔今の事をつくづく思ひ続くるに、あはれなることも混じりて侍りけん

いろいろに思ひ集むる言の葉に　涙の露の置くもありけり（六一七）

○

さて、あらためて「冬」の部にあった三〇四歌に注目してみたい。我が身を古い河水の薄氷にたとえ、「昔は清き流れ」であったのにと詠った歌は、清和源氏という皇族の清い血筋を引きながら、今や沈淪の身であることを嘆いたものとして知られている。(11) 寂しくおのれを見ている歌である。その題は、「寄氷述懐」とあるが、実は次の三〇五歌の題も「氷」、当然、連想が働いて並置されたものと想像される。その歌は、

さゆる夜はつららやまなき原の池の　上飛ぶ鴨のやがて過ぎぬる

第二句の「やまなき」は、「ひまなき」であろうかと思われるが、ともあれ、二首を並べて鑑賞してみれば、凍っている池とは源氏、その上を春になって飛び去る鴨とは、平家を象徴しているかのように見えてくる。

「原の池」は、摂津国島上郡原村（現大阪府高槻市原）の阿路《あじ》ヶ谷の丘陵上にあり、(12)『後拾遺集』には、「氷遂夜結」の題で藤原孝善の詠んだ、「むばたまの夜をへて氷る原の池は　春とともにや波も立つべき」の歌が載り、『永久百首』には、「池」の部に藤原仲実の、「冬寒み鳰鳥すだく原の池も　世にむすぼるる氷りしにけり」の歌が載る。「氷」と言えば「原の池」というイメージが歌世界にはすでに存在し、頼政もそれを熟知していたはず。しかも、原の池は、源氏の第二祖、源満仲が建立した多田院（兵庫県川西市多田院）の東方、直線距離にして十八キロほどしか離れてはいない。かたがた、連続するこの二首には、平氏の隆盛に押されて、逼塞させられた立場にある源氏一党を思う気持ちが潜められているのであろう。

家集にはもう一か所、末尾近くに源氏の血筋を念頭に置いた歌がある。かつて鳥羽院の時代に、同族の源光信（一〇八三～一一四五）から、歌を添えて桜の花を送ってきた時の贈答歌である。両歌には、共に「源《みなもと》」が詠み込まれている。

みなもとは同じ梢の花なれば　匂ふあたりの懐かしきかな（六八一）

返し

げにや皆もとは一つの花なれば　末々なりと思ひ放つな（六八二）

光信は頼政より二十一歳も年上、保元の乱の時にはすでに世を去っていた。同じ摂津源氏に属し、またいとこに当たる。大治五年（一一三〇）十一月、二十二年前に平正盛によって殺害されたはずの源義親を名乗る人物をかくまっていた前関白藤原忠実邸に押し入り、当該人物を殺害した罪によって流され、康治二年（一一四三）に召還された。従って、この贈答は、その流罪期間を除いた時期におけるものということになる。流罪前となれば、頼政は二十代、召還後となれば四十代初めである。いずれにしても、家集編纂時からは遠い昔の歌である。それを、家集の終末近くに持ってきたのには、相応の思いが込められていたように思われる。

この直後にあるのは、承安二年（一一七二）十二月に、西宮の広田社の歌合せで詠んだ「海上眺望の心」と「述懐」の歌である。時に六十九歳。

わたつみを空にまがへて漕ぐ舟の　雲の絶え間の瀬戸へ入りぬる（六八三）

思へただ神にもあらぬえびすがた　知るなるものを人の哀れは（六八四）

つねに我が願ふ方にしますと聞く　神を頼むはこの世のみかは（六八五）

一首目は題に忠実な詠、二首目の第三句「えびすがた」は、広田社の神「夷」と、荒々しい田舎武士をいう「あらえびす」を掛けたもの。こんな私だって、「人の哀れ」は分かっているという歌意。そして三首目で、来世への願いが詠われており、ここにも老いの自覚があることは疑いない。このあと、東国へ下る女性との別れの贈答歌が置かれ、全体が閉じられる。

光信詠は、終りから七番目に当たる。脳裏には、全体の終結部に入っていることがすでに意識されていたはず。そこに、自らの源氏血統を表示する歌を配したのは、老齢に至っていや増しになった血筋に対する愛着が、心中に存在したからに他なるまい。彼は、源平が対等であった時代を体で知っていた。光信との贈答歌は、その良き時代を伝えるためには、決して外すことのできないものであったのだろう。

四　恋の清算

『頼政集』の特異性は、「恋」の部が二三三首もあり、全六八七首のほぼ三分の一を占めている点にあった。同じような特徴を有する同時代の家集に、『藤原隆信朝臣集』がある。隆信（一一四二〜一二〇五）の家集には、寿永元年（一一八二）成立のものと、元久元年（一二〇四）成立のものとがあり、恋の歌が多量に収められているのは後者の方。「恋」の部は、「一」から「六」まであり、総数で二九〇首、全九五九首の三分の一強となる。(13)

その隆信の家集との違いを一言で言うならば、恋の破局が語られているか否かである。『隆信朝臣集』では、「恋」の部の「一」から「三」までが題詠歌、「四」から「六」が実際の恋の歌となっているが、「四」は若年の時に女性に送った歌が多く、「五」「六」では女性から送られてきた歌が増えるという傾向がある。「恋」の部の最後には、「久しく訪れざりし女のもとより」歌ばかり送ってきたとして十首の歌、それに応じた本人の十首の歌を並置し、その後に、「月を見て恋を増すといへる心」を詠んだ歌、「もろともに眺むる夜半のむつごとを　思ひ出でよと澄める月かな」を置いて結ぶ。

隆信は、家集編纂の翌年、六十四歳で世を去るが、「恋」の部を通読して感得されるのは、過去の恋が肯定的な態度で捉えられているらしいということ。思い通りにならなかった恋があるとはいえ、愛の崩壊にともなう悲恋感情などが、ことさらに詠われるということはない。そうした性格を、「恋」の部の終結部のあり方が、端的にものがたっていよう。

対して『頼政集』の場合は、不幸に終わった愛、後悔の念の残る愛が隠見する。この家集では、女性に関わる歌が、「恋」の部に限られてはいない。まずは、「哀傷」の部にある、かつての愛人が新しい男性の公卿のもと行きながら、あえなく死去してしまった時の、その男性とのやりとりを見てみよう。

詞書は、「あひ知り侍りける女、三年《みとせ》ばかり過ぎて、いかなる事かありけむ、もと住みける山里へ送り遣わしてけり。その後、ある上達部のもとに置かれたるよし聞きて」過ごしているうちに、突然、病気となって死んだということとで、かつて自分が面倒を見ていたからと思ってか、その上達部から「かかる哀れなる事こそあれ、世の中の常なさは、今にはじめぬ事なれども心憂くこそ」などと言ってきたので、

げにもさぞありて別れし時だにも　今はと思ふは悲しかりしを（三三〇）

という歌を贈ったという（返歌は省略）。

実はその「山里」の女は、「恋」の部を読み進めていくと、何度か目にすることになる。その初めは、以下のようにある。「かれがれになりにし女の、山里に籠もりゐにけりと聞きて、さすがに哀れに覚えて」、手紙を送ったところ、ここにはいないつもりと言ってきて、

世の憂さを思ひ入りにし山里を　また跡絶えむことぞ悲しき（三五八）

返し

思ひやる心ばかりを先立てて　行くらん方へ我もまどはむ（三五九）

二人の関係は、愛情を残しながらも修復不可能なものになっていたのであろう。そして、このやりとりの前の三首も、思い通りにならなかった女性関係が詠われている。一首目は、事が進まず、相手に「これを限りと思へ」と伝えて、「せきえぬものは涙なりけり」と詠ったもの、二首目は、「うらめしき人のもとへ」、「今はただ一人ひとりが世になくもがな」と詠ったもの、三首目は、「心よりほかに仲絶えたる女のもとへ」、「思はずや……一夜も君に離るべしとは」と詠ったものである（三五五・三五六・三五七）。いずれも悲恋が主題であり、その哀調が一連の流れを形づくっている。

最初に掲出した歌の詞書にあった、女性を山里へ送り帰した、その当時のやりとりを伝えるのが次の贈答歌。詞書に、「あひ語らひ侍りし女、やうやう床離るる契りになりて、もと住み侍りける山里へ送り遣はす」ことになり、そ

れでも「心ながく思へ」などと約束していたその女性のもとから、として、

鳥の子の巣守に止まる身なりせば　帰りてものは思はざらまし（四九〇）

返し

帰るとも立ち離るなよ鳥の子の　はぐくむ親と我を頼まば（四九一）

二人の間には、年の差が相応にあったのであろう。これに続く歌の詞書は、「幼くて見たる女、大人しくなりて後、あひ語らひて侍りけるに」とあり、前歌とは「あひ語らひ〈て〉侍り」の語が共通し、年齢差があった点もつながる。かたがた、同じ女性かと思われる。こちらの歌は、女郎花につけて女に贈ったもので、成長して「花の盛り」となった相手に心惹かれる思いが詠われている（四九二）。

もう一か所の詞書には、「あひ語らふ女、恨むることありて、山里へ行き隠れなんとするよし聞きて、いま一たび人づてならで、ものをも申さむとてまかりたるに」、いないと言って中に入れなかったので、強引に入ってみると、直前までいたらしく、脱ぎ捨ててあった衣を見れば、「袖のしほるるばかり濡れたるを見るに、悲しきこと限りなくて、袖に書きつけて帰りける」とあって、

今はとて脱ぎおく衣の袖見れば　我ひとりのみ濡らさざりけり（五一七）

以上、四か所に登場する「山里」の女は、おそらく同一人物で、これらの歌を時系列に配置し直せば、最後にある、心に亀裂が生じてしまった時の五一七歌が最初で、次が女を山里へ送り帰した時の四九〇・四九一歌、三番目が山里にいる女に手紙を送った時の三五八・三五九歌、そして、彼女の死を知らされた時の複雑な思いを詠った三三〇歌が最後となる。頼政にとっては、忘れがたい女性であったのだろう。その胸中には、悔いる思いがあり続けていたように見える。

小侍従との関係は、すでに述べたが、そのほか、「ある宮ばらの女房」の呼称で二度登場する女性とも深い仲であった。不都合な事情が生じたからであったか、「久しうまからざりしかば」、向こうから梅の枝に歌を結び、梅の花も散らないであなたを「待ち顔」ですと詠んできた時のやりとり（一六・一七）、その女性を迎えに人を遣わしたのに、暁になってようやくやって来た時の歌（四四二）と、二度である。が、さらに、出仕先から呼び出して、木陰に立ち隠れているうちに、時雨のしずくに濡れてしまった時の歌（四三〇）の詞書に、「ある宮仕ひ人」とあるのも同人なのであろう。この女性に関しては、後日、老境に至って、「ある宮ばらの女房二三人」から呼び出されて連歌をした際に思い出し、女房の一人に、君に会って「昔せし恋」に似ていると思ったと詠みかけることになる（六五九）。

老後の恋もあった。「年老いて後、向かひわたりなりける女を、やさしきさまにはあらで申し語らひて」として、贈答歌が六首続き（五六二～五六七）、家集の終り近くにも、「やさしき方にはあらで申し語らひける女のもとより」として、朝に降り積もった雪をめぐる贈答歌が載る（六七五・六七六）。

重要な人物がもう一人、若い男性に身を任せることになってしまった女性。詞書に、「語らひ侍りける女、久しうおとし侍らざりければ、絶えはてぬとや思ひけむ、いと若き新枕をなんしたりと聞きて、いよいよおとづれ侍らざりしかば」とあり、向こうから、「くやしや何のあくに合ひけん」と恨みがましい歌が送られてきたという。彼の方は、「紫の若根に移る心とぞ聞く」と応じた（五四七・五四八）。この家集の末尾は、東国に下る女性との別れの贈答歌であったが、思うに、その女性は彼女ではなかったか。詞書から引用してみよう。「年ごろ語らひ侍りける女、都や住み憂かりけん、男に具して東《あづま》の方へまかりける日、ことさらに形見にもせんと、着ならしたるもの一つ、乞ひければ、遣はすとて」、

とにかくに我が身に馴るるものをして　放ちやりつることぞ悲しき（六八六）

返し

放たるる形見にたぐふから衣　心しあらばなれも悲しや（六八七）

「男に具して」とある「男」は、古語では若い男性を意味するのが原義であり、この女性は頼政に未練を残している。となれば、先の女性であろう。「若き新枕」をさせる因を作ったのは自分であったと彼が自覚していたことは、詞書に現れていた。その後悔の念が、この贈答歌を末尾に持って来させたのではあるまいか。先に見た『隆信朝臣集』の「恋」の部の終結部がかもす情緒とは、まったく相反するものを感じざるを得ない。

小侍従が尼になったと時の贈答歌（六二五・六二六）は、前述したように、家集成立後に「他人の手によって」追加されたとされているが、必ずしもそうとは言えまい。私には、すべての恋の終焉を家集に書き留めるべく、本人の手で書き加えられたもののように思われる。挿入された箇所は、「老いぬる身」と自分のことを詠った歌（六二三）(14)の直後で、やがて訪れるであろう死を見据えつつの行為であったやに想像されるのである。

「山里」の女との関係をはじめとして、数多くあった恋は、思い起こせば今なお、うずく思いの伴うものだったように推察される。歌集の最後に配した歌に、それが暗示的に示されており、そうすることで悔い多き恋の清算を終えたのであったろう。

頼政の挙兵に至る心理を解明することは難しい。が、歌の世界に照明を当ててみて、幾本かの道筋は想像できたようにと思う。確認すれば、反平家貴族との交流、老いの自覚と共につのったであろう源氏意識、誉められたものではなかった過去の異性との付き合い、そうしたことに随伴する感情のるつぼの中で、挙兵は決断されていったのであろう。彼の人となりは、多くの人びとから愛され、惜しまれたのでもあった。

戦場へと出立する頼政は、鴨川の東にあった我が邸宅に火を放たせ、菩提寺にも火をつけさせて焼却してしまったという（『山槐記』治承四年五月二十二日、二十四日条）。死を覚悟した者の思いが如実に現れた行為であった。それは、生の終焉を意識しつつ、家集の編纂に意を注いだ情念の底流が激して、一気に噴出した姿とも映る。

注

（1）この一件は、生駒孝臣論文「源頼政と以仁王――摂津源氏一門の宿命」（野口実編『中世の人物　京・鎌倉の時代編第二巻　治承～文治の内乱と鎌倉幕府の成立』〈二〇一四年刊・清文堂〉所収）も取りあげているが、資賢と頼政が交わした贈答歌への言及はない。
（2）井上宗雄著『平安後期歌人伝の研究』（一九七八年・笠間書院刊）第六章の「資賢」項は、彼の事績を綿密に追った貴重な論であるが、宗綱が以仁王事件にかかわる人物であったことには気づかず、贈答歌の分析も行ってはいない。
（3）右書。
（4）多賀宗隼著『源頼政』（一九七三年・吉川弘文館刊）。
（5）『忠度集』には、彼女の出家に際し贈ったと考えられる歌がある（八九歌）。
（6）六七〇詞書に、「あひ知りて侍る女房」が「大宮」にいると聞いて、とあることから、小侍従と判断されている（『頼政集新注・下』蔵中さやか執筆「補説」）。
（7）森本元子著『私家集の研究』（一九六六年・明治書院刊）第三章「「頼政集」に関する論考」。
（8）右同。
（9）櫻井陽子著『平家物語の形成と受容』（二〇〇一年・汲古書院刊）第一部・第一篇・第四章「二代后藤原多子の〈近衛河原の御所〉について」。
（10）『私家集大成・3』の黒川昌享執筆「解題」。
（11）注4の著書など。

(12)『摂陽群談』(元禄十四年〈一七〇一〉刊)巻第四「池の部」、『古代地名大辞典』(一九九九年・角川書店刊)による。
(13)隆信は頼政とも交流があり、寿永元年の家集には、頼政の正五位下の昇進を祝う贈答歌が、元久元年の家集には、彼の住居近くに頼政が滞在していた時のやりとりが載る。『頼政集』にも、隆信家の歌合せに参加した時の詠(二五六歌)と、正五位下昇進時の、隆信の家集にあったのと同じ贈答歌(五八七・五八八歌)が収められている。
(14)前述した隣家の大納言実家との贈答歌と思われ、詞書に「年老いたる人の、五月十日比に花橘のありけるを、隣りなる人のもとへつかはすとて……」として、「橘は花の咲くまでありけるに老いぬる身こそ止まるまじけれ」とある歌。返歌は、「時過ぎてなほ盛りなる橘を折る人の身によそへてぞ見る」であった。

*『頼政集』の本文は『新編国歌大観・三』に従い、不審な点は『頼政集新注』の「整定本文」に依った。

『清輔集』にみる源頼政

芦田耕一

平安時代末期を代表する歌人に源頼政と藤原清輔がおり、活躍年代が重なり、歌の家柄に生まれた名歌人であり、勅撰集に多く入集し、自撰家集も存する。頼政は武家歌人と称されており、ごく晩年には以仁王と挙兵するなど武家の血筋を思わせる。清輔は六条藤家の家柄に相応しく、実作だけでなく、勅撰集の本文研究や歌学の分野でも多くの事績を残した。また、ともに官途に恵まれない。二人は二条天皇内裏歌壇や清輔主催の歌合や歌会などを通じて親密な関係にあったと推察されるのであるが、その互いの扱いには差異が見受けられる。『頼政集』には清輔に関わる詠歌が七首入集しているにもかかわらず、『清輔集』には頼政に送った一首しかなく、しかも個人名が記されず、返歌もない。清補のこの姿勢をどのように考えたらよいのであろうか。『清輔集』の撰集方針や清輔の編纂した『和歌一字抄』『続詞花集』の頼政入集歌数等を検討することを通して思い巡らせていきたい。

一

源三位頼政は清和源氏の流れを汲む武家の家柄の摂津源氏で、長治元年（一一〇四）に生まれ、治承四年（一一八

○）五月二十六日に七十七歳で没する。父は従五位下兵庫頭仲正（仲政）、母は勘解由次官藤原友実女である。頼政は長く官途に恵まれず、保延二年（一一三六）六月に巡爵、久寿二年（一一五五）十月兵庫頭、平治元年（一一五九）一月従五位上、仁安元年（一一六六）十月正五位下、嘉応元年（一一六九）一月右京権大夫、承安元年（一一七一）十二月に六十八歳で正四位下、ごく晩年の治承二年十二月に平清盛の奏請により従三位になる。武家の公卿は当時破格であったというが、実に遅々たる歩みである。出家後の治承四年五月に以仁王を奉じて平家討滅を企てたが、敗れて宇治平等院で自害する。父仲正、祖父頼綱、頼綱の兄頼実、同弟師光、曽祖父頼国の弟頼家および頼政妹の摂政家参河、子の仲綱と二条院讃岐も勅撰歌人という家柄であり、また藤原範兼は母方のいとこである。頼実と頼家は和歌六人党の一員として名を馳せる。頼政は歌林苑会衆で『詞花集』に一首、『千載集』一四首、『新古今集』三首など勅撰集に五九首入集する。六八七首の大部な家集である『頼政集』が存し、自撰で最晩年の安元二年（一一七六）から治承二年ころの成立、守覚法親王に進献されたといわれる。歌合等の詳しい和歌事績については後述しよう。

頼政の評価については、『無名抄』「頼政歌道に好けること」を挙げよう。

俊恵いはく、「頼政卿はいみじかりける歌仙なり。心の底まで歌になりかへりて、常にこれを忘れず心にかけつつ、鳥の一声鳴き、風のそそと吹くにも、まして花の散り、葉の落ち、月の出で入り、雨・雪などの降るにつけても、立ち居起き臥しに風情をめぐらさずといふことなし。まことに秀歌の出でくるも理とぞ覚え侍りし。かかれば、しかるべき時名あげたる歌ども、多くは擬作にてありけるとかや。大方の会の座に連なりて歌うち詠じ、良き悪しきことわりなどせられたる気色も、深く心に入れることと見えていみじかりしかば、かの人のある座には何事もはえあるやうに侍りしなり」。

「擬作」は歌会等に出詠するために前もって作っておく歌のこと。俊恵（一一一三〜一一九四以前）は頼政の好士ぶりを強調し、当代の歌仙であると絶賛する。また同じく「俊成入道の物語」には、藤原俊成（一一一四～一二〇四）の話として「今の世には頼政こそいみじき上手なれ。かれだに座にあれば目のかけられて、かれにこと一つせられぬと覚ゆるなり」とみられ、頼政が歌会に列していると、彼ばかりが注目されて素晴らしい事を一つやられてしまった気がするというのである。

一方、清輔は藤原北家末茂流、天仁元年（一一〇八）に生まれ、安元三年（一一七七）六月二十日に七十歳で没する。官位の昇進ははかばかしくなく、仁平元年（一一五一）一月に従五位上、久寿元年（一一五四）十二月正五位下、保元元年（一一五六）一月従四位下、同年十一月皇太后宮（多子）大進、保元三年太皇太后宮（多子）大進、仁安三年（一一六八）十一月従四位上をへて晩年の承安二年（一一七二）一月に六十五歳でようやく正四位下に至る。祖父顕季、父顕輔ともに歌人として著名で、特に顕季は歌学家六条藤家の祖となった。兄弟に重家・季経、義兄弟に顕昭がいる。久寿二年に病中の顕輔から顕季伝来の「人麿影」を授けられ、六条藤家を継ぐ。多くの歌合や歌会などの主催者や歌人であり、『千載集』に二〇首、『新古今集』一二首など勅撰集に実に九二首入集する。四四四首から成る家集の『清輔集』が存し、最晩年ころの自撰家集で完成をみないうちに没したかとされる。また、歌学の面でも優れ、『奥義抄』『和歌一字抄』『袋草紙』『和歌初学抄』などの著作があり、『続詞花集』を編纂している。『愚昧記』は死没の治承元年六月二十日条に「今暁清輔朝臣頓滅スト云々、近代和歌ニ長ズル者也、年来近ク馴ル、哀傷眼前ニ在リ、悲シムベシ々々」（原漢文）と高く評価する。また『無名抄』「清輔弘才のこと」には、

勝命いはく、「清輔朝臣、歌の方の弘才は肩並ぶ人なし。いまだよも見及ばれじと覚ゆることを、わざと構へて求め出でて尋ぬれば、みなもとより沙汰し古されたることどもにてなむ侍りし。晴の歌詠まむとては、『大事はいかにも古集を見てこそ』といひて、万葉集をぞ返す返す見られ侍りし」。

と実作だけではなく歌学にも造詣が深かったとある。同じく「仮名の筆」には、

勝命いはく、「仮名にもの書くことは、清輔いみじき上手なり、中にも初度の影供の日記、いとをかしく書けり。『花の下に花の客人来たり。垣の下に柿本の影を懸けたり』とあるほどなど、ことに見ゆ。仮名の対はかやうに書くべきなり」。

と散文にも秀でていたことが窺える。

最後に、頼政と清輔をともに俎上に載せた例をみよう。『玉葉』安元元年（一一七五）閏九月十七日条に「今日、密カニ和歌会アリ、作者ヲ隠シテ合ハス、清輔朝臣ノ命ニヨリ勝負ヲ付ク、会者十余人、清輔、頼政棟梁ト為ル」（原漢文。以下同じ）とみられ、歌会の中心となったのが頼政と清輔であり、彼らが当代の双璧の歌人とみなされていたと思しい。そして『無名抄』「近代の歌体」に「いはゆる清輔・頼政・俊恵・登蓮などが詠みくちをば、今の世の人も捨てがたくす」と俊恵や登蓮（生没年未詳）とともに一時代前の名歌人として二人を挙げている。

叙上のように、煩を厭わずこと細かに説明してきたが、年齢はほぼ同じ、歌の家柄で歌に堪能であり、官途は不遇であるなど酷似する点の多いことが分かる。

二

では、『清輔集』と『頼政集』に互いのことがどのようにみられるのであろうか。

まず、『清輔集』を取り挙げよう。頼政のことは次の一首にしか見出されない。

二条院位におはしましける時、殿上に侍りけるに、世かはりて六条院御時、殿上かへりゆるさる丶人のもとへ

たちかへる雲ゐのたづにことづてんひとりさはべになくとつげなむ（三二六）

この「殿上かへりゆるさる丶人」が頼政である。六条天皇の御代（永万元年〈一一六五〉七月二十七日即位、仁安三年〈一一六八〉二月十九日譲位）には昇殿を許されなかった清輔が二度目の昇殿が叶った頼政に窮状を訴え推挙を依頼している。頼政の昇殿は仁安元年十二月三十日のことである。清輔は二条天皇の御代（保元三年〈一一五八〉十二月二十日即位、永万元年六月二十五日譲位）の応保二年（一一六二）三月六日に昇殿を果たしている。境遇が似通っているからか二人の親密な関係を窺知することができるが、なぜ詠み送った相手の個人名を明示しなかったのか。また頼政の返歌がみられないがどうなのか。

当歌は『頼政集』に次のようにある。

二代のみかどに昇殿して侍し時、三位大進清輔朝臣のもとよりつかはしたりし

立帰り雲ゐの田鶴にことつてん独《ひとり》沢べに鳴《なく》につけても（五八一）

かへし

もろともに雲ゐをこふる田鶴ならば我《わが》ことつてをなれやまたまし（五八二）

送った相手が頼政であり、返歌のあったことも分かる。いつかは清輔に良い知らせをもたらすであろうと約束したものであるが、頼政のやさしい心遣いが窺える詠歌となっている。

これはまた『風雅集』巻十七にみられる。

おなじ人（筆者注、頼政）、高倉院の殿上の還昇をゆるされて侍りけるに、申しつかはしける

清輔朝臣

たちかへる雲ゐのたづに事づてんひとりさはべになくとつげなん（一八四七）

返歌はない。これでは頼政が許された「還昇」、二度目の昇殿は高倉天皇の御代（仁安三年三月二十日即位、治承四年〈一一八〇〉二月二十一日譲位）ということになり、二度目の昇殿を六条天皇とする『清輔集』とは齟齬が生じる。

では、昇殿したとする「二代のみかど」とはどの御代と比定するのが相応しいのであろうか。『清輔集』の「殿上に侍りける」を二条天皇の御代に頼政と清輔がともに昇殿し、次帝の六条天皇の御代には頼政だけが昇殿したと解釈することは可能であるが、『公卿補任』に拠れば、頼政は少なくとも六条天皇、高倉天皇の二代の御代には昇殿したと考えられるが、二条天皇の御代でのことはみられない。そうすると、『風雅集』では、最初の昇殿は六条天皇の御代ということになるのであろう。

『清輔集』と『頼政集』が同じ事を指し示しているなら、頼政が二条天皇の御代に昇殿のことはみられないので最初の昇殿は二条天皇以前でなければならないことになる。中村文氏はこの昇殿を保延二年（一一三六）四月十七日に三十三歳で任じられた六位蔵人の時とする。[1] 時の帝は崇徳天皇（保安四年〈一一二三〉二月十九日即位、永治元年〈一一四一〉十二月七日譲位）である。中村氏は指摘していないが、頼政は保延二年六月十三日には従五位下となり（巡爵）、これにより殿上を下りたと思われる。たとえば、『金葉集』雑上に、

藤原基清が蔵人にてかうぶりたまはりておりにければ、又の日つかはしける

藤原家綱

おもひかねけさはそらをやながむらんくものかよひぢかすみへだてて（五二九）

とみられ、基清が六位蔵人であったが従五位下となって殿上を下りたので、家綱が慰撫した詠歌である。頼政も同様

であったかと推察され、わずか二ヶ月弱の昇殿であったということになる。

このようにみると、中村説は一応は首肯されるものの最初の昇殿は実に三十年前のこと、しかも二ヶ月弱の昇殿期間であり、「殿上かへりゆるさるゝ」との清輔の言説に違和感を感じざるをえないのである。

○

次に、『頼政集』には清輔のことはどのようにみられるのであろうか。前出の五八一～二番歌を除いて挙げてみよう。

海辺霞　大弐重家卿会
春霞へだつるころはしら浪のこすともみえぬ末の松山（八）
隣家梅　清輔朝臣家会
一枝もをしむとなりの梅の花匂ひはえたる心ちこそすれ（二〇）
三位大進清輔家やけて後、五月、郭公鳴を聞て申つかはしける
かたらひし宿はなしとて郭公君をたづぬと聞《きく》やきかずや（一三二）
返し
郭公いつも音せぬならひにて宿のとがめもおもはざりけり（一三三）
清輔朝臣家歌合に、月を
雲もなく山のはも又遠ければ月ゆゑ今ぞ物はおもはぬ（二一七）
ほどなく悦《よろこび》二度して侍《はべる》比、三位大進清輔のもとより

いか計《ばかり》袂もせばく思ふらんくもゐにのぼるつるの毛衣（五九五）

かへし

知《しり》けりな雲ゐをおりて鳴《なく》たづの立《たち》のぼるまで思ふ心を（五九六）

上達部殿上人あまた大内の花みられ侍しに、三位大進清輔、文をかきてさしつかはしたるを見侍れば

朝夕になれしむかしの百敷を花の袂にみるぞ露けき（六三一）

かへし

馴《なれ》にけんむかしを忍ぶ袖の上おつるはなもや露けかるらん（六三二）

と『清輔集』とは違って計七例と多く見出され、しかも必要な返歌は記されている。八番歌は『夫木抄』巻二十には「仁安二年二月清輔朝臣家歌合、海辺霞　従三位頼政卿」とあり（八九七四）、次の二〇番歌と同じ歌合での詠歌と思われ、重家もこれに出詠しているので、頼政が主催者を錯覚したのであろう。二〇番歌は仁安二年（一一六七）二月催行の清輔家歌合での詠であり、他に重家・俊恵・顕昭らが出詠している。一三二～三番歌は承安四年（一一七四）六月六日に清輔の家が焼失、『玉葉』同日条に「清輔朝臣ノ家焼失ス、仍リテ遣リテ訪ネ了ンヌ、返答シテ云ハク、和歌ノ文書一紙モ焼失セズト云云」とみえるので、遅い感はあるが翌年五月の詠であろう。二一七番歌は何時の歌合での詠かは不明。五九五～六番歌は五八九番歌に「加級後ほどなく殿上つかうまつりたる」とみられるのと同時期のことであろう。そうだとすると、二度の慶事は仁安元年十月二十一日の正五位下への昇叙と前述の仁安元年十二月三十日に許された二度目の昇殿ということになる。清輔は頼政の昇殿に際して、推挙依頼の歌と本歌の祝意の歌を「たづ」「つる」と歌語を使い分けて送っているのである。最後の六三一～二番歌は、昇殿して二条天皇に親しく奉仕していたころの内裏を没後に花見の衣の袂で見ると涙ぐまれるという栄光の昔時を思い起こした清輔の贈歌と清輔の現

在の境遇を思い遣った頼政の答歌である。清輔にとっては天皇と桜を共有する世界にいたといえよう。(2)

このように、頼政と清輔とはごく親密な関係にあったことが分かるが、これに関わって『頼政集』にみられる清輔の呼称を説明していこう。

一三二番歌・五八一番歌・五九五番歌・六三一番歌の贈答歌には「三位大進」を冠し、その称の下に「清輔」と名乗りが付されており、二〇番歌と二一七番歌は清輔主催の歌合であるが、これには「三位大進」がなく、明確に書き分けられている。この「三位大進」については、兼築信行氏の論があり、(3)これに拠りながら説明すると、家集と歌書の類で「三位大進」がみられるのは他に『重家集』だけであり、これに頻出するが名乗りを付すことはない。重家(一一二八~八〇)は清輔の異母弟で二人の関係はごく良好であり、このゆえに重家がこの称を命名したのではないかと推測しているが、清輔自身が自嘲気味に命名したとも考えられるのではないだろうか。そして親密な仲でありながらも清輔に対する遠慮があるので頼政は贈答歌に限定して名乗りを付したのではないかと述べているが、歌合に「三位大進」を冠さないのは、そもそも歌合には晴れの歌的な要素をもち、かつ主催者が清輔であるのでやはり憚るところがあり、「清輔朝臣家」と格式ばって記したのではないかと思う。

三

叙上のように、頼政と清輔とは親しい間柄であったことが窺えよう。しかも頼政は著名な歌人である。それにもかかわらず、『清輔集』には三二六番の一首しか入集せず、しかも個人名を挙げずに「殿上かへりゆるさる、人」と三人称で記すのである。

三二六番歌と同様の昇殿への推挙を依頼する事例は『清輔集』に他に二例みられる。

したしき人に殿上ゆるされぬときゝて、奏《そう》せよとおぼしくて、女房のもとへつかはしける

ゆかりまであはれをかくるむらさきのたゞ一もとの朽ちぞ終てぬる（四一七）

御返し　　二条院御製

むらさきのおなじ草葉におく露のその一もとをへだてやはせん（四一八）

親しい人が昇殿したのでそれにあやかって自分もと二条天皇の女房のもとへ送ったものであり、天皇の返歌がある。奏効したのであろうか、応保二年（一一六二）三月六日に許されている。「したしき人」は本歌が入集する『続詞花集』雑下には「しんぞくなるものども」（八六二）とあり、親族は後述するように個人名を明示することが多いが、ここでは例外的に三人称で記される。

いま一例は、

うへゆるされざりけるころ、侍従代といふことにもよほされける時、少納言入道信西がもとへつかはしける

さは水になくたづのねやきこゆらん雲ゐにかよふ人にとはゞや（四〇八）

返し　　信西

あしたづのさはべの声はとほくともなどか雲ゐにきこえざるべき（四〇九）

であり、個人名が示されてかつ返歌がある。信西（一一〇六～五九）は藤原通憲のこと、後白河法皇の寵臣で保元の乱（一一五六年）の政局に辣腕をふるったが、平治の乱（一一五九年）で自害する。侍従代は侍従（天皇側近の官）の代わりに臨時に務めるもので、少納言の経験者を充てるのが普通であり、定員八名のうち三名は少納言兼帯とされる。信西の少納言は康治二年（一一四三）八月より翌年七月の出家までであり、侍従代は兼帯であったのだろう。信西が要

職にいたので昇殿の推挙を依頼したと思しい。時の帝は近衛天皇（永治元年〈一一四一〉十二月二十七日即位、久寿二年〈一一五五〉七月二十三日譲位）である。

このように推挙を依頼する場合でも、たとえこの記事より後のことであれ、乱の中心人物の個人名を挙げることに清輔は抵抗を感じなかったのであろう。

ここで、個人名を挙げる事例をまず権勢家についてみていこう。名前が記されなくとも特定される人物である。

宇治左大臣、花見給ひて帰りてのち、人々に歌よませ給ひけるに（四四）

松殿関白、宇治にてかはの水久しく澄むといふことを、人々によませさせ給ひけるに（三一〇）

いもうとのはらに、中摂政のおほんむすめむまれたまへることをよろこびて、重家卿のもとへ（三一六）

中摂政うせたまへることを嘆《なげ》きて、重家卿のもとへつかはしける（三三七）

花薗左大臣北の方うせられにけるころ、はゝのおもひにて侍るを、そのわたりなる人のとへりければよめる（三四〇）

左大臣経―あはへ下《くだ》られたりけるともにまかりけるものゝ、ゐ中人になりてくちはてなむずることをかなしびて、柳によせてうたよみて送りける返事に（四二三）

である。四四番歌の「宇治左大臣」は藤原頼長（一一二〇～五六）のこと、関白忠実男。左大臣、悪左府と称され、保元の乱を起こすが失敗し戦死する。三一〇番歌の「松殿関白」は藤原基房（一一四五～一二三〇）のこと、関白忠通男。摂政・関白・氏長者。承安二年（一一七二）十二月に関白となる。この歌会は嘉応元年（一一六九）十一月二十六日に基房の宇治別邸において行われており、歌人は重家・季経ら六条藤家が中心であった。これ以前の同年七月に基房の命によった『和歌初学抄』が成立したと考えられている。三一六番歌と三三七番歌の「中摂政」は藤原基実（一一四三〜六六）のこと、関白忠通嫡男。摂政・関白・氏長者。死没の前年に摂政となる。三四〇番歌の「花薗左大臣」は源有仁（一一〇三〜四七）のこと、後三条天皇の三宮輔仁親王男。「北の方」は藤原公実女で清輔と親交があった閑院流の三条家に属する。仁平元年（一一五一）九月没。彼の邸には多くの風流才子が集い文化的サロンの趣があった。母の喪に服していた清輔に亡き有仁北の方の縁者から弔問があったというのである。四二三番歌の「左大臣経―」は左大臣藤原経宗（一一一九〜八九）のこと、大納言経実男、母は藤原公実女。二条天皇親政派の中心となり、後白河上皇派と対立し、永暦元年（一一六〇）に上皇の命により阿波国に配流され、二年後に召還、仁安元年（一一六六）に左大臣となる。配流のことを「下られたりける」と表現する。これは、特に経宗が二条天皇の近臣であり、また経宗母が公実女ということが関わっているためであろう、「成範卿（注、藤原成範。信西男）しもつけへながされ」（四三一）のように直截的な表現をしなかったのではないか。

このように、乱の首謀者や配流になった人物までも個人名を挙げているのである。

また権勢家の子息については、たとえば

里海といふ所をしりけるが、たがふ事ありけるをとぶらひたまふとて、宇治前大僧正覚忠のもとよりつかはしたりける（四三九）

とある。覚忠（一一一八〜七七）は藤原忠通男。長寛二年（一一六四）閏十月に大僧正となり、嘉応元年（一一六九）六月には辞している。二条、六条両天皇の護持僧を務めたことでも知られる。嘉応元年四月ころに催行された「園城寺長吏大僧正覚忠歌合」で清輔は判者を務めている。「里海」は讃岐国にある里海庄で清輔が領有していた荘園であり（四一九にもみられる）、そこで揉め事が起こり、覚忠が解決することを保証する旨の歌を送ったのである。

叙上のように、権勢家自身に直接関わらない者までも個人名を挙げており、これは権勢家との親密さを誇示したいためであろう。

次に、清輔の親族はどう扱われているのであろうか。

まず、清輔の異母弟重家について、既出を除いても三例見出すことができる。

二条院御時、中宮に歌合あるべしとて殿上ゆるされたりけるよろこび申すとて、しげ家のもとより（三二四）

重家、若狭より能登にうつれるよろこび申すとて（三二七）

四位して侍りし時、重家卿のもとより（四二一）

三二四番歌は清輔が応保二年（一一六二）三月六日に初めて昇殿を果たしたときのことである。三二七番歌は重家が応保元年十月に能登守となったのを祝するものであり、四二一番歌は清輔が保元元年（一一五六）一月六日従四位下になった時のことである。

次に、清輔のいとこで、忠通室の宗子（一〇八九～一一五五）をみよう。宗子は権大納言藤原宗通女、母は顕季長女である。

法性寺殿の大北のまん所、此の歌をあはれがりて、春のはじめのみゆきありけるに、かゝいたまはせたりけるをよろこびて、かの家の女房のもとへ（二五）

故北の政所の御はてに、法性寺殿にまゐれりけるに、ことどもはてゝ、たかきいやしきちり〴〵になりたまふに、この葉ののこりてあらしにちるを見て（三三九）

権勢家の箇所に挙げてもよい事柄である。「法性寺殿」は忠通、「大北のまん所」「故北の政所」は宗子である。二五番歌の「かゝい」は清輔が仁平元年（一一五一）ころに従五位上に叙せられたことをいう。

同じく清輔のいとこで、鳥羽上皇皇后、近衛天皇母である美福門院得子（一一一七～六〇）を挙げよう。得子は顕季男の権中納言長実女、母は左大臣源俊房女であり、国母として重んじられた。

美福門院うせさせ給ひてのち、さるべき人々はみな色になれることをおもひて、俊成のもとへつかはしける

人なみにあらぬ袂はかはらねど涙は色になりにけるかな（三三三）

かへし　　　　　　　　　　　　　　　　　　　　　　　　　　　　俊成

すみ染めにあらぬ袖だにかはるなりふかき涙の程はしらなむ（三三四）

「色になれる」は喪服の色をいい、「人なみにあらぬ袂」「すみ染めにあらぬ袖」からその理由は不明ながら清輔は喪服を着用していないのであろう。なお、俊成との贈答はいま一例あり、

俊成入道うちぎゝせらるゝときゝて、我がことの葉のいりいらず聞《き》かまほしきことをたづぬとて（四〇四）

とみえ、打聞を編纂している俊成に清輔自身の歌が入集するか否かを尋ねており、清輔と拮抗する俊成との親交および国母としての得子を知らしめることが清輔にとっては枢要であった。

最後に、

讃岐のさと海庄に、造内裏の公事あたりたりけるを、守季行朝臣はしたしかるべき人也ければ、いひつかはしける（四一九）

で説明しよう。内裏造営のため清輔が領有する荘園に徭役が課せられたので讃岐守季行に免除を懇願したのである。その結果、「このうたのとくにゆるしてけり」と左注に記すとおり奏効する。個人名を挙げなくてもまったく差し支えはなく、現に前述の四一七番歌「したしき人に殿上ゆるされぬ」は同じ「親しい人」であるが、個人名を記すことはなかった。実はこの藤原季行（一一一四〜六二）は刑部卿藤原敦兼男で母は顕季四女、清輔のいとこに当たる。讃岐守であるのは久寿二年（一一五五）一月から翌々年の三月までである。

このように、清輔は親族をも好んで取り挙げ、個人名を明示したのである。
また、権勢家や親族ではない人物に対しても同様の例がある。

日吉禰宜祝部成仲七十賀し侍りけるに、よみて送りける（三一一）

僧都教智ゆかりありて、としごろしたしくて侍りけるが、うせて後四十九日のわざしけるじゅきゃう文に書き付けける（三五〇）

雅重朝臣まんえふ集をかりて、はかなくみまかりにければ、かのあとを尋《たづ》ねたるに、かへしつかはさむとて消息《せうそこ》かきぐしておきたりけるを、かくなむといへりけるを見て、いひつかはしける（三五一）

三一一番歌の祝部成仲（一〇九九～一一九一）は成実男。正四位上。多くの歌会等に出詠し、歌林苑会衆に数えられ、『詞花集』以下の勅撰集に多く入集する。『月詣集』巻一によれば、この七十算賀に多くの人が祝賀の歌を贈っている（五〇）。そして承安二年（一一七二）三月十九日に白河の宝荘厳院において催行された清輔主催の長寿を祝する歌会「暮春白河尚歯会和歌」に七叟の一人として出席する（後述）。三五〇番歌の教智は生没年未詳、承安三年八月までは在世。大納言藤原忠教男、歌人として著名な教長（一一〇九～未詳）と兄弟。縁者とあるが清輔との関わりは分明でない。三五一番歌の源雅重（一一〇四～一一六三）は清輔と親交のあった三条源氏で行宗（一〇六四～一一四三）男。正五位下、中務大輔などを歴任。行宗は顕季と親しい間柄であった。雅重は清輔主催の歌合に出詠し、『万葉集』を重んじる清輔が貸与するほどに親交のあったことが窺える。(4)

以上、個人名を明記する人物をみてきたが、権勢家や親族だけではなく、清輔との関係が必ずしも分明でなく、またさほど有名でない人物までも挙げている。特に家集には人間関係が凝縮されており、個人的な身贔屓があり、功利的な側面が充分にあることが考えられよう。

四

では、清輔は歌人としての頼政をどう評価しているのであろうか。

まず、清輔の撰集した歌学書である『和歌一字抄』で検討しよう。『和歌一字抄』（以下『一字抄』とする）は久安六年（一一五〇）十二月八日以降、仁平四年（一一五四）五月二十八日以前の成立と推測されている。現存伝本は、後代の増補歌を含まないとされる原撰本系統（上巻のみ、四五一～四七四首）、藤原定家の歌十首ほどが増補されたとされる中間本系統（下巻のみ、四八〇首）、そして増補本系統（上下二巻、一一七〇首前後）と三分類されるが、増補本系統は清輔自らによる追補に加えて裏書にあったと思われる鎌倉時代以降の歌が増補されているといわれる。増補本系統を底本とする『新編国歌大観』は「異本歌」を除く総歌数は一一七二首であるが、頼政詠はたった一首しか入集していない。(5) 上巻「増」項に、

見返事増恋裏　　頼政卿

ひきかへしいもがかきたることの葉は恨みて今ぞねはなかれける（三二九）

とあり、これは『頼政集』に、

返事をみてまさる恋の心を人〳〵よみ侍しに

引かへしいもがかきけることのはを恨ていまぞねはなかれける（三七五）

とみられ、歌会での詠であることが分かる。

この一首入集をどう評価するべきなのであろうか。

『一字抄』に一〇首以上入集する歌人を多い順に挙げてみることにしよう。

源俊頼　藤原顕季　藤原定家　源行宗　源経信　大江匡房　藤原忠通　藤原範永　藤原公実　良暹　藤原実行

白河院　源頼家　源有仁　藤原経衡　藤原顕輔

定家詠（四二首）は増補であるので除くと、一五人のうち、源俊頼（一四一首）、藤原顕季（六〇首）の二人が圧倒的に多く、源行宗（三八首）以下をはるかに引き離している。忠通、実行、顕輔を除く一二人が故人であり、当代歌人よりも前世代歌人の詠歌を中心に入集させる方針であったことを窺知しうる。顕季と顕輔（一一首）は清輔の身贔屓が多分にあろう。頼政の父祖をみると、父仲正は九首、祖父頼綱の兄で和歌六人党の一人頼実は三首、頼実の弟師光は四首、曽祖父頼国の弟で和歌六人党の一人頼家は一三首と入集しており、それなりの評価が与えられているように思われる。

『一字抄』成立ころまでの頼政の和歌活動はどうであったのか。

頼政の初見歌は二十七歳時の詠である。

世中に思はずなることのみありて、住侘《すみわび》て、いづみなる所にこもりゐて侍しに、をかざきの三位、六位にて侍し時、内蔵人に成りぬと聞て、よろこびつかはすとて

君が為《ため》うれしきことは嬉しきに我《わが》なげきをば歎《なげき》しもせじ（五七〇）

返歌は省略する。「をかざきの三位」は頼政の従兄弟である藤原範兼（一一〇七〜六五）で大治五年（一一三〇）一月に六位蔵人になっている。

頼政は長承三年（一一三四）末頃の成立とされる『為忠家初度百首』および翌年の成立とされる『為忠家後度百首』の作者に選ばれている。主催者藤原為忠（一〇九四ころ〜一一三六）の一族知友を集めた定数歌で、藤原俊成や頼政父

仲正が参加している。頼政詠の『一字抄』や清輔撰『続詞花集』への入集はないが、『頼政集』には『為忠家後度百首』から一首（三三七）を入集させている。

『一字抄』成立以前に頼政が参加した歌合や歌会で『頼政集』に入集する会記を歌数とともに挙げてみよう。証本の存するものが少なく、頼政集輪読会著『頼政集新注』の「会記一覧」を基に、催行年次等の比較的確証のあるものに限る。

鳥羽院北面会（保延三年〈一一三七〉以前）二首（保延三年以降は鳥羽院の歌壇活動がみられない）

令子内親王家会（保延三年以前）一首

三井寺歌合（保延三年九月か）一首（同様の三井寺歌合が多く催行される）

法輪寺百首（保延三年九月）二首程度

家成家歌合（左京大夫顕輔卿歌合とも）（久安五年〈一一四九〉九月）一首（顕輔が判者、清輔が歌人である）

特に、「家成家歌合」において頼政が六条藤家の面々（家成は顕季孫）と参会していることに注意したい。

ここで、頼政とほぼ同世代で頼政と交友のあった者の『一字抄』への入集状況を検討しよう。『一字抄』成立当時に若くて三十数歳に達する保安元年（一一二〇）以前に出生した者に限り、生年がまったく不明な者は省略する。『一字抄』の編集方針のおおよその目安となるであろう。

藤原範兼　藤原為業（寂念）　藤原家成　藤原教長　藤原顕長　藤原顕時　藤原公通　源光信　藤原俊成　俊恵

藤原敦頼　藤原頼輔　藤原公重

これらの者は入集歌がない。このうち、為業（一一一三ころ～八二ころ）は為忠男で『為忠家初度百首』『為忠家後度百首』の作者、教長（一一〇九～八〇）は崇徳院に近侍し、三度の百首（一つは『久安百首』）の作者、俊成は時に三十七

～四十一歳で『為忠家初度百首』『為忠家後度百首』『久安百首』の作者であり、自らは『述懐百首』を作るなどの事績があり、彼らは入集するに相応しいと思われるのであるが。なお、入集者のうち、藤原顕輔（一〇九〇～一一五五）は一一首入集することは前述した。崇徳院（一一一九～六四）は八首であり、これは清輔が院に『奥義抄』を献じたり、和歌をめでられて正五位下に叙せられたことなど交渉がきわめて密接であったことによるだろう。

頼政と親交のあった者だけを対象に検討を加えてきたが、当代歌人である頼政の一首入集は一応は納得されるのではないだろうか。

次は清輔が編纂した『続詞花集』で考察しよう。

『続詞花集』の成立は永万元年（一一六五）七月の二条天皇死没の前後とされ、勅撰集を目指していたが至らなかったとされる。総歌数は九九八首であり、頼政は四首入集する。

頼政が参加した歌合や歌会で『続詞花集』成立までの『頼政集』に入集する会記を歌数とともに挙げてみるが、主催者が同じで判別し難く、また催行年次が明確でないものが多い。

二条天皇歌会（保元四年〈一一五九〉三首（保元四年に三回参会しているが一括した）

二条天皇歌会（応保二年〈一一六二〉三月）一首

二条天皇歌会（年次未詳）四首

歌林苑十首会（長寛二年〈一一六四〉～長寛三年四月）六首

二条天皇歌会には天皇と親密な結びつきがある清輔が頼政と同席することも多くあったと思量される。

『一字抄』にみた同世代の歌人たちの入集数をみよう。

範兼（三首）　為業（四首）　家成（なし）　教長（七首）　顕長（なし）　顕時（なし）　公通（三首）　光信（なし）　俊

成（八首）　俊恵（四首）　頼輔（二首）　公重（三首）　顕輔（一〇首）　崇徳院（一八首）

顕輔と崇徳院は『一字抄』と同様に優遇されているが、為業・教長・俊成・俊恵は力量相当の評価を受けている。『一字抄』と『続詞花集』の成立年次の間隔は十数年と短いが、当代歌人の評価に違いが見受けられるのは、『一字抄』の前世代重視という方針の変更と当代歌人を軽視しているととかく批判のあった『詞花集』を意識した清輔の意図が一致した結果であろう。仁平元年（一一五一）撰上の『詞花集』への頼政入集は一首であり、これらの点からも四首入集は妥当なところではないだろうか。

最後に、頼政が参会する歌合や歌会で清輔が没する安元三年（一一七七）までのものを歌数とともに挙げてみよう。

平経盛朝臣家歌合（仁安元年〈一一六六〉五月）二首（清輔は判者）

藤原重家朝臣家歌合（仁安元年八月）四首

清輔家歌合（仁安二年二月）二首（前述。清輔は主催者）

平経盛朝臣家歌合（仁安二年八月）三首（清輔は判者）

平経盛朝臣家歌合（仁安三年冬）三首

藤原実国家歌合（嘉応二年〈一一七〇〉五月）五首（頼政は講師兼歌人、清輔は判者兼歌人）

住吉社歌合（嘉応二年十月）二首（清輔は歌人）

平経盛朝臣家歌合（承安元年〈一一七一〉春）二首

広田社歌合（承安二年十二月）三首

平経正朝臣家歌合（承安三年夏）三首

九条兼実家歌合（安元元年〈一一七五〉五月）一五首（安元元年に三回参会しているが一括した。三回とも清輔は判者兼歌

人）

ここにも清輔とのつながりをみることができる。

さらに清輔との強固な関係を窺いうるものに「暮春白河尚歯会和歌」がある（前述）。承安二年（一一七二）三月十九日に催行の清輔主催の長寿を祝う歌会であり、六十五歳の清輔をはじめ藤原敦頼（八十三歳）・顕広王（七十八歳）・祝部成仲（七十四歳）・藤原永範（七十二歳）・大江維光（六十三歳）そして頼政（六十九歳）の七叟、および垣下として清輔弟の重家・季経・顕昭等九名が参加する。

このように、頼政の和歌活動は途切れることなく続き、清輔との関係も親密であり、特に『一字抄』成立以後は円熟期で、その活躍にはめざましいものがある。『無名抄』が挙げる俊成や俊恵の評価も大いに納得させられる。

五

以上のように、頼政の和歌活動を縷々述べてきたが、清輔はそれ相当の評価をして『一字抄』に一首と『続詞花集』に四首入集させたように思われるのである。そうであるならば、頼政との親密な関係からしても『清輔集』に一首ではなくもっと多く頼政詠を入集させてもよかったのではないだろうか。たとえば、『頼政集』の頼政が清輔宅の火事見舞いをする友情の歌（一三二）や清輔が頼政の二度の慶事を祝する歌（五九五）をいずれも個人名を挙げて入集させることもできたであろう。

昇殿を許された「したしき人」の個人名が記されていない詠歌（四一七）を挙げたが、記されて当然の人がそうではない例は他にも見受けられる。

平家の人のつかさ《其人可尋之》なれるよろこびに

おひのぼるひらの、松は吹くかぜの音にきくだに涼しかりけり（三二〇）

おほやけによきこと奏し申すときく人のもとへ、よろこびにたへかねてましける

うれしさの袂にあまるこゝちしてなみださへにもこぼれぬる哉（四一五）

いずれも慶事であり、個人名を記載しても差し支えない。三二〇番歌に関しては、『清輔集』諸本に「其人可尋之」と書き入れがあり、当然の所為であろう。『経盛集』から清輔と平経盛（一一二四〜八五）との近しい関係が窺われるので経盛自身か経盛家の一人かと推測される[6]が、複数人の可能性もある。

いま一例を挙げる。

としごろの妻におくれたる人のもとへつかはしける

いもせ川かへらぬ水のわかれ路はきゝわたるにも袖ぞぬれける（三四一）

返歌は省略する。これは後徳大寺左大臣藤原実定（一一三九〜九一）の『林下集』に、詞書だけを記すと「亡室のおもひにはべりしころ、清輔朝臣の申しおくりたりし」（二六一）とみられ、返歌もある。実定は俊成の甥にあたり、歌林苑会衆であり、同時代人に高く評価されるが、官途においては長い沈淪生活を余儀なくされた。清輔との関係では、九条兼実と実定との伝言の仲介をするくらいで他に知られることはほとんどない。妻は承安三年（一一七三）八月二十四日に没しており、時に実定は正二位前大納言、沈淪時代である。[7]これも個人名を記しても差し支えないのではないか。

このように、個人名不記載の例が多くみられ、その理由は総じて判然としないのであるが、『清輔集』は最晩年の自撰歌集とされており、現に実定への贈歌も晩年であった。晩年の入集歌を他にみると、承安二年八月に催行された

「公通家十首歌会」の詠歌を少なくとも数首入集させている可能性があり（七、一八三、二一〇など）、前述の「松殿関白」基房が関白になったのは承安二年十二月であり（三一〇）、「隆信朝臣四位して侍りけるよろこびにつかはしける」（三二二）の藤原隆信（一一四二〜一二〇五）が従四位下に叙せられたのは承安四年二〜八月とされる。そして前述の「俊成入道うちぎゝせらるゝときゝて、我がことの葉のいりいらず聞《き》かまほしきことをたづぬとて」（四〇四）とみられる俊成が重病のため官を辞して出家したのが安元二年（一一七六）九月のことである。清輔は翌年の六月に没しており、「入道」が自記とすればごく晩年に入集させたことになる。

清輔がごく晩年まで家集の編纂に携わっているのならばなおさらのこと、頼政の歌に関わってもよかったのではないか。頼政の二度目の昇殿の記事がいつの時点で書かれたにせよ、「殿上かへりゆるさるゝ人のもとへ」と入集しているので、晩年にでも字間か傍注としてでも「頼政朝臣」あるいは「頼政朝臣なり」などと書き込むことや頼政の返歌を補うこともできたであろう。他の歌を追加入集させていないことも含めてなぜそうはしなかったのか分からないが、たとえ新興武家階級への反発や人柄を評価しないことがあったにせよ、ふたりの交友や歌の評価からみても不誠実な所作であったと言わざるをえないのである。また、もしこの昇殿の記事がその時点で書かれていたならば、頼政がその当時はひとかどの歌人であるので個人名を入れないのは頼政を軽視した行為であると言えよう。特に家集には私情が入りうるので、清輔は頼政を高く評価していなかったのではないかとまで勘ぐってしまうのである。

〔付記〕
和歌の引用は『頼政集』は頼政集輪読会著『頼政集新注』の「整定本文」、『清輔集』は拙著『清輔集新注』、他は『新編国歌大観』による。『無名抄』は「角川ソフィア文庫」、『愚昧記』は「大日本古記録」、『玉葉』は「国書刊行会」による。

注

（1）『頼政集新注　下』（青簡舎　二〇一六年）の「解説」
（2）拙稿「藤原清輔の「南殿の桜」詠をめぐって―二条天皇とのかかわり―」（「島根大学法文学部紀要　島大言語文化」第十七号　二〇〇四年八月）
（3）「「三位大進」考―藤原清輔の称をめぐって―」（早稲田大学「国文学研究」第百五十五集　二〇〇八年六月）
（4）拙稿「『和歌一字抄』にみえる源行宗詠をめぐって―輔仁親王と源有仁におよぶ―」（「島大国文」三十六号　二〇一九年四月）
（5）増補本系統は、後人による追補歌は明確なもの（藤原定家詠など）は除いて特定することは困難であるので、多くは清輔自らの手によるものという前提で論じていきたい。大過ないであろう。歌数は「異本歌」を除く。
（6）拙著『清輔集新注』（青簡舎　二〇〇八年）、三二〇番歌「語釈」
（7）中村文『後白河院時代歌人伝の研究』（笠間書院　二〇〇五年）所収「I後白河院周辺の廷臣たち　第二章藤原実定」
（8）拙著『六条藤家清輔の研究』（和泉書院　二〇〇四年）所収「第一章六条藤家および六条藤家としての藤原清輔　清輔の「公通家十首会」への参加をめぐって」

『入道大納言資賢集』の編纂意識をめぐって
—源頼政との贈答歌群を中心に—

穴井　潤

一　はじめに

源資賢は後白河院に院司として仕えると共に、今様の師として信任を受け、正二位権大納言に至った人物である。宇多源氏に生を享け、音楽諸芸に通じ、今様のみならず笛・和琴などにも長けていた。その生涯は、後白河院の寵による異例の昇進、信濃国への配流、参議昇進直後の嫡男の頓死、平清盛のクーデターによる関外追放など、波乱に富んでいた。

家集『入道大納言資賢集』（以下、本集）は総歌数二九首、自詠二五首の小私家集で、部立はないが、四季・雑の構成があることが窺われる。その特徴について松野陽一は、全体の半分を占める雑部の述懐性が濃厚で、「晩年の老境の不遇感の裡に編まれた自撰家集である可能性が強い」と論じる(1)。

その雑部は数組の贈答歌を収載するが、とりわけ資賢が関外追放された後、源頼政と交した贈答歌群は問題を孕んでいる。それは資賢が籠居した治承三年（一一七九）十一月十四日から、宇治合戦で頼政が敗死する翌年五月までの間に交された贈答で、頼政が資賢に対し伝えたい何かがあることを仄めかす内容となっている。『頼政集』にも載らない最晩年の歌、しかも、微妙な時期に交された贈答の検討は頼政研究にも資するだろう。

また、本集は私家集研究において、寿永百首家集か否かという点を中心に研究されてきたが、(2)家集そのものの内容に言及した論は、先の松野論の他管見に入らなかった。そこで、本稿では頼政との贈答歌群を中心に、家集内にどのような出来事や人物との関わりが表われているのか、通読する時収載歌はどう解釈できるのかについて考察し、あらためて本集がいかなる特徴を持つ家集であるか明らかにすることを目的とする。

二　資賢の生涯

松野が指摘するように、資賢の実人生、とりわけその後半生に起こった出来事が本集の編纂意識に深く関係する。そこで本集を検討する前に、資賢の生涯がいかなるものであったかをたどることにしたい。なお、資賢伝については井上宗雄、飯島一彦の詳細な先行研究があるため、(3)その驥尾に付して概観する。

生没年は永久元～文治四年（一一一三～一一八八）、七六歳。源有賢の嫡男で母は高階為家女。異母弟宗賢の母は平忠盛女。保安四年（一一二三）には父有賢が斎院長官を辞したことにより同官に任じられ、同五年（一一二四）正月には院分国の丹波守に任じられている。有賢が白河院近臣であり、自身も院判官代であったことが大治四年（一一二九）七月の院葬送の儀の記事によって知られる。

長承三年（一一三四）十月二十日には、鳥羽院・待賢門院の熊野詣に雅定・成通・忠盛らと共に供奉する。康治二年（一一四三）ごろには崇徳院にも参仕している。久安二年（一一四六）九月十三日には鳥羽院の天王寺参詣に清盛・

光頼らと供奉し、同三年九月二六日に行われた、「今度択近臣非内殿上侍臣者」とされる殿上人競馬では、忠盛・家明と共に内殿上侍臣にもかかわらず供奉していることから、鳥羽院に寵愛されていたようである。

仁平三年（一一五三）十一月二六日には頼長の春日社参詣に供し、翌日の競馬にも参加。翌年正月には頼長男兼長が春日祭上卿として下向する折の前駈となっており、久寿二年（一一五五）正月の頼長大饗に和琴を奉仕した。

保元の乱ごろの動向は不明だが、直前の久寿二年には後白河院在位時に内昇殿を許され、乱後に後白河院が譲位した後も院司となっていることから、後白河院との関係が深まっていることがわかる。井上は今様などの芸能によるものとしており、それに従う。

二条天皇と後白河院との対立が顕在化するころには、嫡男通家も含め、後白河院の寵愛が著しいものとなっていたことが『梁塵秘抄口伝集』などから窺われ、応保元年（一一六一）には従三位となる。しかし、同二年（一一六二）六月二日には二条天皇を呪詛した咎で通家と供に解官され、二十三日に資賢は信濃へ、通家は出雲へ配流される。

長寛二年（一一六四）に復員するも、三年後の仁安二年（一一六七）七月十二日に三五歳の若さで通家が頓死する。原因不明だが、源家口伝をも相伝していた嫡男の死は資賢にとって相当の痛手であったと推察される。この間の仁安元年（一一六六）に参議、正三位と昇進している。その後は後白河院の側近として着々と出世しており、承安三年（一一七三）には従二位、同四年には按察使に任じられる。安元二年（一一七六）には正二位に至り、この時六四歳にして藤原公能女との間に時賢をもうける。

治承三年（一一七九）十月には権大納言に至るも、その直後の十一月十四日に清盛のクーデターが勃発。後白河院は幽閉され院近臣は悉く罷免された。資賢は後白河院に極めて近い位置にいたため、息子信賢・資時、孫雅賢らと供に関外へと追放されてしまった。井上は『玉葉』『山槐記』『源平盛衰記』などからこの時丹波に落ち着いたと推測している。本集一六番歌の「丹州に籠居之時……」という詞書とも一致しており、従うべき見解である。資賢が丹波で籠居している最中に以仁王が源頼政と共に挙兵し、同四年五月二六日、二人とも敗死。その一月ばかり後の七月十三日に、資賢一族は許され入京した。

寿永元年（一一八二）には大納言を辞し、孫雅賢を中将に奏任。その直後の三月二十日に出家を果たしている。この年の七月十二日が嫡男通家の十五年忌に当たることから、「出家の目的一つには通家の遠忌供養が有ったことは否めない」と論じた飯島の見解は的確である。諸伝本に共通の奥書「寿永元年八月六日書留返之」からも、この七月十二日の遠忌から八月六日までの間に家集を編んだと推定される。

井上は、資賢には出家後も「何となく生臭い噂が絶え」ず、芳しくない事件に関わってしばしば資賢の名前が現れることを指摘しているが、その後は大事件に関わることなく、文治四年に没した。

ここまで資賢の伝記について粗描したが、保元の乱以前は白河院・鳥羽院・後白河院・藤原頼長と関係するなど、特定の人物にのみ従う様子は見えない一方で、保元・平治の乱後には一貫して後白河院の近臣として仕え、異例の出世を遂げていることが知られる。その人生は栄達と失墜を繰り返す、極めて波瀾万丈なものであった。

三　家集の構成

本集には部立の標示は無いが、左掲図のように分類できる。四季部と雑部に大別され、四季部は全て題詠歌、雑部は題詠歌と贈答歌が採られている。

『入道大納言資賢集』の構成

- 四季　十四首
  - 春　一首
  - 夏　三首
  - 秋　八首
  - 冬　二首
- 雑　十五首
  - 釈教　一首
  - 述懐　四首
  - 恋　一首
  - 冬　一首
  - 述懐　四首
  - 恋　二首
  - 哀傷　二首

収載歌を通覧すると歌題にかかわらず「神祇・釈教」「述懐」にまつわる歌が散見され、本集の大部分を占める。そこで、まず収載歌の歌題から詠歌の場について考察し、次いで歌の内容から本集にはどのような傾向があるかを検討することにする。

1　収載歌の歌題

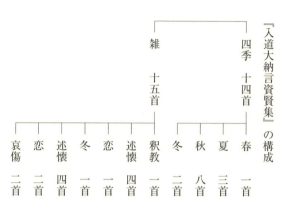

まず歌題を考察する。本集は、

梅（一）・菖蒲（二）・月（六）・駒迎（七）・草花（九）・虫（一〇）・鹿（一一）・瞿麦（一二）・霰（一三）・雪（一四）

などの素題のみならず、

雨中郭公（三）・夏夜待月（四）・社頭明月（五）・社頭郭公（八）・会不会恋（二〇）

など、結題の題詠歌も収載する。資賢の歌人としての知名度は皆無に等しいと思われてきたが、当時隆盛した結題の題詠を詠みこなし、歌会に参加していた様子が窺われる。

素題については、そのほとんどが堀河百首と一致していることから、

百首歌よみ侍りけるに、忍恋の心を　前大納言資賢
思ひやる方こそなけれおさふれどつつむひとめにあまるなみだは（新勅撰集・恋一・六六五）(4)

のように、堀河百首題に近い百首歌を詠み、そこから抄出したと考えられよう。(5)

次に結題で詠まれた歌の中で、資賢の交友圏と関わって注目される題を詳しく見ていく。

まず四番歌「夏夜待月」題は同時代では、

二条院の御とき、夏夜待月といふこころをよませたまひし
なつやまのこしげきさとのゆふぐれはいつしかよひの月をこそまて（粟田口別当入道集・六三）

の惟方歌しか他例が見つからない題で、(6)「よませたまひし」と記すことから二条天皇主催である。四番歌も同じ歌会での詠ならば、後白河院と二条天皇の対立が表面化する以前に、資賢が二条天皇へ接近していた可能性を示唆するが、応保二年に二条天皇呪詛の咎により解官・配流された資賢が二条天皇歌会に参加していたとは俄には考えがたい。ただし、久安五年（一一四九）に資賢は通家とともに美福門院院司を務めており（『兵範記』十月二日条）、四月四日の楽

所始に、不参ではあるが通家も参加者に加えられているため、対立が表面化する以前に、資賢一族が二条天皇と疎遠であったとは言い切れないだろう。

八番歌「社頭郭公」は社頭題なので、神社で催された歌会であろう。同時代には、

重保家にて人人、社頭郭公といふことをよみ侍りけるに　　源宗光女

あはれとや神も聞くらんほととぎすさかきのえだにゆふかけて鳴く（月詣集・四月・三二四）

といった例が見つかる。(7) これらの歌が同会での詠であるかは不明とせざるを得ないが、資賢は父から斎院長官を譲られていた他に、保延五年（一一三九）正月に従四位下、十月に従四位上に前斎院の御給で昇進しており、賀茂保文女を妻としていることから賀茂社との強く結びついていたことが知られる。本集には収載されないが、

賀茂社歌合に、恋を　　前大納言資賢

かぎりなくうかりしなかをこりずまにおもひもしらでまたなげけとや

（万代集・恋四・二四二七／続後撰集・恋四・八六七）

のような事跡も残ることから、八番歌も源宗光女歌のように賀茂社で詠まれたと考えうる。

また中村文は、後白河院周辺人物の和歌活動と神社との関係について、院北面を勤めた地下官人らが歌を詠む場は職務による人的関係に支えられており、そうした地下が上・中流階級と同座する和歌会は神社で開催されることが多いと論じる。(8) 中村は賀茂社もそうした歌会の場を提供する神社の一で、個々の人脈を通じて集められた出詠者による詠歌の場であったとも指摘する。中村論を踏まえれば、後白河院・賀茂社のどちらにも近かった資賢が、賀茂社で開催された歌会に度々参加していた可能性は十分に存する。

三番歌「雨中郭公」は用例数が非常に多いので措く。五番歌「社頭明月」は『貧道集』（四三七）・『風情集』（三四

五）の二首しか管見に入らず、いかなる場での詠歌か不明である。

二〇番歌「会不会恋」は「会不会恋十首」（重家集）のように、二条天皇内裏百首題に含まれるが、十首まとめて詠じた形跡が見られないことや、すでに堀河百首において「会不逢恋」の題があることから、当該歌を二条天皇内裏百首と直接結びつけるのは困難である。

しかし、「夏夜待月」同様、二条天皇歌壇で詠まれた題に資賢が敏感に反応し、同じ題で詠じている点からは、少なくとも資賢は自身が歌人であることを一定程度は自負し、歌壇の流行を追いかけていた様子が窺われる。また、これら結題を個人で詠んだとも考えがたいことから、むしろ資賢は積極的に歌会に参加していたと考えるのが穏当である。歌人としての知名度が皆無であるとする従来の見解は、幾分修正する必要があるのではないか。

定家筆本の奥書「寿永元年八月六日書留返之」から、本集は資賢生前に歌道家たる御子左家に渡ったと考えられる。そのような本集にこれらの歌題の下で詠まれた歌を収載させたのは、ひとかどの歌人であったという自負の表出と見るべきである。

2　収載歌の特徴

本集収載歌は歌題にかかわらず「神祇・釈教」「述懐」的な内容を詠んだ歌が散見される。

まずは「神祇・釈教」を見ていく。

社頭明月

さやけさにいとどひかりをますかがみくまなきそらの月よみのかみ（五）

月

やまのはにいりぬる月ををしむまににしへこころのゆきにけるかな（六）
　社頭郭公
ゆふかけてまつのをやまのほととぎすかみのしるしにひとこゑもがな（八）
　常住心月輪の心を
いかなれば我身はなれぬ月かげのこころのやみをてらさざるらん（一五）
　なげくこと侍りしとき、かさぎの少輔入道延俊申しをくられたりし
とかくしてねぶりをさませはるの夜のうきゆめはさぞかなしかるらん（二四）
　返し
はるの夜のうきゆめにだにをどろかずいつかねぶりのさめむとすらん（二五）
　故少将遠忌日、かさぎの少輔入道提婆品に捧物などあひぐして、中将のもとへつかはされたりし返事に
としふれどかぎりもしらぬなげきかなをくれさきだつならひなれども（二八）
　かへし
わかれしはけふなりけりとおもふにもさこそはあらめなげくこころは（二九）

五・六・八・一五番歌は題詠。五・八番歌は社頭題で、「月よみのかみ」「かみのしるし」を詠み込むことで題を満たしている。なお、五番歌の「ますかがみ」は、月輪観の影響を受けた、本地垂迹説を基盤とした御正体信仰を指す。社頭の月を和歌に詠むという営為については、平田英夫が「御正体の円鏡を奉じる信仰のあり方や御正体を軒先に掲げ神の存在を提示する各社の風景が、月を中心とする神祇の歌の表現基盤になっている」と指摘する。(9) 加えて、同論で平田が御正体信仰の様相を最もよく伝えているとして引用した

夜中ばかり過ぎぬらんかしとおぼえしに、宝殿の方を見やれば、わづかの火の光に、御正体の鏡、所々耀きて見ゆ。あはれに心澄みて、涙もとどまらず。泣く泣く誦み居たるほどに、資賢、通夜し果てて、暁方に礼殿へ参りたり。（『梁塵秘抄口伝集』）(10)

において、後白河院と共に資賢が熊野参詣に付き従っているのは注目される。五番歌は社頭題なので歌会において詠まれたと思しいが、後白河院に供奉した際に実見した宗教的風景が、資賢の詠作に影響を及ぼしていると考えられる。月を景物として詠んだ歌は「夏夜待月」のみで、六番歌では「にしへこころのゆきにけるかな」と西方浄土を思う歌が配され、一五番歌でも「こころのやみをてらさざるらん」と心月輪の歌が置かれており、本集では月は宗教的な題材として用いられる傾向にある。

二四・二五・二八・二九番歌は「かさぎの少輔入道延俊」との贈答歌。「延俊」について飯島は「源延俊のことか。通家と同時期に院の近習であった」と推定する。(11)源延俊は和歌事績がほぼ残らないが、父明賢は『千載集』に、法眼慶算は『新古今集』『新勅撰集』に、それぞれ一首ずつ入集する。また孫は藤原範宗であり、和歌と無関係な家系ではない。嫡男隆雅は三位、三男定豪は大僧正で東寺長者となるなど子息は出世を遂げるが、延俊自体は定豪親として以外は記録類にはほとんど見えない。仁安二年正月の朝勤行幸の際に勅勘を被り解官され、同年六月に許されていたことから、出家はそれ以後と考えられる。

二四番歌延俊詠の「ねぶりをさませ」は「無明長夜の眠りから覚める」、すなわち出家を進めていると解せる。対して資賢は「悲しい出来事でさえ目を覚まさない」と答えをはぐらかすように返歌する。ただし、死んだ嫡男の元同僚の勧進が、その後資賢が遠忌に合わせて出家したことの遠因とも考えられる。

二八番歌では「としふれどかぎりもしらぬなげき」と十五年を経ても嫡男通家を亡くした嘆きは尽きないと詠む資

賢に対して、十五年前の今日に離別してしまったことを思うと「さこそはあらめ」、と延俊は悲しみを共有する姿勢で詠んでいる。通家を紐帯として交友を持ったために、遠忌に際して故人を偲ぶ贈答を交わしたのだろう。

延俊は、在俗時通家と共に院近臣であった縁故によって、通家頓死後も資賢と交流していたことがわかる。通家の十五年忌に提婆品や捧げ物を贈っていることからも近しい間柄であったことが窺われる。

同時に、二八首という小私家集中で二度も延俊との贈答歌を収載するのは象徴的である。延俊出家の時期は判然としないが、通家の死が仁安二年七月十二日であることは延俊の出家と全く無縁とは考えがたく、二四番歌詞書の「なげくこと」とは、二八番歌と対応して通家の死を暗示していると考えられる。「春の夜」と詠むことから、最短でも通家が死んだ半年後に交された贈答と考えられ、その時すでに延俊は出家していたと思しい。

以上の宗教的な表現は、資賢が出家した直後に編まれたということが関係するのだろう。これらの歌が入集したのは、親しい人たちと死に別れ、嫡男の遠忌を済ませたことによって、いよいよ憂き世と離れた直後の資賢の心境の表れと理解できる。

続いて「述懐」を見ていく。

菖蒲

わがやどのつまとたのまんあやめぐさひとりねをのみかくるみなれば（一一）

なでしこ

ひとりねにまくらのちりはつもらねどさびしかりけりとこなつのはな（一二）

雪

ゆきふりてあとたえにけるおくやまにくるひともなきあをつづらかな（一四）

はじめの冬

いかばかりさびしかるらんあきはてて人もをとせぬふゆのやまざと（二一）

述懐

かへさぬもいかにかはせんなつごろもひとつがきみのゆかりとおもへば（二二）

ほととぎすおぼつかなきにおなじくは宮このかたのことをかたらへ（二三）

一六・一七番歌詞書にも「丹州に籠居の時、述懐の心を」とあるが、この歌群は次節で扱う。

二・一二番歌は菖蒲・瞿麦を詠んだ歌で「ひとりね」と共に詠んだ先行例は、管見の限り菖蒲では一首、(12)瞿麦では見当たらない。菖蒲は端午の節句に屋根の端に花を指す慣習を「妻／端」の掛詞で表現し、瞿麦は異称の「常夏」に「床」を掛けることで一首を仕立てているわけだが、これらの花を「ひとりね」と共に詠むことは稀であった。

一四・二一番歌は「閑居に訪れる人がいない」という冬歌の典型的な表現を用いた歌である。一四番歌の「あをつづら」は「来る／繰る」を掛けており、恋歌に多く詠まれる言葉である。(13)二一番歌は「秋果て／飽き果て」という掛詞を用いて、相手に飽きられた身の上を「初冬＝秋が終わった」という季節の変遷とともに詠みこむ。「あきはてて」を「人もをとせぬ」に繋げることで恋歌的情趣を醸し出している。

これら四首は「ひとりね」「くるひともなき」「人もをとせぬ」という表現によって、自分のもとへ訪れる人がいないという孤独な心情を表している。また、「ひとりね」「あをつづら」「あきはてて」は相手が訪れなくなった際の恋歌に用いられる表現であり、そうした表現によって人の訪れない孤独な境遇を表していると考えられる。

二二番歌は夏衣を「きみがゆかり」と詠む。相手の形見としての衣を詠んだ例としては、

年比かたらひ侍りける女、みやこに住みうかりけん、おとこにぐしてあづまの方へまかりける日、ことさら

に形見にもせんと、きならしたる物ひとつこひければ、つかはすとて

とにかくに我身になるる物をしもはなちやりつることぞ悲しき（頼政集・六八六）

返し

はなたるるかたみはたぐふから衣心しあらばなれもかなしき（同・六八九）

が同時代例として見つかる。当該歌は上句で何らかの事情によって返すことができないと詠んでいるが、同じ題で詠まれた二二三番歌で「宮このかたのことをかたらへ」と詠んでいるところを見るに、何らかの事情とは京都から追放されたことを示唆するか。

資賢は、①二条天皇呪詛の嫌疑による信濃への配流、②清盛の武力政変による関外追放、と二度京都から追放されているが、二二二番歌で夏衣を、二二三番歌で郭公を詠んでいる点から、六月二三日に配流された信濃国での述懐と見るべきである。「返していないのもどうしようもない」「都のことを語ってくれ」と詠むのは、資賢が都には居られない境遇に追いやられていたことを示唆し、そのような不遇感が述懐歌を詠む契機となったと考えられる。

以上の述懐的な表現は、孤独な境遇に対する嘆きの表出と見ることができる。こうした表現からは疎外感・不遇感が看取され、松野が述べたように本集の撰歌意識に「晩年の老境の不遇感」があったことは疑い得ない。

ここまでの考察から、「神祇・釈教」「述懐」のいずれも資賢に起きた負の出来事と関係しており、人生上の蹉跌が本集編纂に深く影響を及ぼしているとともに、自身の人生がいかに不如意であったかを発信する意図が看取される。

四　資賢と頼政の関係

本集雑部の述懐性について前節で論じたが、その中には当時の世情を反映した歌も含まれている。左掲歌群は資賢が丹波国に配流された際に詠まれた歌である。

丹州に籠居の時、述懐の心を

なげきこそおほえのやまとつもりぬれいのちいくののほどにつけても（一六）

よのなかのこころづくしをなげくまに我身のうさはおぼえざりけり（一七）

おなじころ、源三位入道[14]のもとへ申しつかはしし

いまはさはきみしるべせよはかなくてまことのみちにまどふ我身を（一八）

返し

ことのははおほえのやまとつもれどもきみがいくのにえこそちらさね（一九）

詞書によると、丹波にて籠居していた時に述懐題で詠んだ歌が二首並び、続いて同時期に頼政に送った歌とその返歌が配列されている。

籠居の原因は、関外追放の処分を受けた治承三年のクーデターである。同四年五月には以仁王が蜂起し、二十六日の宇治川合戦で頼政は敗死する。その後、七月十三日に資賢が帰京するため、当該贈答が行われたのは、資賢の関外追放から頼政が敗死する、治承三年十一月十四日～同四年五月二十六日までの約半年の間と推定できる。

政治状況が極めて不安定な時期に交わされた当該贈答を検討するために、まずは資賢と頼政との関係をたどり、次いで当時の状況をたどっていく。

資賢は白河院判官代であったが、頼政も同じく院判官代を務めており（『公卿補任』）、この時期に知遇を得たかと考えられる。また、時期は不明だが頼政が丹波国に家領を有していたという記事が延慶本『平家物語』に残る。

伊豆国賜はりて、子息仲綱受領になし、我が身三位し、丹波の五箇庄、若狭のとう宮川知行して、さておはすべかりし人の、由なき謀叛起こして、宮をも失ひ奉り、我が身も亡び、子息所従に至るまで亡びぬるこそうたてけれ。(15)

（「廿八　頼政ヌヘ射ル事　付三位ニ叙セシ事　禍虫」）

この記事について井上は「五箇庄は、吾妻鏡文治二年三月八日条によると、子の頼兼が、この庄は頼政の「家領」であったが、以降宗盛が知行、今度没官領になったが、頼兼に付せられて仙洞御領として欲しい旨を頼朝に訴えているので、恐らくは頼政の領であった」と論じ(16)、丹波国五箇庄を所領としたことは史実と推定する。

また井上は、以仁王の乱後に頼政の郎等盛兼を資賢の郎等がかくまい、平宗盛が捕縛しようとした際に自害したこと、平氏に捕縛され拷問を受けた宗綱入道なる人物と資賢が謀議をなしていたことも指摘する。

この「盛兼」「宗綱」らについては生駒孝臣が論じている。(17)平氏が盛兼を捕えようとしたのは、盛兼が以仁王の事について情報を持っていたためであり、吾妻鏡では盛兼は「頼政の近親」であったと記されていたこと、また、宗綱入道は頼政の与力であったために捕縛されたことなどを指摘する。頼政没後も、以仁王に関わって頼政の郎等が動きを見せていたようであり、そうした人物らと資賢が連絡をとっていたことが知られよう。

また、

少将通家身まかりて後、打つづきさはりども有りて、おそくとぶらひつるよし、ははのもとへ申しつかはしたりし返事に

かなしさをなげく心のあらばこそとふもとはぬも思ひわかれめ（頼政集三三二）

返し

よそながら歎く心のうせぬにぞ君が思ひにおとるとはしる（同・三三三）

と、通家が頓死した後に資賢妻と交した贈答歌が収載される[18]。

資賢と頼政ないしその郎等との間には個人的な交友関係を超えた関係性があったようだ。当該贈答は、かねてより交際があった二人が、当時の政治状況に翻弄されていた時期に交された過酷な状況下に歌を詠み交す二人の関係の深さが、頼政没後に郎等が資賢を頼る縁となったと考えられる。

続いて資賢の追放と頼政の敗死に関わる、当時の政治状況を確認していきたい。治承三年の政変とは、十一月十四日に平清盛が突如大軍を率いて上洛、翌日に関白藤原基通を罷免し、清盛女中宮徳子と後の安徳天皇を連れて福原へ下り、さらにその後十七日に四十人近い貴族を一挙に解官し、追放・処刑を行ったことを指す。資賢はこの時唯一大納言の中で解官され、一族共々関外追放の処分を受けた。

松薗斉が「京外に追放されるという重い処分を受けたのは、院との密着の強さによるのと、公事への影響の少なさによるものであろう」と述べるように[19]、資賢が今様等を通じ院近臣としての地位を固めたことが、清盛の標的にされた原因だと考えられる。

この政変によってあわただしくなった都の状況については『梁塵秘抄口伝集』巻十四（以下、異本口伝集）の記事が参考になろう。

山の法師どもいろ〳〵とおもはぬ事共おそろしき沙汰にて、中院中堂の大がねをつきて会合して都にせめ入、南都六宗感心院の別当清水寺の修行なんどあつまり、仗神人感心院より先にたてゝ六波羅焼亡すなど世中さわがしく、中々今様の会もみてずして、人の心たゞ水鳥のそらに鷹のゆきかへるに同じとおもはれぬるぞ。和歌よむ人もたゞむなしくすぎぬ。其につき禁中に公事等もわれおとらぬと故実ひく人もなし[20]。

河音能平は、当該記事を治承四年三月ごろの南都北嶺による反平家の政治的示威のことを指すと論じた[21]。さらに、飯島は河音説を受けて、「和歌よむ人」とは籠居時の資賢を指すとした。[22] 飯島は右掲記事中の「公事」について同年十二月に行われた賀茂還立御神楽を指すとし、丹波に籠居する資賢の不如意な様子と、神楽の故実を知る人がいない事を嘆いていると解釈した。

異本口伝集の記事が治承四年ごろの資賢の不遇な様子を記しているという点については、両者の説に異論ないが、いずれの論も頼政をその後に起こる以仁王の乱の首謀者と認識している点は、再検討の余地があるように思われる。従来『平家物語』『吾妻鏡』に記されるように、平家に不満を持つ以仁王に頼政が蜂起を促したと考えられてきたが、永井晋は以仁王・平清盛のいずれも相手が先に仕掛けたという意識のもとに動いたと推測し、以仁王が挙兵を企てていたとは考えがたいと論じた。[23] それに対して、中村は永井論を尊重しながらも、頼政が以仁王周辺の人脈と密接に繋がっていることから、軍事行動が偶発的に引き起こされたものであったとする認識に対して慎重な立場をとっている。[24] 永井論は未だ通説となるには至っていないが、頼政が乱の首謀者であるという認識を相対化する上で傾聴すべき論である。

以上の先行研究を踏まえた上で、まさに乱の直前に詠まれた当該贈答歌群を検討することで、この時期の資賢がどのような意識を持っていたかを次節で探ってみたい。

五　贈答歌群の検討

まずは一六番歌から見ていく。籠居する丹波の地名「大江山」「生野」を詠み込みながら、「命が幾ばくもないことにつけても、嘆きが多く積もる」と、自身の境遇について述懐している。「おおえのやまとつもり」「いくの」という語句の一致から、一九番歌と表現が共通していることが知られる。

続いて一七番歌は、世間と自身を比較して、「世の中への苦悩を嘆いている間に、自分の憂さは忘れてしまった」と世間への物思いに重きを置いている。一六番歌の個人的な述懐に対して、当該歌では自身の憂いよりも世間の現状を危惧する内容を詠む。

右の二首はいずれも籠居時の歌とされ、こうした自身や世間への述懐には清盛のクーデターによる社会変動が強く影響を及ぼしていると考えられる。

一八番歌は「きみしるべせよ」「まことのみち」など、仏道に入ることを望み、そのための機縁を求める表現を用いる。ここでは既に出家していた頼政に対して、資賢が「仏道に入る導きとなってくれ」と呼びかけるように詠んだ歌と解する。

一九番歌は一六番歌同様、資賢が籠居している丹波国の歌枕を用いながら、「大江山のように噂は多いが、君が行った生野には決して漏らすことができない」と、様々な憶測が広がっているがそれは伝えられないと返歌する。「このはがちる」は「噂が広まる」ことを指すと考えられるが(25)、噂が何を指すかは後述するため、先に当該歌の解釈を進めていく。先に述べたように、当該歌が一六番歌と同趣の表現を用いていることは、二首を見比べれば一目瞭然だろう。また、「おおえのやまとつもり」という表現は、当該贈答歌群以外では管見に入らないことからも、当該歌が一六番歌を踏まえていることは疑い得ない。

しかし、贈歌から詞を摂取して返歌するという贈答歌の構成形式から見るかぎり、一八・一九番歌を番えるのは、その法則から逸脱している(26)。さらに、「仏道に入る導きとなってくれ」という贈歌と「噂は多いが君には漏らさない」という答歌では全く内容が噛み合わない。つまり、この贈答歌を単体で解釈しようとすると、表現面でも内容面でも齟齬が生じるのである。したがって一九番歌は一八番歌のみに対しての返歌ではなく、一六・一七番歌も含んだ資賢からの贈歌に対しての返歌と考える。

当該贈答歌に関して飯島は「反平家の政治的心情さえ窺うことができる」とし、「「きみしるへせよ」という資賢の言葉に都の反平家勢力の旗頭たる頼政への期待と、「えこそちらさね」という頼政の口調に自負とを感じることは容易であろう」と論じる。(27)「自負を感じる」という一九番歌の解釈には従いかねるが、籠居していた一六・一七番歌と同時期に詠まれた当該贈答にも資賢の政治的心情が表出している可能性は高く、説得力に富む。

一六番歌は自身の不遇を、一七番歌は世間への危惧を詠んでいたが、その直後に一八番歌が配されているのは、不遇な自分や悪い方向へ進んでいる世間を「まことのみち」へ「しるべせよ」と、頼政に呼びかけていると解釈できる。一八番歌は素朴に出家を望む歌ではなく、飯島論のように、平家が政治に武力介入した現状を打破するきっかけを頼政に求めていると解すべきである。

そのように理解すれば、「様々な憶測が広がっているが、それを伝えることはできない」と詠んだ頼政の返歌がこの位置に配列されたことに合点がいく。反平家的な心情を表出させた資賢からの贈歌に対して、都では様々な噂が立っているという時、その噂とは平家の動向に関わることと考えられる。その噂を伝えられないのは、それが頼政と深く関わりのある人物に関することであったからだろう。

その「噂」とは平家と以仁王の確執に対する噂ではないか。以仁王には、憲仁親王（高倉）の擁立を目指した平家によって圧力が加えられていただけでなく、クーデターの結果、亡き師である前天台座主最雲から譲られ、彼の経済基盤であった定興寺を現天台座主の明雲に与えられるという事件が起きていた。この時期清盛に激しく不満や憤りを感じており、それが世間に広まっていたとしても不審ではない。

つまりこの配列の中では、頼政の返歌は反平家的な述懐歌を送ってきた資賢に対して、そのことに対しては言及しないという意志を伝え、平家と以仁王の確執に対し中立であることを暗示する意図があったように解せるのである。

頼政は、以仁王には二条—六条—以仁王と続く、あり得たかもしれない皇統の支持者として深く関わっている。(28) 他方清盛には、形骸であっても源平両立の構造を守ろうとした清盛の請によって従三位に昇ったという恩義もあった。平家と以仁王との確執の噂は頼政にとって、その進退を左右する甚だ都合が悪い噂であったと考えられる。資賢の要請に対して「言及しない」のは、当時の頼政が選択しうる立場であったと考えられよう。

以上を整理する。配列に即して当該歌群を解釈すれば、資賢詠の一六番歌は「清盛の武力政変によって追放された自身の境遇への述懐」を、一七番歌は「平家が専横を極める世の中への危惧」を、一八番歌は「現状を打破すること に対する頼政への期待」を詠む。それに対して頼政は一九番歌で、一六番歌の表現を踏まえて「京で起きている事態には言及しない」態度を表明する歌を返した。一九番歌は、その語句や内容から一八番歌単体との贈答歌とは考えがたく、一六～一八番歌までの資賢の主張に対する返歌である蓋然性が高い。

籠居時の述懐歌と贈答歌が分断されているのは、本来一六番歌と組み合わされるべき一九番歌の前に一七・一八番歌を配することで、「個人的述懐→世の中への述懐→その打破への期待」という籠居時の資賢の心情の推移を改変によって表現するためと考えられる。

本集は寿永元年八月六日以前に編纂され、その時には既に治承・寿永の内乱によって平家の基盤が揺らいでいた。出家後の資賢の意識を反映させた宗教的な歌や孤独な境遇を嘆く詠んだ歌が本集に収載されていることは前節までに確認してきたが、当該贈答歌群も同士であった頼政の死や関外追放による孤独感の象徴として配列されたと解釈する。

六　おわりに

本集は、嫡男通家の死や自身の出家をめぐる延俊との贈答といった釈教歌、二条天皇呪詛の咎や清盛のクーデターによる関外追放をめぐる述懐歌など、資賢の実人生における嗟嘆が基調となっている。なかでも、頼政との贈答歌群は家集編纂時に資賢が改変した可能性が高く、その配列は籠居時の資賢の心情の推移を表している。

こうした編纂意識は寿永元年の出家によって生まれたのだろう。嫡男通家の遠忌後ほど経ずして本集が成ったことを踏まえれば、出家・遠忌を契機として人生を振り返り総括する目的で編纂されたのが本集であった蓋然性が高い。群小歌人でも、家集を編纂するからには一定の撰歌基準があったと考えられよう。まして資賢が百首歌を詠み、かつ本集以外から勅撰集入集を果たしていることを加味すれば、本集は雑纂的な詠歌集成ではなく、読解にバイアスをかける編者の企図が内包された家集と捉えるべきである。

資賢が歌人として著名でなく、家集が小規模であるが故に顧みられることが少なかったが、本集は平安末期における貴族の心情の表出した作品として、また以仁王の乱についてその直前の状況を示す贈答歌群を載せた史料として、今後さらに考究すべき余地を残している。

注

（1）　松野陽一a「資賢」（初出　昭和50→古典ライブラリー『新編私家集大成』書籍版解題）。

（2）寿永百首家集と本集の関わりについて論じたものは、森本元子ａ「有房の家集とその成立（付）「賀茂社奉納百首家集」について」（『私家集の研究』第五章Ⅲ　明治書院　昭和41）、森本ｂ「寿永百首家集と新古今集」（『私家集と新古今集』第十章　明治書院　昭和49）、井上宗雄「寿永百首家集をめぐって」（『平安後期歌人伝の研究』第六章　笠間書院　昭和53→増補版　昭和63）、松野ｂ「寿永百首について―賀茂社歌圏と仁和寺歌圏―」（『鳥帚―千載集時代和歌の研究―』Ⅳ（3）風間書房　平成7）などがある。このうち森本ａｂは本集を寿永百首家集と認定し、松野も初出時は森本説に従っていた。

しかし、井上は月詣集入集歌が本集収載歌と一致しない、歌謡圏の指導的立場にはあったが歌壇での地位は零に等しいなどの理由によって森本説に疑義を呈した。また、井上は資賢を「（8）人数に入る可能性絶無ではないが、乏しい人」と認定し、本集を寿永百首家集とすることに慎重な態度をとる。松野も著書収録に際し、井上説に従う旨を述べている。稿者は「歌壇的立場が零に等しい」とは考えないが、後述する贈答歌群の箇所には定家筆本においても落丁の形跡が見られないことから零本とは考えがたく、井上説を支持する。

（3）前掲注（2）井上同、飯島一彦ａ「『異本梁塵秘抄口伝集』作者考（一）―『異本口伝集』と源家郢曲伝承―」（中世歌謡研究会『梁塵』2号　昭和59・12）、飯島ｂ「『異本梁塵秘抄口伝集』作者考（二）―『蓮華王院宝蔵記』成立と『異本口伝集』―」（中世歌謡研究会『梁塵』3号　昭和60・12）。

（4）歌本文は注記しない限り、私家集は新編私家集大成に、その他は新編国歌大観に拠った。いずれも本文を私に改めた箇所がある。

（5）ただし、「瞿麦」「忍恋」は堀河百首題中には無く、完全に一致するとはいえない。

（6）時代が下ると、「夏夜待月　みじか夜はまつに名ごりの程もなし明けての後や山のはの月」（紫禁集・一一八八）と順徳院詠の例が残る。

（7）源宗光女の他には「社頭郭公　ほととぎすなく一声やさかきとる枝にとまらぬたむけなるらん」（長明集・一五）、「社頭郭公　いそのかみふるの社のほととぎすなくこゑさへに神さびにけり」（経盛集・三三）の二例が残る。

（8）中村文ａ「後白河院周辺の地下官人」（『後白河院時代歌人伝の研究』Ⅴ第十六章　笠間書院　平成17）。

（9）平田英夫「神域の月の風景―神祇歌の生成―」（『和歌的想像力と表現の射程西行の作歌活動』新典社　平成25）。
（10）本文は新編日本古典文学全集に拠る。
（11）前掲注（3）飯島b同。
（12）「人にわすられたるひとの、五月五日まくらのうへにしやうぶを人のおきたるをみて　かわくまもなきひとりねのたまくらにあやめのねをやいとどそふべき」（赤染集・四八〇）。
（13）「題しらず　山がつのかきほにはへるあをつづら人はくれどもことづてはなし」（古今集・恋四・竈・七四二）など。
（14）当該詞書には「源三位入道／一条三位入道」の異同があるが、書陵部本（『私家集大成』底本）とその祖本の冷泉家時雨亭文庫本では「源三位入道」につくり、藤原定家筆本（現蔵者不明）でも「源三位入道」と記されていることが確認できる（『定家様』〈五島美術館　昭和62〉所収図版に拠る）ことから、本稿では一八番歌詞書の人物は源頼政として論じる。
（15）本文は延慶本注釈の会『延慶本平家物語全注釈』第二中（汲古書院　平成21）に拠る。
（16）前掲注（2）井上同。
（17）生駒孝臣「源頼政と以仁王―摂津源氏一門の宿命」（野口実編　中世の人物　京・鎌倉の時代編第二巻『治承～文治の内乱と鎌倉幕府の成立』清文堂　平成26）。
（18）頼政集輪読会『頼政集新注　上』（青簡舎　平成23）において当該贈答を担当した藏中さやかは「頼政と通家母子との親密な関係が窺われる」と指摘する。
（19）松薗斉「治承三年のクーデターと貴族社会　花山院流と藤原基房」（愛知学院大学『人間文化　愛知学院大学人間文化研究所紀要』23　平成20・9）。
（20）『梁塵秘抄口伝集』巻十四の本文は佐佐木信綱校訂『新訂　梁塵秘抄』（岩波文庫　昭和16）に拠る。『異本口伝集』とは口伝集巻十一～十四を指し、一括して『梁塵秘抄口伝集』として伝来されてきたと考えられるが、後白河院御撰と認めがたい内容を有する書を指す。内容は今様のみを集中的に論じる御撰部分とは異なり、平安末期の宇多源氏の嫡流に伝承されてきた郢曲に関わる伝承について記されており、資賢の談話を「我が家・家の風」などの語句を用いて記すなど、宇多源氏嫡流の口伝書としての意味合いが強いことから、資賢男資時の手によって成立したと推定される。前掲注（3）飯島a bに詳しい。

(21) 河音能平「ヤスラヒハナの成立」(『中世封建社会の首都と農村』第三章　東京大学出版会　昭和59)。

(22) 飯島c「『異本梁塵秘抄口伝集』成立再考」(福島和夫編『中世音楽史論叢』和泉書院　平成13)。

(23) 永井晋a『源頼政と木曽義仲　勝者になれなかった源氏』(中公新書　平成27)、永井b「以仁王事件の諸段階―嗷訴から挙兵への段階的発展―」(『鎌倉遺文研究』第三六号　吉川弘文館　平成27・10)。

(24) 中村b「解説」(頼政集輪読会『頼政集新注　下』青簡舎　平成28)。

(25) 「女にしのびてかたらふこと侍りけるを、きこゆることの侍りければ、つかはしける　いづくよりふきくるかぜのちらしけんたれもしのぶのもりのことのは」(千載集・恋三・隆房・八二七)など。なお、和歌や家集を指して「ことのは」を用いる際は、「この集撰し侍りけるとき、うたこはれておくるとてよめる　いへのかぜふかぬものゆゑはづかしのもりのことの葉ちらしはてつる」(金葉集二度・雑上・顕輔・五五五)のように「いへのかぜ」とともに詠む例が多いため、当該歌の解釈としてはふさわしくない。

(26) 贈答歌の形式に関しては、主として久保木哲夫「贈答歌の方法」(『折の文学　平安和歌文学論』二―1　笠間書院　平成19)、増田繁夫「贈答歌のからくり」(和歌文学会編『論集　和歌とレトリック』笠間書院　昭和61)、高木和子「贈答歌の作法」(『女から詠む歌　源氏物語の贈答歌』第四章　青簡舎　平成20)を参照した。

(27) 前掲注(3)飯島b同。

(28) 中村c「『頼政集』雑部冒頭歌群の構想」(『日本文学』64―7　日本文学協会　平成27・7)、前掲注(22)中村b同。

〔付記〕本稿後半部は平成二九年和歌文学会第六三回大会(於宮崎市民プラザ)における口頭発表に基づく。席上、また発表後にご教示賜った方々に篤く御礼申し上げる。

源頼政と藤原惟方　―『粟田口別当入道集』を中心に―

野本瑠美

一　はじめに

『頼政集』雑部には次のような贈答歌がある。

誰ともなくてさしおきたる文をみれば

いかにして野中のし水思出て忘ばかりに又なりぬらん（頼政集・六〇五）

其後、誰ともしらで、女のしわざにこそはと思ひ候ほどに、別当入道の大谷にまかりたりしに、おとし文やみし、それは我したりしなりとありしかば、かへりてつかはしける

浅かりし野中のし水忘ねばまた夏草をわくとしらなん（同・六〇六）

頼政宛に差出人不明の手紙が置かれていたので開けて見ると、「一度思い出しておきながら、また私のことを忘れてしまったのか」と頼政を詰る内容であった。「野中の清水」は、『古今集』の「いにしへの野中の清水ぬるけれど本の心を知る人ぞくむ」（雑上・八八七・よみ人しらず）に拠るもので、「本の心を知る」かのように私（差出人）を思い出しておきながら再び忘れるとは、その程度だったのかと頼政の思いの浅さを非難するものであった。送り主もわから

ず、頼政はかつて関係を持った女の仕業かと予想していたところ、大谷の別当入道（惟方）を訪ねた際に「手紙の送り主は自分だ」と告げられ、帰宅後「思いが浅いのはあなたの方。思いが浅くないから、私はこうして夏草をかきわけてあなたを訪ねたのです」と返事をしたのだった。わざと差出人を明かさない手紙の送り方や種明かし、友情の度合いを測るかのようなやりとりから、頼政と惟方の気の置けない親密な関係がうかがえる贈答となっている。

別当入道[1]は、俗名藤原惟方、出家して寂信と名乗った。粟田口別当入道とも呼ばれる（なお、本稿での呼称は惟方で統一する）。白河・鳥羽両院の近臣であった権中納言葉室顕頼の男で、同母兄に桂大納言光頼、同母弟に高野宰相入道と呼ばれた成頼がいる。母は二条天皇乳母であった藤原忠子で、惟方も二条天皇近臣として活躍し、従三位参議兼左兵衛督に至った。平治の乱の折には初め藤原信頼側に与したが、離反し清盛側について乱の趨勢を決定づけた。乱後、後白河院の逆鱗に触れ永暦元年（一一六〇）解官、長門国に配流となり出家した。永万二年（一一六六）三月召還され、以後は東山等に住まい余生を送り、晩年には正治二年（一二〇〇）「石清水若宮社歌合」、建仁元年（一二〇一）「影供歌合」に出詠している。

惟方には『粟田口別当入道集』[2]（以下『入道集』と略す）という自撰家集があり、先の贈答歌も収められているが、『頼政集』とは詠歌事情がかなり異なっている。

　東山に侍しころ、右京権大夫頼政朝臣訪ねまうできて、昔のことども忘れがたくなど申てのち、かきたへ音もせざりしかば、卯月の頃、誰ともなくて、さし置かせたりし

いかにして野中の清水思ひいでて忘るばかりにまたなりぬらん（入道集・一四四）

　さて二三日ばかりありて、まうできて、畳紙のはしに書きて落として帰りたりし

あかざりし野中の清水見てしかばまた夏草を分くとしらなん（同・一四五）

東山の惟方を頼政が訪ね、「昔のことが忘れがたくて（あなたを訪ねたのだ）」などと語ったにも関わらず、その後頼政からの音信が途絶えてしまった。そのため、頼政の無沙汰を非難する歌を密かに置かせたのだった。頼政は惟方の仕業と気づき、二、三日後惟方のもとを訪れ、畳紙に歌を記し、わざと落として惟方と同じ方法で返信したのだった。『頼政集』では、頼政は手紙の差出人が惟方だとは気づかず、惟方が自ら正体を明かすが、『入道集』では頼政は惟方の仕業とすぐに気づき、惟方と同じ方法で返歌をしている。また、『入道集』が記す贈答歌以前の頼政の来訪や「昔のことども忘れがたく」といった発言も『頼政集』には見られない。このような違いはあるものの、『入道集』の手の込んだやり方で頼政の言行不一致を皮肉る惟方、惟方の真意を察し同じ方法で返す頼政の姿からも、息のあった二人の仲らいが想像される。

『頼政集』と『入道集』、どちらが実際に起こった出来事を忠実に記しているか不明である。どちらか一方が出来事を正確に記しているとも限らず、両者に脚色が加わっている可能性もあろう。そもそも数多く交わしたであろう贈答歌の中から、家集に遺すべき歌を選別している時点で、既に何らかの編集意識が働いているとも言える。家集内で他者との関係をどう描くかは、とりもなおさず、家集内で自分自身をどう描くかという問題と表裏一体を為す。本稿では、藤原惟方に着目しつつ『頼政集』と『入道集』を読み解き、互いをどのように家集内に位置づけているかを確認する。その上で、『入道集』において惟方が自身をどう定位しようとしたのか検討してみたい。

二　『頼政集』の惟方

『入道集』からは、惟方が頼政の他、寂然（藤原頼業）、上西門院兵衛、寂超（藤原為経）、俊成、顕昭らと親好のあったことがうかがえる。しかし、現存する範囲内ではあるが、惟方と同時代の歌人の家集に惟方が登場することは稀である。『入道集』には寂然の歌が十首見られるが、寂然側で記録された惟方との贈答歌は、『寂然集』と思しい家集断簡に記された一組のみである。(3) 他、『拾玉集』に慈円の一日百首に追和したこと（ただし惟方の歌は欠く）が見られ、『隆信集』によれば十首歌会を開催したらしいこと（隆信集・四〇）がうかがえるが、惟方の歌を家集に留める歌人はほとんどいない。そのような中、頼政のみが惟方との贈答歌を五組十首以上収めていることは注目される。

『頼政集』には惟方との贈答が、夏部に二首（一四五、一四六）と雑部に九首（六〇五、六〇六、六一四〜六一六、六一八、六一九、六三九、六四〇）見られる。特に雑部には惟方の贈答がまとめて掲載されている。まずは「住吉社歌合」での述懐詠（六一三）に続く、三首を見てみよう。

別当入道、大谷を人にかくれて出られにけると聞て、そこにともきかざりしに、ほの〳〵おはする所を聞付て、誰ともなき文をさしおかれ侍にし

おぼつかな谷よりいづる鶯もそこにありとはきかする物を（頼政集・六一四）

すなはちかへりごとはなくて、ほどへてかれよりつかはしたりし

こたへせぬ深山がくれの山彦の思ふ心をしらずや有らん（同・六一五）

返し

こたへばぞそこともきかむ山彦の思ふ心はいかゞしるべき（同・六一六）

惟方が大谷を密かに出て行く先も知れなかったが、ある時居場所を仄聞した頼政は、差出人を隠して手紙を置いてきた。先に掲げた『頼政集』六〇五番の惟方と同じやり口である。大谷を出た惟方に対し「谷を出る鶯も鳴き声を聞かせ居場所を知らせるものなのに、あなたはなぜ教えてくれなかったのか」と非難する内容であった。すぐに返信は無

く、しばらくして惟方から「呼べば答えるはずの山彦が答えないのには、探さないで欲しい理由があるのだ。あなたもわかっているだろう?」と心境を忖度するよう頼む返答が届き、頼政は「言葉にしなければわかりませんよ」と返している。先の六〇五、六〇六番のやりとりとは立場が逆転し、頼政が惟方の行動を恨めしく思うのだった。「誰ともなき文をさしおく」やり口は『頼政集』の七三番等にも見られるが、差出人を秘匿するというより、差出人を隠しても見破るはずとの信頼があっての遊戯であろう。惟方も頼政も相手の冷淡な態度を詰るような口吻をとりつつ、このような口調で言い合える関係を楽しんでいるようである。

続く六一七番に懐旧の歌を挟んで、六一八、六一九番も惟方との贈答歌である。

別当入道こと有て後、とぶらひ申事もなくて過にけるを、のぼりて程へて後、山里のさびしさいかゞなど申つかはしたる返事に

さびしさをとふべきこと、思ひける人の心をことししりぬる（頼政集・六一八）

かへし

さびしさはさやは有しと人しれず歎しことはことしのみかは（同・六一九）

六一八番の詞書「別当入道こと有て」は、永暦元年（一一六〇）の長門国配流を指すのであろう。配流後、頼政は惟方と連絡をとらなかったが、永万二年（一一六六）惟方の帰京後に「山里のさびしさはどれほどでしょうか」という挨拶をしたところ、「あなたが私に連絡しようという気があったことを今年初めて知りました（そんな気があったのですね）」と長年の無沙汰を詰る答えが惟方から返ってきた。それに対し頼政は「人知れず私があなたを気に掛けていたのは今年に限ったことではありません」と否定する。

『頼政集』所収の惟方歌は全て惟方出家後に詠まれたものであり、『頼政集』を素直に読めば、配流後の惟方との贈

答で最も早いのはこの六一八、六一九番になろう。一方『入道集』も同じ贈答（一四八、一四九）を収めるが、先の『頼政集』雑部の六〇五、六〇六番、夏部の一四六、一四七番、雑部六一八、六一九番にあたる歌が、ある年の四月頃に交わされた一連の贈答（入道集・一四四〜一四九）として載せられている。よって頼政が無沙汰をしていた期間も配流から召還後の数年に及ぶようなものではないことになる。

もし『入道集』のような状況が事実だとすれば、『頼政集』で配流後の惟方と長い間交流が途絶えていたかのようにことさら記すのはなぜなのだろうか。また『頼政集』の方が事実に近いとすれば、なぜここで、ことさら配流後であることが明示されるのであろうか。

配流以前の惟方と頼政に既に交流があったことは、次の六三九、六四〇番の贈答からも明らかである。

別当入道山ざとにおはする所にたづねまかりたりしに、むかしのことゞもなどかたりつゝ、哀つきせでかへりての後、かれより故院の北面の車などのみおもかげにこそ立しかとて

有しよの君やかたみにとまるらん待えしまゝにむかしおぼえし（頼政集・六三九）

かへし

世もかはり姿もあらぬ君なれば我もむかしの形見とぞ見し（同・六四〇）

頼政と惟方は「むかしのことゞも」を語り合い、感慨も尽きないうちに帰宅した際、惟方は「鳥羽院の北面の車などばかりが面影に立つ」と頼政の姿に鳥羽院在世の昔を思い出すという主旨の歌を贈っている。保延二年（一一三六）以降十七年ほど頼政の官途に関する記録は見られないが、「鳥羽院に侍し時」源光信と交わした贈答（頼政集・六八一、六八二）や鳥羽院北面歌会での詠（同・一五九、三四七）、鳥羽院崩御を嘆く詠（六二〇）など、『頼政集』からは頼政が鳥羽院に近侍していたことがうかがえる。[4] 先の六三九、六四〇番の贈答について、「二人の交流が鳥羽院出仕時代に

形作られたことが示唆される」との指摘も首肯されよう。(5)

同じ鳥羽院の時代を生きた頼政と惟方だが、一方で現在の姿や置かれた状況は様変わりしていた。「有しよの君やかたみにとまるらん」(六三九)と惟方に言わしめたように、頼政の姿は鳥羽院治世の時と変わらないのに対し、惟方は「世もかはり姿もあらぬ君」と詠われるように、配流召還を経験した出家の身であった。『頼政集』でことさら配流から長期間が経っていることが強調されるのは、この惟方の身の激変、ひいては世の激変を印象づけるためではないか。かつて同じ御代を生きた二人だが、片方にかつての面影はない。変わる過程も知らず長い年月が経ってしまったからこそ、心の中だけは変わらぬことが二人の間で確認され続けていく。変わらぬ頼政と変わり果てた惟方の間では、「思ふ心」を「知る」(六一五、六一六)ことや「人の心」を「知る」こと(六一八、六一九)、人を「忘れ」ていないことを「知る」(六〇五、六〇六)など、お互いがお互いの心を知ろうとし、知っているはずだと確認しあうような歌がたびたび交わされている。無沙汰や行き違いがあるたびに、遊戯的な手紙のやりとりを通して、二人は互いの変わらぬ思いを確認しあうのである。

『頼政集』夏部に収められた次のような贈答も、その延長にあろう。

　　五月十日比に、郭公のしげく鳴をきゝて、別当入道のもとへつかはしける

子規かたらふ比の山ざとは人とはずともさびしからじな(頼政集・一四五)

　返し

子規かたらふことを山ざとは都の人と思はましかば(同・一四六)

出家者となり山里に住む惟方に対し、郭公が頻繁に訪うなら、人(頼政)が訪ねなくとも寂しくなかろうと頼政が水を向ければ、すかさず惟方からは「頻繁に来鳴く郭公のように、都の人(頼政)と語り合いたい」と返答がある。立

場は変われど、他に代わる者のない相手として、頼政と惟方の関係は家集に残されていくのである。

ところで、『頼政集』の惟方は「昔」、すなわち鳥羽院の時代と結びついているようである。『頼政集』の頼政と惟方の贈答歌の前後には鳥羽院在世時を思い起こさせる歌が配置されている箇所がある。惟方の配流経験に言及した六一八、六一九の贈答歌の後に置かれるのが、次の鳥羽院崩御に関わる懐旧詠である。


　　鳥羽院かくれさせ給て後、歌林苑にて人〴〵懐旧といふ心をよみ侍けるによめる

むかし我ながめし月の入しより世にふる道はふみたがへてや（頼政集・六二〇）

「むかし」は鳥羽院在世時、「月」は鳥羽院を指し、月が沈んだ後古道を踏み間違えさ迷うように、鳥羽院崩御によって自身が進むべき道を誤ってしまったのかと詠う。

中村文氏が指摘するように(6)、頼政は鳥羽院に近侍し、鳥羽院から六条天皇に至る皇統を「正統」とみなしていたらしい。鳥羽院の死後保元・平治という二つの乱が起こり、後白河院と二条天皇の対立により惟方は配流の憂き目に遭い、鳥羽院の正当なる継承者であった二条天皇、六条天皇は早世してしまった。鳥羽院の死を発端とする世の乱れ（『愚管抄』）を頼政は「ふみたがへてや」と自問しているのではないか。惟方の配流から全ての発端となった鳥羽院の死が導き出され、今の「正当ならざる」世から正しい御代が思い起こされているのである。

先の六一四〜六一六番の惟方出奔に関わる贈答と、六一八、六一九番の惟方召還後の贈答の間には次のような述懐歌が配置されている。


　　むかし今のことをつく〴〵とおもひつゞくるに、哀なる事もまじりてや侍けむ

色〳〵に思ひあつむることの葉に泪の露のおくもありけり（頼政集・六一七）

「むかし」から「今」までのことを回想する中に感懐を催すことがあったのか、書き集めた「ことの葉」（和歌詠草か）

を見て涙する、という内容の歌である。詞書には詳しい事情は明示されていないが、惟方との贈答歌の間に配置されることで、「むかし」は惟方出家前や鳥羽院の正統な後継者たる二条天皇の御代、鳥羽院在世時を指すかと思われる。『頼政集』の惟方との贈答は、共に生きた鳥羽院在世時を回顧する契機となり、前後の述懐歌と連続する。惟方から「有しよの君やかたみにとまるらん」（六三九）と詠われ、鳥羽院の時代を思い起こさせるよすがと見なされる頼政だが、頼政にとってもまた、惟方は鳥羽院を思い起こさせるよすがなのであろう。惟方は、かつての宮仕えの同輩という域を超えて、『頼政集』の述懐歌の底にある鳥羽院追慕を支える人物として家集内に配されているのではないか。

三 『入道集』の頼政

『入道集』でも『頼政集』と同様に、頼政との贈答歌は連続して収められているが、その数は頼政集に比して少ない。『入道集』中の頼政歌は全三首、歌自体は『頼政集』と重複する。一節に掲げた一四四、一四五番も含めて以下に掲出する。

東山に侍しころ、右京権大夫頼政朝臣訪ねまうできて、昔のことども忘れがたくなど申てのち、かきたへ音もせざりしかば、卯月の頃、誰ともなくてさし置かせたりし
いかにして野中の清水思ひいでて忘るばかりにまたなりぬらん（入道集・一四四）
さて二三日ばかりありて、まうできて、畳紙のはしに書きて落として帰りたりし
あかざりし野中の清水見てしかばまた夏草を分くとしらなん（同・一四五）
そののち、又同じき人のもとより申たりし

郭公語らふころの山里は人問はずともさびしからじな（同・一四六）

かへし

郭公語らふことを山がつは都の人と思はましかば（同・一四七）

この返事に添へたりし

さびしさをとふべきことと思ひける人の心を今年知りぬる（同・一四八）

たちかへり申たりし

さびしさをさやはありしと人知れず嘆きしことは今年のみかは（同・一四九）

卯月の比に交わされた落とし文による贈答の後に、頼政から「郭公が訪れて鳴く頃の山里は、人（私）が訪ねなくてもさびしくありますまい」との歌が届く。先に「かきたへ音もせざりし」（一四四）といった有り様で無沙汰を続けていた頼政であるので、ここではあたかも自身の無沙汰を正当化するかのような軽口である。それに対し惟方は「頻繁に訪れる郭公を都の人、あなた（頼政）と思えたらよかったのに（私が語り合いたいのはあなただ）」と頼政の来訪を望む気持ちを伝え、重ねて「山里の寂しさを慰めるものだと、あなたはご存知だったのですね（無沙汰を重ねてばかりなので、そんな発想がないのかと思いました）」と皮肉で返す。すぐさま頼政は「あなたが寂しい思いをしているだろうと、人知れず心を痛めていたのは今年だけではないのです」と返事をよこした。「忘れ難く」と言いつつ来訪を忘れる頼政に対し、大仰に嘆く惟方、それをからかいつつも慰謝する頼政、と気心の知れた間柄ゆえに交わせるやりとりが続き、『頼政集』と同じ歌を収めながら、印象は大きく異なっている。最も大きな違いは、惟方の配流という背景が登場しないことであろう。「昔のことども忘れがたく」とあり、惟方在俗時頃を指すかと思しいが『入道集』では詳細を記していない。『入道集』には惟方の配流や召還を匂わせる描写は登場せず、都を離れ東山に住む出家者・惟方と、都に住む在俗の頼政の気の置けないやりとりとして家集内に配されているのである。

『入道集』でこのようなやりとりが記されるのは、頼政に限ったことではない。

山里に侍しころ、八月の晦方に人のまうできて、「紅葉の折は必ずまた」など申て音せざりしかば、十月一日ころに申送りし

もみぢぬや散りぬやとだに問はぬかな色づきそめし秋を見捨てて（入道集・八九）

返事　兵衛殿

散りぬやと思ふ心は通ふらん身にしみて見し宿の紅葉ば（同・九〇）

同じやうに「紅葉の時には」と申し人の、散るまでに音もせざりしかば

見に来んと言ひし紅葉は散りはてて頼めし言の葉ぞ残りける（同・九一）

八月末に上西門院兵衛が惟方のもとを訪れた。紅葉の季節の再訪を約束したが、その後音沙汰無く、冬に入った十月一日頃に惟方は「紅葉しましたか、散ってしまいましたか、とそれさえ尋ねてくれないのですね。美しく色づいた秋を見捨ててあなたはやって来ず、冬も来てしまいました」と歌を贈った。それに対し兵衛は「散ってしまったかしら、と心配する私の心だけは、あなたのもとに通っているでしょう。あなたの家の紅葉、その色の美しさが身に染みるほど見ていたのですよ（私の心にお気づきになりませんでしたか）」と返している。約束を違えられた不満を惟方が訴え、相手が自身の心の深さを訴え返すという形式は、頼政とのやりとりと共通する。兵衛との贈答に続き、九一番でも、「紅葉の時に訪れよう」と約束しつつ散るまで音信のなかった人に対し、約束の反故に対する不満と悲しみを惟方は訴えている。この他、「ひさしうをとづれ」なかった顕昭との贈答（七三・七四）や、兵衛から長らく音信がなく気掛かりでいたところ、他人の所へは訪れていたと聞いた際の贈答（一三九・一四〇）など、わびしい出家の山住まいの中

で、友人の来訪を心待ちにする惟方の姿が浮かび上がるような贈答歌が家集内に散見される。それとは逆に、惟方が友人から不実を詰られる場合もある。唯心房から「久しくをとせぬ」と非難されたり（九三）、兵衛から扇を請われながら失念し、秋になってしまい詰られている（一六一）。

『入道集』では、東山に住む惟方に梅の開花（一二）や桜の開花（二四）を尋ねる兵衛、大原での郭公の初音を巡る寂然とのやりとり（四九・五〇）など、四季折々につけて親しい友人らと歌を交わす様子が記し留められている。時には無沙汰を重ねるも、歌によって交流は再開し完全に絶えることはない。

季節の挨拶だけでなく、出家後の惟方は歌人としての出詠が求められる場合もあった。上西門院御所での歌会や勧修寺僧都雅宝歌合のために代作したり（二六、三二）、大原で催された歌会にも出詠している（八二）。ある人から色紙形に和歌を書くことを求められ（一六六）、俊成が「打聞」を撰していると聞けば自身の歌をアピールすることも忘れていない（一二五）。

五月五日、小侍従とかやいひて、哥詠むなる人のもとよりとて

ひきつれて尋ねも見ばやあやめ草さのみ知らぬにおひんものかは（入道集・五六）

さるらん人も知らねども、返事と請ひしかば

あやめ草よどのにねざす人なみに苔のたもとを引きかけんとや（同・五七）

これは、ある年の五月五日、小侍従と交わした贈答歌であるが、詞書の「小侍従とかやいひて、哥詠むなる人」や「さるらん人も知らねども、返事と請ひしかば」ということさらの記述は、当代きっての歌人小侍従から、直接の面識がないにも拘わらず（小侍従の歌壇での活躍は惟方の配流後とされる）、歌を請われたという自負にも見える。

出家後の惟方は、僧俗を問わず歌によって人々と交流し、その交友関係の一角に頼政も位置づけられている。『入

道集』の歌人たちとの交流からは、出家後も風雅を忘れぬ惟方自身の姿が浮かび上がるようになっている。

四　『入道集』に見る惟方の節目

先行研究で指摘される通り、『入道集』には惟方の配流に関わる詠歌は収められていない。(7) 応保二年（一一六二）、惟方と同時に配流に処された経宗が召還されたが、惟方への赦しはなかった。『千載集』にこの時の詠歌が残る。

遠き国に侍りける時、同じさまなる者どもことなほりてのぼると聞こえける時、そのうちにも漏れにけりと聞きて、都の人のもとにつかはしける

前左兵衛督惟方

この瀬にも沈むときくは涙川流れしよりもなほまさりけり（千載集・雑中・一一一八）

惟方にとって同集に唯一入集した歌でもあるが、家集には入れられていない。惟方の家集編纂は、奥書によれば召還の翌年の仁安二年（一一六七）三月から始められ、文治五年（一一八九）二月中旬に現在のような形に成ったらしい。『千載集』入集を果たしたが故に除いた可能性も考えられるが、配流に関わる詠歌どころか配流を匂わせる詠歌すら入っていないことを考え合わせれば、惟方は意図的に配流詠を家集から除いたのではないか。

一方、惟方が人生の節目として家集に留めていくのが、鳥羽院から二条天皇に仕えた官人としての事跡である。『入道集』は春・夏・秋・冬・神事・公宴・雑・恋・釈教・哀傷に部類され、神事部冒頭には二条天皇即位の折の天皇との贈答歌が置かれている。

二条院、位につかせたまひて、河原の御禊の行幸に、御後長官にてつかうまつりて、次の日雨降りしかば、

「空も心さぶらひけるにや」など奏し侍しついでに

みそぎせしみゆきの空も心ありてあめのしたこそ今日くもりけれ（入道集・一〇三）

御製

空晴れしとよのみそぎに思ひ知れなを日の本のくもりなしとは（同・一〇四）

御禊行幸の翌日に雨が降り、御後長官（御禊次第司）を務めた惟方が、「空も心さぶらひけるにや」「空も心ありて」と二条天皇の即位に空も感応したと寿げば、二条天皇もまた御禊の日の晴天から「日の本のくもりなし」と国家の安泰によって寿ぎ返す。慶祝の心を共有しあう君臣の関係が描かれ、以下、後白河院退位後の春日社使い（一〇五）や二条天皇の東宮時代に賀茂祭の行事の弁を務めた折の詠（一〇六）、松尾社祭の行事弁を務めた際の贈答（一〇七、一〇八）が続く。

公宴部には、新造された鳥羽田中殿での崇徳上皇主催の歌会で講師を務めた折の詠（一〇九）や鳥羽南殿での崇徳上皇歌会に召された折のこと（一〇九次、詞書のみで歌を欠く）、雑部冒頭には越前守を務めていた頃五節舞姫を献上した際の贈答（一一〇、一一一）、後白河天皇の初めての鳥羽行幸に蔵人として供奉した時を回顧しての詠（一一二）、蔵人頭在職中、右兵衛督に任じられた際、左兵衛督となった兄・光頼と交わした喜びの贈答（一一三、一一四）、検非違使別当となった頃の贈答（一一五、一一六）が並ぶ。

惟方は「宮廷生活の折々を情趣化する即詠を得意」とし、「家集の「神事」「公宴」「雑」（雑の前半は宮廷生活における贈答歌によって構成されている）と連なる特異な構成も、惟方の歌人としてのこうした性格から自然に表れてきたもの」と指摘される(8)が、当該部立内は、務めた役職や詠歌状況、仕えた主や贈答相手などを詳細に記す傾向があり、官人としての華々しい活躍を記し留めようとする意図が感じられる。それと呼応するかのように、家集最後の哀傷部冒頭には、鳥羽院から後事を託され春宮大進を辞した際の詠（二一九）から鳥羽院崩御後の悲しみ（二二〇）、院や女院からの「沙汰」を承った頃の回顧（二二一、二二二）、二条天皇崩御に関わる贈答（二二三～二二六）が並ぶ。仕えた帝亡き後の始末や遺された臣下たちを慰藉する姿は、有るべき廷臣の姿と言えるであろう。なお、二条天皇崩御時には配流地にいた惟方だが、家集にはその事実は記されず、二条天皇に仕えた女房たちとの悲しみを共有し合う歌だけが収められている。

惟方が家集に留めていくもう一つの節目は、兄・光頼に関する出来事である。雑部前半には光頼が左兵衛督、惟方が右兵衛督に同時に任じられたことを喜ぶ兄弟の贈答（一一三、一一四）が置かれ、家集末尾に光頼死去に際しての詠が並ぶ（二三〇～二三九）。

承安三年（一一七三）正月五日、光頼危篤の知らせを聞いた惟方は、葉室谷の光頼の草庵を訪れるも、光頼は既に息を引き取っていた。

　大納言入道、去年より患ひたまふ、なを大事にと聞きて、正月の五日のあしたに、葉室の谷の御庵にまかりたるに、「ただ今はやうに」と聞くもまこととも覚えず、思ひ惑はるる中に、鶯の折からにや、いと心細げなる声、耳にとどまりしかば

　都には誰が告げつれば鶯も出でにし谷になきて来つらん（入道集・二三〇）

初春の折柄、鶯が心細げに鳴くのを耳にし、「誰かが都に兄の死を知らせたから、春先に出た谷に鶯が泣きながら戻ってきたのだろう」と、兄の死を共に悲しむかのような鶯に心を寄せる。その後、遺された母三位の心中を慮り（二三一）、葬送の次第を聞くにも現実とも思われず（二三二）、翌六日、同母弟・成頼に訃報を知らせ西山を眺めて詠歌（二三三）、父・顕頼の命日（顕頼は久安五年正月五日没）と全く同日であることに慨嘆し（二三四）、喪に服す成頼の様子

を聞き出家の身の自身と比較（一二三五）、光頼の死に再び呆然とする（一二三六）。五十日が経ち光頼の桂の草庵で詠歌（一二三七）、寂然からの弔問の贈答（一二三八、一二三八の次に「かへし」とあるものの惟方の返歌は欠く）、三月下旬葉室の尼御前への哀悼の歌（一二三九）が置かれ、光頼の死にまつわる歌群が閉じられる。[9]

惟方の兄・光頼[10]は天治元年（一一二四）生まれで、惟方より一歳年長の同母兄である。惟方より出世は早く、保元元年（一一五六）正四位下参議となり、永暦元年（一一六〇）権大納言、翌年正二位にのぼるが、長寛二年（一一六四）八月に四十一歳で出家した。才能を備え、政務に練達し、諸大夫の家格でありながら大納言に至った初例とされた（『愚管抄』）。政界で重きをなしながら、それを捨てて仏道修行に入ったことは「四十余にて頭おろして、桂の里にこそ籠りゐ給ふなれ。それは、かやうの事（稿者注…惟方の政争・流罪）にかかり給ふ事なく、何事もよき人と聞きたてまつりし、いとあはれにありがたき御心なるべし」[11]（『今鏡』すべらぎの下・鄙の別れ）や「二条院時ハ、「世ノ事一同ニサタセヨ」ト云仰アリケルヲ、フツニ辞退シテ出家シテケルハ、誠ニヨカリケルニヤ」[12]（『愚管抄』・巻七）などの賞讃を集めた。また、光頼は必ず極楽往生するだろうとの予言がなされていたとの説話も残されている。[13]

官人としての栄達でも世評でも惟方の上を行く兄であったが、惟方はこの兄を慕い、光頼もまた惟方を信頼していたらしい。承安元年（一一七一）八月十一～十二日、光頼が葉室谷の任覚の道場で伝法灌頂を受けた際の記録（『大納言入道灌頂記』[14]）は惟方が記している。また、『大納言入道灌頂記』裏書には、病がちな光頼のために惟方が自身の護りとして所持していた大師御筆を掛け平癒したとの記述も見える。『入道集』哀傷部の光頼逝去歌群も、光頼の最も近しい親族の一人としてその死を悲しみ、記憶に留めておこうとするものであろう。

自ら出家し、仏道修行に励んだ光頼であるが、光頼・惟方の父顕頼も白河・鳥羽両院の近臣として権勢を振るった官人であり、往生人でもあった（『本朝新修往生伝』）。同母弟の成頼もまた、承安四年（一一七四）光頼の一周忌に三十九歳で出家、高野山へ上る。『入道集』に出家後の様子や詠歌がことさら記される平親範も、弁官・蔵人頭・参議を経て正三位民部卿に至るも承安四年（一一七四）六月に出家し大原に隠棲した。

入道民部卿親範卿、過ぎぬる夏より世を棄ててこの山に住みて、今宵この中（稿者注…来迎院歌会、歌題「閑中歳暮」）にまじりて詠めり、ことがら何となくあはれにて、その哥も書けり

都にて送り迎ふといそぎしを今年はよそに思ひこそやれ（入道集・九九）

このような周囲の出家者[15]に対し、惟方自身の出家は配流に伴った外圧的なものであった。だが、事実はそうであれ、『入道集』内には出家の背景（配流）は描出されず、もともと隠遁を志していたことが示されるのである。

三月ばかりに西山のかたにまかりて、やがてかくてもあらばやなどおぼゆるに、花のいとおもしろく咲きたりしかば

背けとて思ひ入りぬる深山辺の花に心をまた宿しつる（入道集・二九）

過ぎにし春、いづくにもかきこもりなんと思ひしも、なをつれなくて、秋にもなりにけるに、初鴈を聞きて

思ひきな帰りし春は雁がねを世を捨て果てて秋は待たんと（同・七五）

『入道集』の詠歌から浮かび上がる「惟方」像をまとめてみよう。――若い頃は鳥羽院や二条天皇の信頼も厚く、実務官僚として活躍し、公事の折に触れ詠歌してきた。もともと隠遁の志を持ち、出家後は東山・大原などに庵を定め、仏道修行に励む傍ら和歌を嗜み、僧俗に拘わらず風雅な交流をし、歌を請われたり、著名な歌人（ここに頼政も含まれよう）とやりとりしている。勧修寺一門の中で重きをなした兄・光頼とは仲睦まじく、その死を哀悼する詠歌を残す、最も親しい親族である――。

『入道集』の「惟方」像が実際の惟方と全くかけ離れているわけではない。ただ、光頼や成頼、親範のような姿を

理想型とすれば、その理想により近づくよう編集したものが『入道集』ではなかろうか。自身の詠んだ歌を再構成することによって、惟方は残すべき自画像を描いたのである。

五　おわりに

『頼政集』の惟方は配流という未曾有の体験をした人物であり、鳥羽院在世時やその後の転変を象徴する存在として登場している。一方『入道集』においては、頼政は風雅なやりとりを交わせる友人として、惟方の出家後の生活を彩る。

『入道集』は惟方の理想像と述べたが、無論、家集一つで世間の惟方の印象が一変するわけではない。たとえば『明月記』[16]（建暦三年五月二十五日条）では惟方を『白氏文集』の「縛戎人」に重ね合わせ「追伝戎人跡」と評しているように、惟方の配流は世間では周知の事実であった。一方で、惟方の実務官僚としての知識や経験は、同じ勧修寺一門の中で重宝されていたようである[17]。

藤原経房は『吉記』[18]の中で惟方を「当家古老也、所命皆有興」（寿永元年三月十三日条）、「一門遺老也、尤可貴之人也、言談皆是世事・公事等也、可謂金言歟」（寿永二年七月一日条）と高く評価し、廷尉の平緒（仁安二年五月二十七日条）や勧修寺八講における装束（養和元年八月一日条）等の惟方の説を記録している。経房が惟方のもとを訪ねることもあれば（寿永元年三月十三日条）、惟方が経房のもとへやってくることもあり（寿永二年七月一日条）、経房によって書きとめられた惟方の言説は建久二年（一一九一）まで確認できる[19]。経房のみならず、内裏修造に際しては、惟方の持つ保元の内裏修造に関する文書を頭弁藤原重方が伝えており（『吉記』承安四年二月二十九日条上欄補書）、建春門院滋子の葬送に際しては兼実の諮問を受けている（『玉葉』安元二年七月十日条）。

このような惟方の実務官僚としての経験を重んじる人々にとって『入道集』は興味深いものだったのではないか。『入道集』の伝本は宮内庁書陵部蔵本とその親本である冷泉家時雨亭文庫蔵本のみであり[20]、広く流布していた類のものではない。『入道集』の末尾には、以下のような、高倉中納言（惟方の婿・藤原経通）に『入道集』を返却した某人が書きつけた歌、及び経通の返歌が添えられており、惟方の縁戚者のもとに伝えられていたことが判明する。

　　此集を高倉中納言《経通卿歟》許へ返遣とて裏紙に書きつけし

　亡き人の書き置く跡の言の葉に知らぬ昔の情けをぞ見る（入道集・二四八）

　　返事、後日僻書之由、故被示送、可貴事歟

　書きをきて消えなば誰もしのべとや古りにし代々の跡をとめけん（同・二四九）

かつて伝存した惟方の日記『惟方卿記』[21]が実務面の記録ならば、俗世での活躍を経て遁世する理想的な官人の詠歌の記録が『入道集』であった。惟方と同族・同階層の人々——そこには平安末期から新古今前夜に至るまで活発な和歌活動を続けた地下官人・出家者も重なる[22]——にとって、そのような『入道集』は共感を呼ぶ家集であったと考えられる。

※『頼政集』の本文と歌番号は頼政集輪読会『頼政集新注』上～下（青簡舎、二〇一一～二〇一六年）に拠る。『粟田口別当入道集』は冷泉家時雨亭文庫蔵本（冷泉家時雨亭叢書『中世私家集三』朝日新聞社、一九九八年）に拠るが、踊り字は開き、濁点を付し、一部仮名を漢字に改めた。歌番号は『新編国歌大観』と同じである。それ以外の和歌については、特に断らない限り『新編国歌大観』所収の本文と歌番号に拠る。

注

（1）藤原惟方の研究は、橋本義彦『平安貴族社会の研究』（吉川弘文館、一九七六年）をはじめ、歴史学の分野に多い。惟方の伝記や詠歌に関しては高崎由理「藤原惟方伝」（『立教大学日本文学』五九、一九八七年十二月）を参照し、多大な学恩を蒙った。

（2）総歌数二四二首（重複歌含む）、うち他人詠は五一首。惟方自身が識語で「腰折等、仁安二年暮春取集、此後亦両三巻書続、而未取捨」と記すように未完成で、「無題恋／いまだえりいださず」等の詠歌を欠く箇所や、詞書のみしか記されていない箇所等がある。家集に関する研究としては、注1の高崎論考の他、山本幸一「「粟田口別当入道集」考」（『西行和歌の形成と受容』明治書院、一九八七年）、冷泉家時雨亭叢書『中世私家集　三』（朝日新聞社、一九九八年）所収解説（久保田淳執筆）がある。

（3）『新編私家集大成』所収の「寂然集解題」に記された某私家集切（金沢の大鋸氏文書）。本文は以下の通り。

　　これかたの左兵衛督よをのかれておほたになるところにこもれりけるにおもひかけすいきあひてよもすからかたらひあかしてかへりけるあしたにいひおくられたりける

きぬ〴〵になりしわかれにあらねともぬれしはいかにすみそめのそて

　　かへし

たちかへりかゝるなみたをいまさらにおもへはかなしすみそめのそて

（4）中村文「解説」（『頼政集新注』下、青簡舎、二〇一六年）

（5）『頼政集新注』下（青簡舎、二〇一六年）、六三九番注釈（松本智子・安井重雄担当）

（6）前掲注4

（7）前掲注1高崎論考では「この歌を始め配流の経験に関する歌を家集には全く入れていない。或は、この歌を選ばれた事は、惟方自身にとっては不本意だったのかもしれない。しかし俊成にとっては惟方の歌は、配流という哀れな事実によらなければ評価しがたいものだったのではないだろうか。」と述べている。

（8）前掲注1高崎論考

（9）『入道集』春部四五番にも光頼没後の三月末の詠が見える。

（10）光頼の伝記については井上宗雄『平安後期歌人伝の研究』増補版（笠間書院、一九八八年）を参照した。

（11）『今鏡』の引用は竹鼻績訳注『今鏡』上（講談社学術文庫、一九八四年）に拠る。

（12）『愚管抄』の引用は日本古典文学大系『愚管抄』（岡見正雄・赤松俊秀校注、岩波書店、一九六七年）に拠る。

（13）清澄寺所蔵『冥途蘇生記』掲載（藤原重雄「藤原光頼（桂大納言入道）出家後の動向―藤原惟方『大納言入道灌頂記』の紹介―」（『日本古写経研究所研究紀要』創刊号、二〇一六年）に拠る。

（14）前掲注13藤原論考所収の本文に拠る。

（15）前掲注13の藤原論考は弁官等の実務官僚を経て、四十歳前後で出家し仏道修行に励むライフコースが存在したと指摘する。

（16）『明月記』の本文及び解釈については、明月記研究会編「『明月記』（建暦三年五月）を読む」（『明月記研究』九、二〇〇四年十二月）を参照した。

（17）大島幸雄『散逸日記抄（10）―惟方卿記―』（『史聚』四四、二〇一一年三月）

（18）『吉記』の引用は高橋秀樹編『新訂　吉記』本文編一～三（和泉書院、二〇〇二～二〇〇六年）に拠る。

（19）経房は惟方以外の同族や姻族にも教えを受けている。その中には、惟方弟の成頼も含まれる。鈴木理恵「公事作法をめぐる藤原経房のネットワーク（上・下）」（『長崎大学教育学部　社会学論叢』六一・六二、二〇〇二～二〇〇三年）参照。同論考は、惟方が重用された要因として一門先達が次々と死去していくなかで長命を保ったことを指摘する。

（20）鎌倉後期写本の断簡が伝存する。兼築信行「伝後伏見院筆『粟田口別当入道集』断簡について」（『平安朝文学研究』復刊九号、二〇〇〇年十二月）、国文学研究資料館編『古筆への誘い』（三弥井書店、二〇〇五年）。

（21）前掲注17

（22）中村文『後白河院時代歌人伝の研究』（笠間書院、二〇〇五年）

〔付記〕本稿はJSPS科研費（16K16763）による研究成果の一部である。

Ⅳ 『頼政集』をめぐって

禁裏本系『頼政集』伝本群の再検討

中村　文

一　はじめに

源頼政の家集（以下、『頼政集』と呼ぶ）が二系統に分類できることについては、早く、川瀬一馬・森本元子に詳細な検討がある。川瀬は二系統のうち、内閣文庫蔵林家旧蔵本、静嘉堂文庫蔵寛永頃写本、寛文元年刊本、群書類従本の四本を「第一類」、宮内庁書陵部蔵桂宮旧蔵本、同部蔵江戸初期写本（稿者注、御所本）、静嘉堂文庫蔵松井文庫本、森本元子蔵伊達家旧蔵本の四本を「第二類」とし、阪本龍門文庫蔵山科言継自筆本については、「第一類本に近い點が少なからずあ」るものの、「右二類に對しては、別類をなし、第三類として扱う方がよいと思う」とした(1)。

一方、森本元子はこれに先立つ論考において、川瀬の言う「第一類」を「群書類従本系統（類系）」、同じく「第二類」を「桂宮本系統（桂系）」と名づけていたが(2)、『私家集大成２』所収の頼政集の解題では、川瀬に従って分類し、それぞれの伝本群に(1)〜(3)の番号を付している。

稿者は頼政集輪読会の活動が始まるのと相前後して『頼政集』の伝本調査を開始し、二人の先達に導かれながら、左のごとくⅡ類三種に分類する試案を立ててみた(3)（カッコ内は函架番号。末尾の太字は伝本の略号。伝本に関する記述は以下同様)。

Ⅰ類　　宮内庁書陵部蔵桂宮本（五一一―一五）　**桂宮本（桂）**
　　　国立歴史民俗博物館蔵高松宮旧蔵本（H―六〇〇―五六六）　**高松宮本（高）**
　　　下冷泉家旧蔵本（現大山紗弥佳所蔵）　**下冷泉本（下）**
Ⅱ類　甲種(ア)　穂久邇文庫蔵本（二一―二一―三〇六）　**穂久邇本（穂）**
　　　　宮内庁書陵部蔵松浦静山旧蔵本（五〇九―八）　**松浦本（浦）**
　　(イ)　阪本龍門文庫蔵本（二一―三　一四五―二）　**龍門本（龍）**
　乙種　名古屋市蓬左文庫蔵本（一三五五九）　**蓬左本（蓬）**
　　　ノートルダム清心女子大学蔵本（Ⅰ四四）　**清心本（清）**
　　　国立公文書館内閣文庫蔵本（二〇一―四五四）　**内閣本（内）**
　　　『群書類従』二四六所収本（早稲田大学図書館蔵、イ四―四八八・三一三～三一四）　**群書類従本（群）**

それぞれの伝本群について、すでに与えられていたのとは異なる名称を用いたことに関しては、泉下の先達に深く詫びなければならない。以後の『頼政集』研究を混乱させかねない記号を用いた不用意も反省する必要があろう。しかしながら、二つの伝本群と三井寺切の比較対校を試みた森本元子が、「大局からみて、桂宮本系統の本文が類従本系統のそれより、原作に近いということだけは確かに言えると考えられる」と結論付けた(4)のと同様の印象を、稿者も本文比校の調査を通して得ており、桂宮本をはじめとする伝本群をⅠ類に立てる『頼政集』把握が必要と考えたのである。その後、『和歌文学大辞典』（古典ライブラリー、二〇一四年）の「頼政集」項を執筆した際にも、右の分類試案に従って、「Ⅰ類本（禁裏本系統）」「Ⅱ類本（非禁裏本系統）」の呼称を用いたので、本稿でもこれらの語によって記述することを諒とせられたい。

さて、頼政集輪読会では桂宮本を底本とし、右掲の伝本に次の四本を加えた計十三本を校合に用いて本文を整定し、輪読の成果を『頼政集新注』上・中・下（青簡舎、二〇一一、二〇一四、二〇一六年）として刊行した。(5)

Ⅰ類　　肥前島原松平文庫本（松一三五―四七）　**松平本（松）**

Ⅱ類　乙種　国立国会図書館本（わ九一一、一三―四）　**国会本（国）**

　　　静嘉堂文庫蔵本（一〇四―四一）　**静嘉堂本（静）**

　　　寛文版本（早稲田大学図書館蔵、へ四―八一四二）　**寛文版本（版）**

Ⅰ類本とⅡ類本の間でしばしば本文上の対立が認められ、また、Ⅱ類本の内部で異同が生じていることは、川瀬・森本が指摘している通りで、頼政集輪読会においても、注釈作業を通してこれらの特徴を確認しえた。一方で、Ⅰ類本の四本については、桂・高・下の三本がきわめてよく似た本文を持っており、島原松平本のみやや異なる点を持つものの、揺れの範囲内と見て、Ⅰ類本の内部を系統分けすることはまったく発想しなかった。

ところが、各地に伝存する『頼政集』写本の調査を進めてみると、Ⅰ類本はⅡ類本に匹敵するほど伝本数が多く、のみならず、Ⅰ類本内部も分類可能で、いくつかの系統が存在することが明らかになってきた。さらに重要なのは、Ⅰ類本に属すると考えられる伝本の中に、Ⅰ類本と対立しⅡ類本と同じ本文を示す箇所を含む伝本が見出せることである。すなわち、Ⅰ類本とⅡ類本の中間的性格を持つ伝本がⅠ類本の中に存在するのである。『頼政集』の二つの系統の対立する本文がどのようにして生じたのかは、この作品にとって解くべき大きな課題の一つだが、中間的性格の伝本群がその経緯を解明する鍵を握っている可能性も考えられる。

稿者は、現在伝存を確認しうる『頼政集』写本のすべてについて、閲覧を完了してはいないが、類内部の系統についておおよその傾向も把握できてきた。本稿では、調査の中間報告として、Ⅰ類に属する諸伝本を紹介し、Ⅰ類内の分類について試案を示すこととしたい。閲覧・調査を御許可くださった各機関に、心より御礼申し上げる。

二　『頼政集』の諸伝本

まず、現在までに閲覧調査しえた写本のうち、右掲の十四本を除いて、Ⅰ類、Ⅱ類のいずれかに明確に分類できるものを列挙する。[6] 伝本は所在地によって北から順に並べ、簡単な書誌と解説を付した。書写年代については、各機関の目録や先学による推定がある場合にのみ記してある。現蔵機関の所蔵印については記述を省略した。

奥書は左のごとく略称および記号によって示した。Ⅰ類本に認められる奥書には次の二種がある。

ア．元暦元年（一一八四）七月十二日以左大丞自筆本書写畢自九日始之同十二日終功于時服薬日也／右近権少将藤原〈在判〉

（肥前島原松平文庫蔵本による。「元暦奥書」と略称）

イ．于時元亀二年（一五七一）三月十八日書初廿六日写訖陸奥岩城郡飯野平重隆入道明徹所持本写筆云々

（名古屋市博物館蔵本による。「元亀奥書」と略称）

また、Ⅱ類乙種本には、A惟肖得巌による画賛、B永享三年の識語、C延徳三年の法眼紹永による識語、D明応二年の傳衣院敬教らによる識語、さらには、E公卿補任に拠る閲歴やF多田源氏の略系図等が記される（A～Fをまとめて「延徳等奥書群」と呼ぶことがある）。

「元暦奥書」は桂宮本・下冷泉家本にも見えて、Ⅰ類本であることを示す指標の一つだが、この両本では「右近権少将藤原〈在判〉」の部分を欠いている。高松宮本では「本云」として「右近権少将藤原〈在判〉」を欠く元暦奥書を

記した後に、「他本云」として延徳等奥書群をＣＤＡＢの順で記しており、Ⅱ類乙種本による挍合が行われたことを知りうる。

Ⅰ類（禁裏本系）

①架蔵　桃園文庫旧蔵、列帖装二冊　外題ナシ　二四・六×一七・九㎝　　架蔵本（架）

紙表紙（藍色地に金泥で山・霞・草花・水等を描く）、寛文頃（一六六一～一六七三）写。(7)料紙鳥の子。上冊三括（各括七紙、最終丁を後表紙に入れる）、前遊紙ナシ、後遊紙四丁、墨付三十六丁。下冊三括（各括七紙）遊紙前後ともナシ、墨付四十二丁。一面十行、和歌一首一行書。字高約一八・五㎝。内題「源三位頼政集」（端作）。奥書・識語ナシ。

上下冊ともに表紙右下に「桃園文庫」のラベルを貼り、「no.7961」と記す。また、上冊表紙下部に「歌書千四十六号（朱）／源三位頼政集〈貳／冊〉」と記した紙片を貼る。表紙見返しは前後とも金・銀で斜線を引いて文様とする。料紙はすべての丁の表裏に薄紅ないしは薄縹色の文様を刷り、その上に金泥で草花・松・柳・流水等を描く。きわめて美麗な装幀であり、森本元子前掲論考に、「池田亀鑑先生からいただいた伊達家旧蔵の架蔵本」と記される伝本である可能性が考えられる。(8)

②東洋大学附属図書館蔵(9)（Ｋ九一一・一三八―ＭＹ）　列帖装一冊　外題ナシ　二四・一×一七・五㎝　　東洋本（洋）

布表紙（縹色に薄茶色で千鳥文様を織り出す）、寛文頃（一六六一～一六七三）写、表紙見返しは布目の銀紙。料紙斐楮混漉の上質布目紙。全四括（七紙、十一紙、十一紙、十二紙）、全八十丁、遊紙前後各一丁、墨付七十八丁。一面十行、和歌一首一行書。字高約二〇・五㎝。内題「源三位頼政集」（端作）。元暦奥書（「右近権少将藤原〈在判〉」を欠く）。

③早稲田大学図書館蔵（ヘ四―四六九〇）　袋綴一冊　外題「源三位頼政家集　全」（左肩題簽）　二七・〇×一八・八㎝　　早稲田Ⅰ本（早Ⅰ）

藍色紙表紙、料紙楮紙、全六十二丁。遊紙前後ともナシ。内題「源三位頼政集」（1丁オ）、端作ナシ。1丁ウより本文を書く。一面十三行、和歌一首一行書。奥書・識語ナシ。

表紙見返し左下隅に「昭和十六年三月三日／石澤介吉氏／寄／贈」印、1丁オ中央下部やや左寄りに「石澤／□□」印（白文・方印・无辺、二・六五×二・六五cm）を捺す。歌と詞書を上下二段にそれぞれ二行ないしは三行に書く箇所がある（88・90・91番）。

④宮内庁書陵部蔵（五〇一―七二二、御所本）　袋綴一冊　江戸時代初期写　外題「源三位頼政集」（霊元天皇宸筆、表紙左肩黄土色題簽、上部に龍の文様アリ）　二八・一×二〇・五cm　**御所本（御）**

紙表紙（薄縹地に縹色花型文を刷る）、料紙楮紙、遊紙前後各二丁、墨付七十一丁。内題「源三位頼政集」（遊紙1丁オ左肩隅）、本文冒頭の部立「春」の下に端作「源三位頼政集上」。一面十一行、和歌一首一行書。字高約二二・五cm。奥書・識語ナシ。

所々、歌頭に藍紙の押紙アリ。傍記はほぼ本文と同筆と推定されるが、5番歌会記「播州哥合」のように他筆と思われる書入が若干見られる。

⑤東海大学附属図書館桃園文庫蔵[10]（桃二九―一五二）　列帖装一冊（四季～哀傷までを収載）　外題「頼政集」（表紙左肩題簽、金泥で薄く雲霞を描く）　二三・五×一六・五cm　**桃園本（桃）**

藍紙表紙（前後とも金泥で遠山・松・水流・草花等を描き、切箔・揉箔・砂子を撒く）、料紙薄手鳥の子。表紙見返しは前後とも金泥布目。全三括（八紙、七紙、八紙）、全四十四丁、遊紙前一丁、後四丁、墨付三十九丁。内題「源三位頼政集」（端作）。一面十行、和歌一首一行書。字高約一八・五cm。下冊を欠くため奥書・識語ナシ。

例えば、他本が「雨中柳　伊賀入道会」（27番詞書）とする箇所を「伊賀入道会　雨中柳」とするような、独自の詞書表記がまま見られる。

⑥名古屋市博物館蔵[11]（和け／21／1）　袋綴一冊　外題「頼政家集　全」（表紙中央に直書）　二五・五×一九・五cm　**名博本（名）**

灰色紙表紙、料紙斐楮混漉、墨付八十八丁、遊紙前後ともナシ。内題「源三位頼政集上」（端作）、一面十行、和歌一首一行書。字高約二〇・八cm。元暦奥書＋元亀奥書、および延徳等奥書群（ＡＢＣＤＥＦ）。

朱・墨二種の傍記アリ。また、朱の書入アリ。前表紙見返しに本文とは別筆で「兵家茶話ニ云伊豆國河内村山之堂九華山禪長寺ニ源頼政并菖蒲ノ前ノ木像位牌アリ（下略）」と記し、さらに、また別筆で「頼政ハ武将の中ニことにすくれたる哥人にて俊成卿もはなはた称賛し給ふよし或書に見へたり」と記す。「延徳等奥書群」のＦ「多田源氏略系図」を84丁ウに記した後に、「武者物語に云頼政平等院にて討死のとき」以下、『武者物語』『平家物語』からの抜書を88丁オまで記す（一面十四行〜十九行）。

⑦京都女子大学図書館蔵（〇九〇―Ｔ九八八―四八三）　谷山茂旧蔵　袋綴二冊　外題「頼政家集　上（下）」（上下冊とも表紙左肩題簽、九・八×三・五cm、淡い抹茶色地に金泥で雲霞文様を描く）　二三・五×一六・〇cm。　**谷山本（谷）**

紙表紙（布目のあるやや光沢を帯びた紙（雲英摺か）に墨で網干、草木等を描く）、慶長以前写。料紙斐楮混漉。上冊墨付四十一丁、遊紙前一丁、後ナシ。下冊墨付四十七丁、遊紙前一丁、後ナシ。内題「源三位頼政集」（上下冊とも、端作）、一面九行、和歌一首一行書。字高約一九・三cm。奥書ナシ。

両冊とも第1丁オ右下に「谷山／蔵書」印（朱文・方印・単辺、二・一×二・一cm）を捺す。下冊に一紙を挟む。ペン書きで「頼政集771―772／〇慶長以前の古写本（とぢ方に注意）一穴なり（朱）／〇本文は第二類本（書陵部本系統ならむ）／朱筆書入れは第一類本（刊本）系なり　茂」と記す。朱字は本文と同筆と推定される。下冊は46丁ウまで家集を記し、47丁オに勅撰入集歌四首を記す。異本注記はほぼ群書類従本と一致する。別系統本を参照して欠脱歌を細字で補入するほか、歌順の異同についても上欄空白部に小字で注する。勅撰集や『夫木抄』の集付けを付す。

⑧龍谷大学図書館蔵（〇二一―七四九）　列帖装一冊　外題ナシ　二八・五×二〇・五㎝。　**龍谷本**（**龍大**）

料紙共表紙。料紙極厚手鳥の子。全三括（十七紙、十八紙、十八紙）、墨付八十八丁、遊紙前二丁、後十五丁。内題「源三位頼政集上（下）」（端作）、一面十一行、和歌一首一行書。字高約二四・〇㎝。元暦奥書（「右近権少将藤原在判」アリ）＋元亀奥書。

⑨本居宣長記念館蔵　大和綴一冊　慶安三年（一六五〇）写　外題「源三位頼政集」（表紙左肩素紙題簽、一八・二×三・七㎝）　二七・一五×一八・九㎝　**宣長本**（**宣**）

縹色紙表紙（菱形に唐花唐草文様を擦り出す）、料紙やや厚手の楮紙。墨付七十八丁、遊紙前後ともナシ。内題「源三位頼政集」（端作）、一面十行、和歌一首一行書。字高約二一・〇㎝。

冒頭端作の下に「鈴屋／之印」印（朱文・方印・単辺、二・六五×二・七㎝）、表紙題簽下に「中村」印（朱文・円印・単辺、一・〇㎝）を捺す。奥書「右一冊当用之間給仕之□夜ゝ書之／落字多侍へし他人乃為にあらす唯為愚／翫なり慶安三年九月十二日朝眸子自書」。春夏部は流麗な速筆、秋部以降は肉太で定家様の筆致で印象が異なるが、同一人の別時の書写か。

⑩今治市河野美術館蔵（三四六―八三九、「私家集」34冊の内）　前田善子旧蔵　袋綴一冊　外題「頼政卿集」（表紙左肩に直書、その下に「五十九」と朱書）　二七・五×一九・九㎝　**河野本**（**河**）

渋引紙表紙、料紙薄い楮紙。墨付八十六丁、遊紙前後ともナシ。内題「頼政卿集」（2丁オ左肩）「源三位頼政集上（下）」（端作）。一面十行、和歌一首一行書。字高約二〇・四㎝。

3丁オ端作の上に「紅梅／文庫」印（朱文・方印・単辺、二・二×二・二cm）を捺す。刊本との異同を「印」字を付して朱字にて傍記、仮名遣いの誤りを藍字で訂す。ほとんどの和歌に合点を掛け、二重の合点を掛ける歌もまま見られる。歌の上欄に本歌等を書き入れ、歌合本文や撰集入集歌も確認して藍字で異同を書き入れている。巻末に元暦奥書（「右近権少将藤原在判」アリ）＋元亀奥書。第1、2丁は本来遊紙であったと推定されるが、オモテに本文とは別筆で「板本奥書（朱）」として「延徳等奥書群」のＡＢＣＤ、同ウラにＦ多田源氏系図を記す。2丁ウには「頼政集所載」として「兵衛内侍　小侍従」以下、詞書に見える十七人の名を記す。3丁オ端作の下に「兵庫頭仲正之男俊恵云頼政集卿はいみしかりし哥仙なり」以下、『無名抄』の一節を記す。86丁オの元暦および元亀奥書の後に「○此冠圏点哥七首以刊本家集補之（朱）」、86丁ウに「頼政家集流布刊本哥之次第錯／乱アリ有此本而刊本ニ漏タル哥／一首有刊本而此本ニ不載謌七／首補之」と記す。補入歌は各部立の末尾に○印を付して記される。

⑪佐賀大学附属図書館蔵（〇九五四―七）　小城鍋島文庫蔵（小城鍋島藩旧蔵）　袋綴二冊　江戸時代初期写　外題「源三位頼政集上（下）」（上冊は表紙左肩、下冊は表紙中央に後補の素紙題簽）二七・五×一九・八cm　**佐賀本（佐）**

縹色紙表紙、料紙ごく薄い楮紙、墨付上冊四十六丁、下冊四十八丁、遊紙上下冊前後ともナシ（両冊とも前に白紙が一丁あるが表紙見返しが剥離したものと推定される）。内題「源三位頼政集上（下）」（端作）、一面九行、和歌一首一行書。上下冊とも端作の下に「荻府／學校」印（朱文・方印・単辺、五・一×五・一cm）を捺す。元暦奥書（「右近権少将藤原在判」アリ）。

⑫武雄市図書館（歴史資料館）蔵[12]（続編二―七五）　大和綴一冊　外題「源三位頼政集　全」（表紙中央に直書）二七・〇×一九・三cm　**武雄本（武）**

料紙共紙を二枚重ねた紙表紙、料紙ごく薄い楮紙。墨付六十六丁、遊紙前後ともナシ。内題「源三位頼政集上

（下）」（端作）、一面十二行、和歌一首一行書。字高約一八・五cm。元暦奥書（「右近権少将藤原在判」アリ）。

以上の他、未見だが、国文学研究資料館蔵のマイクロフィルムによれば、⑬祐徳稲荷社蔵本（略号**祐徳本、祐**）もⅠ類に属することが明らかで、島原松平本や武雄市図書館本ときわめてよく似た本文を有していると知られる。

Ⅱ類（非禁裏本系）

⑭早稲田大学図書館蔵（へ四―一五八九）　大和綴一冊　外題「頼政家集　上下」（表紙左肩薄青色題簽）　二三・九×一五・五cm

早稲田Ⅱ本（早Ⅱ）

濃青緑色紙表紙、料紙楮紙、墨付六十三丁、遊紙前一丁、後ナシ。内題「源三位頼政家集上（下）」（端作）。一面十二行、和歌一首一行書。字高約一八・八cm。奥書ナシ

⑮国文学研究資料館蔵（国文研松野、一六―三〇、W）　中野康章旧蔵、松野陽一寄託　袋綴一冊（四季～哀傷を収載）

外題ナシ（後補の帙右肩に題簽「源三位頼政集」と墨書）　一八・九×一五・一cm

松野本（松野）

布表紙（紺地に金糸・青糸で菖蒲花・葉・水および源氏香文様を織り出す）、表紙見返しは一面金泥。料紙は斐楮混漉か。墨付五十九丁、遊紙前後各一丁。一面九～十行、和歌一首二行書（二行目は一字分下げる）。字高約一五・五cm。内題「源三位頼政集」（端作）。上冊のみのため奥書はナシ。

巻頭右下に「中野康章／書画圖印」印（白文・長印・无辺、朱、二・六五×一・四cm）、「馬詰／記号」印（白文・長印・无辺、墨泥、二・六五×一・九cm）を捺す。

⑯名古屋市鶴舞中央図書館蔵（別九一一・一―二）　袋綴一冊　外題「源三位頼政朝臣家集」（表紙左肩に青墨墨流し題簽、本文と同筆にて墨書）　二三・三×一六・三cm

鶴舞本（鶴）

縹色布目紙表紙、料紙はきわめて薄い楮紙。墨付百四丁、遊紙前後ともナシ。内題「源三位頼政家集上」（端作）、

一面八行、和歌一首一行書。字高約二〇・〇cm。奥書ナシ。
異本注記、ミセケチ訂正はすべて本文と同筆。30・31丁に綴じ誤りか錯簡あり。208詞（29丁末尾）、215歌―219詞（30丁オ）、219歌―223詞（30丁ウ）、208歌―211歌（31丁オ）、212詞―215詞（31丁ウ）の歌順となっている。

⑰東大寺図書館蔵　袋綴一冊　享保十四年（一七二九）写　外題「源三位頼政家集　全」（表紙左肩題簽、薄い黄土色地に金で草花を刷る。本文と別筆）　二二・七×一六・四cm　**東大寺本（寺）**

紙表紙（赤茶色菊花文様を刷る。明治期補か）。表紙見返しに、中央に「源三位頼政家集　上下」、左下に「法師成算」と墨書した紙（元扉または元表紙か）を貼る。料紙やや厚手の楮紙。内題「源三位頼政家集上（下）」（端作）、墨付九十六丁、遊紙前後各一丁。一面九行、和歌一首一行書。延徳等奥書群A～F、元暦奥書＋元亀奥書、享保十四年権律師（東大寺地蔵院）浄俊の奥書。

表紙右肩に「窈」と墨書、その上に東大寺図書館のラベルを貼る。垂紙「窈之函頼政集」と墨書。巻頭に「東大寺北林院藏書」印（朱文・長印・単辺、七・五×一・〇cm）、「蘭奢北林／五世之住／成堅校合」印（朱文・方印・単辺、五・二×四・六cm）を捺す。

三　Ⅰ類本の指標

右掲の一覧により、Ⅰ類本の伝存数がⅡ類本に劣らないことは明らかであろう。『頼政集新注』で底本・対校本として用いた伝本を併せても、Ⅰ類本は十七本、Ⅱ類本は十二本である。かつて、書写年時の際だって古い龍門文庫本が称揚されたせいか、現在活字で読むことのできる『頼政集』は、『頼政集新注』を除きすべて龍門文庫本と同系統のⅡ類本を底本としている。もちろん、本文が優良な系統であるか否かが、伝本数の多寡で決定されるものではないが、右のごとき伝存状況を見るならば、Ⅰ類本に江戸期以前の写本が見出せないことを以て、類全体の価値を軽く見ることもできないように思われる。

ここでⅠ類とⅡ類の分類基準を示しておきたい。両類の顕著な差異は『頼政集』の冒頭部分に見え、比較的容易に判別することができる。

もっとも明確な指標は3番歌である。今、桂宮本（Ⅰ類）と宮内庁書陵部蔵松浦静山本（Ⅱ類、『新編国歌大観』第五巻「頼政集」底本）で比較してみる。

めつらしき春にいつしか打とけて先ものいふは雪の下水（桂）

めつらしき春にいつしかうちとけて先物いふは鶯のこゑ（浦）

第五句を「雪の下水」とするのがⅠ類本、「鶯の声」とするのがⅡ類本と見てほぼ過たない。例外は『群書類従』所収本で、同本は全体としてⅡ類本の本文を持つが、3番歌は、

めつらしき春にいつしか打とけて先ものいふは雪のした水（群）

となっている(13)。右に挙げた①～⑬のⅠ類本伝本は、すべて「雪の下水」の本文を持つ(14)。ちなみに、3番歌は嘉応二年実国家歌合において「立春」題で詠まれた作で、歌合本文では五句は「雪の下水」である。当該歌に関して言えば、Ⅰ類本の本文が優良と言える。

Ⅰ類とⅡ類で本文間に明確な異同が認められる例は、他にも多い。もう一例だけ挙げておこう。53番歌は仁安元年重家家歌合に「花」題で詠まれた作だが、『頼政集』では、

近江路やまの、入江に駒とめてひらの高根の花を見る哉（桂）

あふみ路やま野、はまへに駒とめてひらの高根の花をみる哉（浦）

のように、二句がⅠ類では「まの、入江に」、Ⅱ類が「まの、はまへに」ときれいに分かれて（漢字仮名の違いはある）、一本の例外もない。当該歌は歌合本文も、ほぼ同時代の私撰集『玄玉集』に入る形も、四句は「真野の浜辺に」である。「真野の入江」の措辞は、俊頼に「鶉鳴く真野の入江の浜風に尾花なみよる秋の夕暮」（散木奇歌集414）が見えるが、当該歌に関して言えば、3番歌とは逆に、Ⅱ類本の本文が元来の形であったと推定される。

なお、歌順においても、Ⅰ類本には、(ア)240・239、(イ)408・409・407といったⅡ類本と異なる歌順が見られる。①〜⑬でも(ア)(イ)の歌順は確認することができる。

四　Ⅰ類本内部の分類

Ⅰ・Ⅱ類を分かつためのこうした指標の一つとして、かつて稿者は13番歌の欠脱を数え入れていた。Ⅱ類本では、

池水浪静　　哥林苑

春風や浪たつはかりふかさらむかたよりもせぬ池のうき草（浦）

と見える13番歌が、桂宮本・下冷泉家本には見えない。また、高松宮旧蔵本はⅡ類本を参看したことが奥書から明らかで、多くの異本注記が施される伝本だが、13番歌は14番詞書「松上鶯」の下に「池水浪静といふ事を哥林苑にて／春風や波立つはかりふかさらんかたよりもせぬ池の浮草」と細字で二行に記され、本来有していなかった本文がⅡ類本により補入されたと見てよい。島原松平本では、

池浪静

春風や浪たつはかりふかさらん片寄もせぬ池のうき草（松）

と見えるものの、伝流の過程で補入書入が本文化したものと推定し、Ⅰ類本は本来13番歌を欠いていると考えていた。ところが、調査を進めると、13番歌を持つⅠ類本は松平本だけではないことが分かってきた。右掲のⅠ類本のうち、①架蔵本、②東洋本、③早稲田Ⅰ本、④宣長記念館本は13番歌を欠く。また、⑦谷山本では、12・14番歌の上欄に13番歌を小字で記しており、本来、親本を書写した際にはなかった当該歌を、群書類従本との対校により補入したと考えられる。以上の五本と桂宮・下冷泉・高松宮の三本は、13番歌を欠くⅠ類本である。

これに対して、④御所本、⑤桃園本、⑥名博本、⑩河野本、⑪佐賀本、⑫武雄本、⑬祐徳本の七本は左のごとく13番歌を有している。

御　池治静
　春かせや沼たつはかりふかさらんかたよりもせぬいを《け》の萍

桃　池浪静
春風やなみ立はかり吹さらんかたよりもせぬ池の浮草

名　池浪静
春風や浪たつはかりふかさらん片《かた》寄もせぬ池のうき草

河　池《水》・浪静といふ事を哥林薗にて
はる風や浪たつはかりふかさらんかたよりもせぬ池のうき草

佐　池水浪静
春かせや浪たつはかりふかさらん片寄《ヽリ》もせぬ池のうき草

武　池浪静

春風や浪たついかりふかさらん片寄もせぬ池のうき草

祐　池浪静

春風や浪たつはかりふかさらん片寄もせぬ池のうき草

河野本の補入および小字書入は、刊本と対校した結果であろう。御・佐の二本に異同があるものの、右七本の詞書（歌題）は松平本と同系と見てよかろう。松平本は「Ｉ類本中の少し変わった伝本」なのではなく、一グループを成す伝本群中の一点であることが明らかである。さらに、前掲松浦本や、同じくⅡ類本に属する諸伝本の本文(15)（詞書のみを掲げる）、

穂　池水浪静　歌林苑

龍　池水浪静なりといふ事を歌林苑の会にて

蓬　池水浪静といふ事を歌林苑にて

版　池水浪静といふ事を歌林苑にて

と比較してみると、御・桃・名・河・佐・武・祐の七本は、13番歌を有する点では他のＩ類諸伝本と一線を画し、Ⅱ類本に類似する面を持つものの、詞書の書き方においてⅡ類本とは異なる一グループを形成していることがわかる。

これと同様に、Ｉ類本内部において二グループが顕著な対立を示す箇所は、雑部601〜603にも見える。当該箇所は頼政の加階に関する贈答歌群を収めるが、浦本に拠って示すと、

年の内五位の上下をして正月に四位をして侍祝いひつかはすとて中宮亮重家

あけ衣色をそへにしむらさきのいま一しほやましてうれしき（601）

返し

色そへし袖につゝみしうれしさを紫にてはあまりぬるかな（602）

昇殿の後四位して侍し時亮君顕昭祝言つかはすとて

ことはりや雲ゐにのほる君なれはほしの位もまさるなりけり（603）

とある601詞書から603詞書「亮君顕昭」までを、桂・下・高・架・洋・早Ⅰ・宣・谷は共通して欠くが、御・名・河・佐・武・祐はすべてこの箇所の本文を有する。ここでは便宜上、13番歌と601歌～603番詞書途中までを欠くグループをA群、これらを有するグループをB群と呼ぶことにする。

A・B群の対立は676番歌の欠脱状況でも確認できる。B群の伝本はすべて676番歌を有するが、A群では桂・下がこれを欠き、谷が小字補入、架・洋・早Ⅰは詞書「かへし」（洋・早Ⅰは「返し」）のみ記して歌を欠いている。

また、本文の異同の面でも、例えば、234番においてA群の桂・下・高・架・洋・早が、

いさや漕難波ほり江の蘆かりてやとれる月にくまもあらせし（桂）

のごとく、初句を「いさや漕」とする（漢字仮名の表記も異同がない。なお、谷は「いさやこけ《らイ》」、宣は「いさやこけ」）のに対し、B群の名・佐・武・祐・松が、

いさやこら難波ほり江のあし苅てやとれる月に隈もあらせし（松）

のごとく、初句を「いさやこら」とし（「あし苅て」の表記も異同がない）、御・河では、

いさやこゝなにはほりえの蘆かりてやとれる月にくまもあらせし（御）

のごとく、初句は「いさやこゝ」となっている。Ⅱ類本では、

いさやこらなにはほり江のあしかりてやとれるつきにくまもあらせし（穂）

のごとく、穂・浦・国・静・版・群が初句「いさやこら」、蓬は「いさやこゝ」であることを考え合わせると、I類B群はII類本に近い本文性格を持った中間的な形態の伝本群であると言えよう。

五　B群内部の分類

A・B群はその内部をさらに分類できる。先ずB群について述べると、名博・河野・佐賀・武雄・松平は他本が有する638番歌を共通して欠いている（佐賀本は637番歌と639番詞書の間に小字一行で補入）。また、武雄・松平本は655番歌を欠くが、名博・河野・佐賀本はいずれも同歌を小字で補入しており、この三本も本来は655番歌を欠いていたと推定される（河野本は歌順も655・653・654と異同がある）。

名・河・佐・武・祐・松がI類B群の中で一つのグループをなすことは、本文の面からも確認できる。例えば、81番歌は頼政歌への返歌で、その作者名は桂・下・架・洋・早I・宣にはなく、御所本およびII類本は「丹後内侍」とするが（高は「丹後内侍」と別筆書入、谷は「丹後内侍イ」とする）、名・河・佐・武・祐・松はすべて「丹波内侍」としている。

また、この六本のうち、河野本を除く五本は、夏部に141・140という独自の歌順を持つ点で共通しており、特に近い関係にあると推定される。本文の面からこれを証するのが4番歌の歌題である。4番歌の詞書は、I類が「遠村霞　歌林苑会」、II類甲種「故郷霞」、同乙種「故郷霞　歌林苑会」と、明確な違いが見られる。旧稿では、「遠村霞」題をI類、「故郷霞」題をII類に分類する指標として挙げていた。しかしながら、名・武・祐・松では当該箇所を「遠樹霞　哥林苑会」とし、佐は本行の「○」印から指示線を左に出して「遠樹霞」と記した上で、右傍に「故郷霞イ」

と書いている。新たに調査したⅠ類の伝本、架・洋・早A・御・谷・宣がすべて「遠村霞　歌林苑会」であることを考えると（桃は「哥林苑会　遠村霞」、河は「遠村霞《故郷印》　哥林薗会」）、名・佐・武・祐・松は一グループとしてⅠ類中に特立することが許されるように思われる。

ただし、このグループにおいて、佐賀本はやや系統を異にするようだ。例えば、202番歌では他本が、

月清みこよひそみゆる水底に玉もにすたくさゐのかすさへ（桂）

と、初句を「月清み」とするのに対し、名・河・武・松・祐のみが、

月とのみ今宵そ見ゆる水底の玉藻に集くさいの数さへ（松）

と、初句を「月とのみ」とするが、佐賀本は初句「月きよみ」である。また、502番歌は、

あはぬまはいかゝ思はしうたかたもなく〳〵けふそ人は恋しき（桂）

あはぬまはいかゝと思ひしうたかひもなく〳〵けふそ人は恋しき（蓬）

のごとく二箇所に異同があり、二句はⅠ類が「いかゝ思はし」、Ⅱ類が「いかゝと思ひし」、三句はⅠ類が「うたかたも」、Ⅱ類が「うたかひも」であるが、佐賀本は

あはぬまはいかゝとおもひしうたかたもなく〳〵けふそ人は恋しき（佐）

と、Ⅰ類とⅡ類の中間的な本文となっている。注意されるのは、この形がⅡ類甲種の諸本、例えば、

あらぬまはいかゝとおもひしうたかたもなく〳〵けふそ人は恋しき（浦）

と似ていることで（穂は二三句「いかゝと思ひしうたかた」）、佐賀本がⅠ類本の中でもっともⅡ類本に近い性格を持つ伝本である可能性を示唆している。

こうした現象は、103番歌についても言うことができる。当該歌は、

瀧の糸にぬきとめられす散玉をつゝむ袖かと見ゆる山吹（桂）

瀧の糸にぬきとめられすちる玉をうくる袖かとみゆる山吹（浦）

のごとく、四句がⅠ類A群では「つゝむ袖かと」、Ⅱ類では「うくる袖かと」で各類内部では異同がない。これに対しⅠ類B群の名・河・武・松・祐ではいずれも、

瀧のいとにぬきとめられす散玉を袖かと見ゆる款冬《本ノマ、》（松）

のごとく、四句を「袖かと見ゆる」とし、五句は「款冬」として「本ノマ、」を傍記する（河のみ「■《うくる印》の袖かとみゆる山ふき」）。この歌においても、

瀧のいとにぬきとめられす散玉をうくる袖か《と》みゆる山吹（佐）

のように、佐賀本のみⅡ類と同じ本文を持つが、さらに興味深いのは、御所本が、

瀧のいとにぬきとめられすちる玉を（四、五字分空白）袖かとみゆる山吹（御）

と記すことで、名・河・武・松・祐の諸本が御所本系統を祖本とする可能性を推測させる。

六　禁裏由来の諸本をめぐって

Ⅰ類A群の内部も分類が可能である。先ず、歌順の面から述べると、桂・下・高の三本は94・95・92・93の配列を持つが、架・洋・早A・谷・宣は他本と同じく、『新編国歌大観』と等しい歌順であり、系統を異にすることが明らかである。ここでは、桂・下・高の三本を甲種、架蔵本以下の五本を乙種と呼ぶことにする。

本文の異同においても、甲種と乙種が対立する例は見出せる。例えば、7番歌では、

こゝら行末こそ見えねこはたの里をかすみこめつゝ（桂）

のごとく、甲種は初句が「こゝら行」である（桃「心ゆく」もこれに含めてよかろう）。これに対し、乙種では、

うらち行すゑこそみえね山城のこはたのさとを霞こめつゝ（洋）

のごとく、初句が「うらち行」となっている（早は「浦地行」、谷は「うらち《宇治〃》ゆく」）。注意されるのは、B群の名・武・祐・松がいずれも「浦路行《こゝろイ》」（河は「浦ち《かち歟》行」）となっていることで、本行本文だけを比較するならば、A群乙種とB群が同系の本文であるのは明らかである。すなわち、Ⅰ類の中にあってはA群甲種の本文がむしろ特異と言え、和歌を解釈する場合等においては、「うらち行」の本文も検討する必要があると考えられる。

ところで、7番歌はⅡ類では、

宇治路行末こそ見えね山城の木幡の関を霞こめつゝ（浦）

のごとく、初句を「宇治路ゆく」、四句を「木幡の関を」とする。A群甲種のみをⅠ類本と見てⅡ類と対校していた段階では、Ⅰ類本の初句「こゝらゆく」とⅡ類本の「宇治路ゆく」の間の形態上の懸隔が大きい印象を受けたが、この両グループの間にⅠ類A群乙種およびB群の「うらち行く」を置いてみるならば、伝写の方向は不明ながら、三種の本文の間転写の際に生じた自然なヴァリアントであったことが納得される。そうした中で、Ⅰ類本に属する御所・佐賀の二本は、

うち路行すゑこそ見えね山しろの木幡のさとを霞こめつゝ（御）

宇治路ゆく末こ■《そ》見えね山城の木幡の関を霞籠つゝ（佐、■は不明字体）

と、Ⅱ類本に近い本文形態を示している。こうした現象がⅠ・Ⅱ類の混体によって生じているのか、それとも両類の中間形態こそを原態に近いと見るべきであるのかは、さらに詳細に調査した上で慎重に判断しなければならないが、

御・佐本がⅠ類の伝本の中でもっともⅡ類本に近い位置にあるということは言い得よう。

さて、右と同様の現象は487番歌についても見ることができる。487番歌は甲種の本文では、

久しく音信侍らぬ女のもとよりうら見つかはすとて

しらさりしあまのかるもにすむ虫の名をはいつより我は苦しそ（桂）

のごとく、五句が「我は苦しそ」（下は「我は苦《告》とて」、高は「我は《に》苦しそ」）だが、乙種の架・洋・早Ａ・宣では「我は告しそ」（洋は「我は告《つけ歟》しそ」）、谷は「われはつけしそ」となっている。7番歌と同様に、Ⅰ類Ｂ群の名・武・祐・松は「我に告しそ」と乙種に等しいが、さらに注目すべきことは、Ⅱ類の諸本が、

しらさりきあまのかるもに住虫の名をはいつより我につけしそ（浦）

となっていることである。Ⅰ類Ａ群乙種およびＢ群の五句「我に告しそ」とⅡ類の「我につけしそ」は、表記が異なるもののどちらも「われにつけしそ」であり、「我に苦しそ」のように「苦」字を用いるⅠ類Ａ群甲種のみが他本と異なるグループを形成しているのは明らかである。なお、当該歌においても、Ⅰ類Ｂ群の中では御・佐の二本のみが、

しらさりきあまのかるもに住虫の名をはいつより我につけしそ（佐）

のように、Ⅱ類本と同じ「我につけしそ」の形になっており、本文上の近接が確認できる。

ところで、487番歌は詞書から、頼政がなかなか訪問しないのを恨み思う女性からの贈歌と知られる。「海士の苅藻に住む虫」とは『古今集』恋五に見える、

海士の刈る藻に住む虫のわれからと音をこそ泣かめ世をば恨みじ(16)（807・典侍藤原直子）

に拠る措辞で、「割殻＝我から（こんな辛い思いをするのは自分自身のせいだと思い泣く）」の意を表す。作者の女性は頼政に対し、「恋愛の不調に私は苦悩しているが、その原因は私の側にあるとあなたは考えているのか」と言い送ってき

たのだと解釈しうる。したがって、487番歌の下句は、「あなたはいつから私に〈我から〉という名を与えたのか」の意の、「名をばいつより我に付けしぞ」とあるのがもっとも妥当と考えられる。[17]すなわち、当該歌に関する限り、Ⅱ類本および御・佐・谷の「我につけしそ」が原態で、「つけ」に誤って「告」の字を宛ててⅠ類本A群乙種とB群の本文が発生し、さらに「告」を「苦」と誤写してA群甲種の本文となったという伝写過程が推測されるのである。

Ⅰ類A群甲種の伝本は、いずれも禁裏周辺に伝来した。桂宮本は第一〇七代後陽成天皇の弟智仁親王（一五七九―一六二九）とその子智忠親王が礎を築いた桂宮家歴世の蔵書群である。また、高松宮本は後陽成天皇の皇子好仁親王を祖とする有栖川宮家に伝来した蔵書で、当該『頼政集』には、同宮家第三代を継承した後西天皇所用の「明暦」印と、第三代幸仁親王所用の「幸仁」印が捺されている。歌道家に伝来した下冷泉家本は本文が桂宮本にきわめて近い。すなわち、これら三本は由緒正しい伝来の典籍と言え、また、総体的には原態に近いと推定されるⅠ類の典型的相貌を持ってはいる。しかしながら、見て来たごとく、Ⅰ類の中でこの三本のみに共通する現象が複数確認され、しかもそれが他の群や類と比較して妥当ではないと考えられるなど、これらが伝写の行き止まりに位置する伝本群で、袋小路的性格を持つ可能性も推測される。したがって、A群甲種を以てⅠ類本のうちもっとも古態に近い伝本と想定することはやはり躊躇されるのである。

七　新たな本文選択の可能性

『頼政集』の本文について、Ⅱ類本よりもⅠ類本の方が本来に近いであろうという見通しは、すでに旧稿に述べた通りである。[18]今回、新たに調査し得た伝本を含めて系統分類を試みたことで、Ⅰ類の中でもA群甲種以外の伝本にも目を向ける必要性が見えてきた。特に、Ⅰ類A群乙種とB群とが同じ本文を持ち、A群甲種やⅡ類本と対立している場合には、三つに分類されるそれぞれの本文を、先入見を持たず、ひとまず同等に取り扱い、検討を加えてみる必要があろう。

　例えば、30番詞書の歌題は、

「鶯契春友」―桂・下・御
「鶯憑春友」―架・洋・早・桃・名・谷・宣・武・松・祐（名は「鶯憑《為》春友」）
「鶯頼《為》春友」―河
「鶯為春友」―高・穂・浦・龍・蓬・清・国・内・静・版・群・佐（内は「鶯為《頼イ(朱)》春友」）

と、Ⅰ類A群甲種、A群乙種とB群、Ⅱ類の三グループに分類できる。歌は諸本間に大きな異同がなく、桂宮本で代表しうる。

　谷にてもつゐの友にや鶯のまだきにきつゝわれならすらん（桂）

一首は、谷に住む、すなわち沈淪した作中主体が、春浅い頃、里に降りる前の鶯が身近で鳴き出すのを、とどのつまり自分にとって春の友と頼みにできるのは鶯なのだと表現した歌と解釈でき、「鶯憑春友」題（読みは「鶯春の友と憑む」であろうか）の作であった可能性も否定できない。『頼政集新注上』が指摘するように（松本智子執筆）、「鶯為春友」（鶯春の友となす）題は歌林苑歌会で設題されたことが明らかである。また、松平本では「憑」字の「馬」の部分が略されて「契」に近い字体となっており、「鶯憑春友」が誤写により生じた可能性も皆無ではないが、なお、和歌の解釈とも併せて慎重な検討が必要であろう。

　また、507番歌についても同様の検討が必要だろう。同歌は本文異同が多い作だが、

　みちのくのかねをはこひて掘なりし妹かとまりのわすれ《（ママ）》ぬ哉（桂）
　陸奥のかねをはこひて掘まなしいもかなまりの忘られぬかな（清）

のごとく、三句をⅠ類A群甲種は「掘なりし」、Ⅱ類乙種は「掘まなし」とする（静「ほりなまし」、群「掘まなく」）。

これに対し、Ⅰ類A群乙種およびB群と下冷泉本では、

　陸奥のかねをはこひて城なりし妹かまり《本ノマ、》の忘れぬ哉（架）
　みちのくのかねをはこひて城なりし《掘まなし》《ヒヒヒヒ》妹かなまりのわすられぬかな（名）
　みちのくのかねをはこひて城なりしいもかなまりの忘られぬ哉（御）
　みちのくのかねをはこひて城なりし妹かとまりのわすれ《ラカ》ぬ哉（下）

と、下句に細かな異同は見えるが、三句に関しては、谷・宣が「都なりし」（谷は「掘間なイ」と傍記）とする以外は、管見の限りすべて「城なりし」の本文を持つ。Ⅰ類A群甲種の「掘なりし」について、『頼政集新注下』では「金を掘るとかいう話であった彼女」と注していて（安井重雄執筆）、それは桂宮本を底本に採る同書の解釈としてきわめて誠実な姿勢と言えるが、「城なりし」の本文に即して考えるならば、「陸奥の城柵に居た女で、黄金を運んだ私が彼の地で逢った人物」の意で解することが可能である。「城なりし」の本文には一応の妥当性を認めることができよう。

　興味深いのは、Ⅱ類本甲種の穂久邇・松浦本がこれと同様の本文を有する点である。

　みちのくのかねをはこひて城なりしいもかなまりのわすられぬかな（穂）
　みちのくのかねをはこひて誠なりしいもかなまりの忘られぬ哉（浦）

穂・浦の二本はⅠ・Ⅱ類の本文が対立する際に、Ⅰ類と同じ本文を示すことが少なくない伝本ではあるが、[19] 右の例のように、Ⅰ・Ⅱ類それぞれの内部で本文の対立があり、Ⅰ類本A群乙種とB群、それにⅡ類本甲種に跨がって同一の

本文が共有されている事実は、両類の中間形態と見えていたこれらの伝本群が、あるいはより原態に近い本文形態を残しているのではないかという推測を想起させる。右の例を見てみると、御所本と穂久邇本の本文の近さがよくわかる。Ｉ類Ｂ群に属する御所本も、穂・浦と同じく、Ｉ・Ⅱ両類の性格を併せ持つが(20)、霊元天皇宸筆の外題を有して伝来の素姓は確かな伝本であり(21)、穂・浦両本はⅡ類本の中では書写年代が古い伝本である。『頼政集』がＩ・Ⅱ類の二系統に枝分かれした地点を、御と穂・浦の間あたりに想定してみることは、あながち無益な仮説とも言い切れまい。

従来の『頼政集』の本文研究は、「桂宮本系と群書類従系のどちらの本文が妥当か」という選択に縛られてきた。Ｉ類Ａ群乙種とＢ群に属する伝本の新たな本文を掘り起こすことは、選択可能な本文の範囲を広げるに留まらず、『頼政集』の源流を遡及していくための手がかりも示してくれているように思われる。

八　おわりに

最後に、184番歌（「旅行聞雁」題）の本文を掲げて、本稿の考察を通して明らかになった系統分類を改めて示しておきたい。異同が認められるのは五句だが、「行かとそみる」はＩ類Ａ群乙種にのみ見え、今回の調査で初めて知られることになった本文である。なお、各伝本の配列は、桂宮本を基準とした時の距離の遠近について、稿者が調査の現段階でどう推測しているかを反映している。

Ｉ類Ａ群甲種　桂　旅なるは　われらひとりと　思へとも　雁も雲路を　行かたそみる
高　旅なるは　われらひとりと　思へとも　雁も雲路を　行方そみる《幾日とそなき》
下　旅なるは　われらひとりに《と》　おもへとも　雁も雲ちを　行かたそみる

乙種

早　旅なるは　我等ひとりと　思へとも　鳫も雲路を　行かとそ見る
洋　旅なるは　我らひとりと　おもへ共　鴈も雲路を　行かとそみる
架　旅なるは　我ら独と　おもへとも　鳫も雲路を　行かとそみる
谷　たひなるは　われらひとりと　おもへとも　かりも雲ちを　ゆく《幾日イ》かとそみる《きイ》
宣　旅なるは　我ら独と　思へとも　鳫も雲路を　行かとそみる

B群

御　旅なるは　我らひとりと　思・《へ》とも　鳫も雲ちを　行か《幾日イ》とそきく
名　旅なるは　われらひとりと　おもへとも　雁も雲路を　行かとそ聞
松　旅なるは　われらひとりと　おもへとも　雁も雲路を　行かとそきく
武　旅なるは　われらひとりと　おもへとも　雁も雲路を　行かとそきく
祐　旅なるは　われらひとりと　おもへとも　鳫も雲路を　行かとそ聞
河　旅なるゝ《は》　我らひとりと　思へとも　鳫も雲路を　行か《日》とそきく《なき印》
佐　旅なるは　われらひとりと　思へとも　鳫も雲路を　いくかとそなき

Ⅱ類甲種(1)

穂　たひなるは　われらひとりと　おもへとも　かりも雲路を　いくかとも《そ》なき
浦　旅なるは　我等ひとりと　思へとも　雁も雲路を　いくかとそなき

(2)

龍　たひなるは　われらひとりと　おもへとも　雁も雲ちを　いくかとそなき

乙種

蓬　たひなるは　われらひとりと　おもへとも　かりも雲路を　幾日とそなき
清　たひなるは　われら独と　おもへとも　かりも雲路を　幾日とそなき
国　旅なるは　われら独と　思へとも　雁も雲路を　幾日かとそなき

内　旅なるは　われにひとりと　おもへとも　かりも雲路を　幾日とそなき《行とこそきくイ（朱）》

静　旅なるは　われらひとりと　思へとも　雁も雲路を　いくかとそなき

版　旅なるは　われら独と　思へとも　雁も雲路を　幾日とそなき

群　旅なるは　われし独と　おもへとも　雁も雲路を　幾日とそなき

今後も、『頼政集』の系統と伝来の経緯を明らかにするためには、一首一首についてこうした異同抽出の作業を重ねていくことが求められるのだろう。多くの伝本が江戸時代の書写にかかる『頼政集』は、現存する伝本から原態を遡及的に確定していくことがきわめて困難だが、書写された場所や伝来の経路を禁裏や大名家をめぐる交流の面から探ることなども併せて、さらに考察していきたい。

注

（1）川瀬一馬「山科言継自筆「源三位頼政集」解説並釋文」（『阪本龍門文庫覆製叢刊之五』（附印）、一九六四年、阪本龍門文庫）。

（2）森本元子『私家集の研究』第三章「「頼政集」に関する論考」（明治書院、一九六六年。初出は一九五九年九月、および一九六一年五月）。本稿で引用する森本の見解はすべて同書に拠る。

（3）中村文「穂久邇文庫本『頼政集』を紹介し、『頼政集』伝本系統分類の再検討に及ぶ」（久保木哲夫編『古筆と和歌』笠間書院、二〇〇八年）。

（4）注（2）著書一四四頁。

（5）底本選定に関する考え方については、『頼政集新注下』所収「解説」（中村文執筆）に記した。なお、頼政集輪読会では、ここに掲げた十四伝本および三井寺切の本文を一覧できる『頼政集本文集成』を作成した（青簡舎、二〇〇九年、私家版）。

（6）ここに掲げた伝本の他、宮城県図書館伊達文庫蔵本（九一一・二三八―四九、袋綴二冊）、天理図書館蔵本（九一一、二三―イ二五一、袋綴一冊）甲賀市水口図書館蔵本（袋綴一冊）の諸本も調査済みだが、閲覧の際、伝本系統について稿者の認識が不十分であったために、調査内容が系統分類を判断するに足る水準に達していない面もあるので、慎重を期して本稿では考察の対象としていない。

（7）別府節子の教示による。

（8）注（4）森本著書一三九頁。桂宮本と同系統の本文を持つことも指摘がある。和歌史研究會編『私家集傳本書目』（明治書院、一九六五年）に、「源三位頼政集　二　江戸写　森本元子　伊達家・桃園文庫旧蔵」と見える（一七五頁）。なお、架蔵本の料紙には「五九桐」文様が摺られているが、「五九桐」は伊達家所用の家紋の一つである。

（9）東洋大学附属図書館「図書館ニュース」No.5（一九六七年六月）に神作光一による紹介「『源三位頼政集』解説（表紙写真版解説）」があり、装幀の文様や料紙紙質について学恩を得た。なお、書写時期は典籍に添付された紙に「源三位頼政集　一帖　寛文頃写」とあるのに拠る。

（10）東海大学附属中央図書桃園文庫蔵本および龍谷大学図書館蔵本については紙焼写真がなく、本稿においては、訪書の際のメモが残っている箇所のみを考察に用いた。

（11）該本および名古屋市立鶴舞中央図書館蔵本、東大寺図書館蔵本については、黒田彰子と共同で調査した。料紙の紙質認定ほか、多くの教示を得た。

（12）武雄市図書館には⑫の他に同系統の『頼政集』が蔵される。大和綴一冊、料紙共紙の素紙表紙の中央に「源三位頼政集」と直書。二七・四×一八・六㎝。料紙はやや厚手の楮紙。「旅」歌327番までを収載。墨付三十丁だが、後表紙見返しにも書写しており、これを加えると墨付三十一丁となる。内題「源三位頼政集上」（端作）。一面十二行、和歌一首一行書。字高約二二・八㎝。国文学研究資料館にマイクロフィルムが入るのは⑫である。

（13）これと同様の例として、372番歌を挙げられる。同歌はⅠ類本では「のせてやる我心さへと、ろきてねたくもかへすむな車哉」（桂）のごとく三句「と、ろきて」で、①～⑬の伝本も（桃本は未確認）すべて「と、ろきて」である。Ⅱ類本では「と、めをきて」（浦）だが、群本は「と、ろきて」とする。おそらく編纂の際に本文校訂がなされたのであろう。

(14) 高「雪のした水《春のうくひす》」、名「雪の下みつ《イ鶯の聲》」、河「雪の下水《鶯聲印》」の三本には異本注記が見える。

(15)『頼政集新注』で用いた伝本類の本文については、前掲注（5）の『頼政集本文集成』の成果に従った。頼政集輪読会のメンバーに謝意を表したい。

(16)『古今集』の本文は『新編国歌大観』に従い、私に適宜漢字を宛てて表記した。

(17)『頼政集新注　下』においても当該歌について同様の説明がなされている（黒田彰子執筆）。

(18) 注（5）『頼政集新注下』所載「解説」（中村文執筆）。

(19) こういった例は少なくなく、例えば63番歌では、Ⅰ類本が「花さかはつけよといひし山守のくる音すなり駒にくらをけ」（桂）で、Ⅱ類本は龍門本と乙種が五句「馬にくらをけ」だが、穂・浦は「駒にくらをけ」である。また、112番歌では、Ⅰ類本が「卯花のかきねなりけり五月雨に雨さらしする布とみつるは」（桂）で、龍本とⅡ類乙種は三句「五月雨の」だが、穂・浦は「五月雨に」とする。

(20) 御所本はⅠ類本中でもっともⅡ類本に近い性格を持つ一本だが（前述）、同本528番歌に付された肩注「下句相模哥」が、Ⅰ類A群乙種の架・洋・宣の三本にも認められ、Ⅰ類A群との本文上の近さも認められる。

(21) 久保木秀夫「万治四年禁裏焼失本復元の可能性―書陵部御所本私家集に基づく―」（吉岡眞之・小川剛生編『禁裏本と古典学』塙書房、二〇〇九年）に、「問題の表紙とは異なった表紙を持つ方の御所本」として挙がる三点の典籍と、同一の装幀および法量を持つ。

〔付記〕脱稿後、内藤記念くすり博物館（中野康章旧蔵）、および安田女子大学図書館（稲賀文庫）蔵の『頼政集』を閲覧する機会に恵まれた。詳細は稿を改めて報告したいが、いずれもⅠ類本である。特に、安田女子大学本は明暦二年（一六五六）の書写奥書を持ち、「頼業」印（葉室頼業所用）が捺される列帖装一冊で、高松宮旧蔵本にのみ見える419・415～418・420の歌順を持つ点でも注目すべき伝本と言える。

『頼政集』恋部の構想

―『伊勢物語』への意識を軸に―

小林賢太

はじめに

『頼政集』は四季・賀・別・旅・哀傷・恋・雑の部立を有する部類家集であるが、各部の歌数を表すと、〈表1〉のようになる。

〈表1〉

部立	歌数
春	107
夏	68
秋	79
冬	54
賀	9
別	5
旅	5
哀傷	9
恋	233
雑	118

春部、雑部の歌数も多いが、それにもまして恋部の比重の大きさは顕著である。家集全歌の約三十四パーセントが恋部なのである。森本元子氏もこれに着目し、「恋の部の詠が二三〇余、全体の三分の一を占めていること、その大部分は題詠であるとはいえ、なお三〇首ばかりの贈答詠があることは、「頼政集」の一特色として注意してよいであ

ろう」と指摘する。(1) 先学が示す通り、『頼政集』は自撰家集と考えられるから、(2) その配列や各部の構想には頼政自身の意識が反映されているはずである。とすると家集内で最大の歌数を誇る恋部には、頼政にとって格別の思い入れがあったのではないかと想定できる。

そこで本稿では『頼政集』恋部の配列や構成について考察し、頼政が恋部をどのように構想していたか、その一端を明らかにしてみたい。

一 恋部の配列

まずは恋部の配列について確認する。『頼政集』の配列に関しては、森本氏が「その順序は題材の連想に従っているが、ただこまかくみると、相当未整理の感を抱かせるものが多い」と述べるように、家集全体を貫くような構成意識や配列意図は見出しがたく、一見すると未整理であるような印象を受ける。中村文氏も雑部に関する論考において、『頼政集』は「未整備で雑纂的な側面を残しており、全体を一貫する原理は見出しにくい」と指摘する。(3) だが一方で、「主題により詠をまとめたいくつかの歌群が見出されて、少なくとも雑部の各部分においては、何らかの意図に沿った編纂が目指されていたらしいことをうかがわせる」とも述べ、雑部の沈淪から昇殿・昇階をめぐる歌群（五七〇〜六〇四番）には六条天皇とその治世に対する強い意識が存し、「二条―六条と続く皇統への変わることのない尊崇と忠誠心を示すことを、一貫した主テーマとして採用しようとした姿勢が読み取れよう」と論じている。『頼政集』の構成意識を考えるうえで極めて重要な指摘であり、本稿でも多くの示唆を得た。確かに『頼政集』には、一見しただけでは首尾一貫した構成論理は見出し難いが、ところどころに頼政の編纂意識が垣間見られる。

恋部を一見してまず分かるのは、題詠歌と贈答歌が混在しているということである。同時代の他家集のいくつかを見てみると、題詠歌と贈答歌を整理して編纂する例が散見される。例えば、『小侍従集』では、恋部には題詠歌のみを収め、恋の贈答歌は全て雑部に収載するという整然とした分類がなされている。また雑部を読み解いていくと、恋多き女房歌人像が浮かび上がるような配慮がされており、明確な編纂意識を見出すことができる。(4)『殷富門院大輔集』(二類本)恋部では、歌題が記されない歌の全てに詞書がないため詳しい詠歌状況は不明だが、返歌を伴う歌が一首も存在しないことから、おそらくその全ては題詠と推測される。元久本『隆信集』恋部は、恋一～三が題詠歌、恋四～六が贈答歌と整理されており、明確な分類意識が見られる。これらの家集は頼政と同時代を生き、詠歌の場も重なる歌人たちである。頼政も同様に題詠歌と贈答歌を分類するという方法をとってもよさそうだが、『頼政集』恋部にはそうした意識は見られない。ただし歌の内容に着目すると、恋部冒頭には「忍恋」を詠んだ歌が並んでおり、冒頭部のみを読むと、勅撰集などど同様に恋の時間経過に沿った配列がなされているようにも見える。次に挙げるのは『頼政集』恋部冒頭である。

恋

思へどもいはで忍ぶのすり衣心のうちにみだれぬるかな（三三七）

歌林苑会

もえ出でてまだ二葉なる恋草のいくほどなきにおける露かな（三三八）

忍恋

きき しれる人もやあらむ忘れつつうちなげかるる夜はのけしきを（三三九）

身のうさをなげくにませて忍べども恋は恋とやわきてみゆらん（三四〇）

人しれず通ふ心の目に見えばはや我が恋はあらはれなまし（三四一）

「いはで忍ぶ」（三三七）、「忍恋」（三三九～三四一）のように「忍恋」を詠んだ歌や、「もえ出でてまだ二葉なる恋草」（三三八）のように恋の初期段階を詠んだ歌が並ぶ。こうした詠が三四五番まで続くが、三四六番あたりから変化が生じる。

後悔恋

うちでてもかひなかりける我が恋を心のうちをおもひかくさで（三四六）

蔵書恋、鳥羽院北面

かくれなき涙の色のくれなゐをふみちらさじとなにつつむらん（三四七）

三四六番では、打ち明けても甲斐のない恋だったのに、心の中に隠しておかず打ち明けてしまったことを詠み、三四七番では手紙を隠しても恋心は隠し切れないことを詠んでいる。いずれも忍恋が表に出てしまったことを詠じており、恋部冒頭の忍恋からの流れを見ていくと、おおよそ恋の時間的経過に沿った配列のように見える。

だがそのまま読み進めていくと、「せめてうらめしき人のもとへつかはしける」（三五六）、「心より外に中たえたる女のもとへつかはしける」（三五七）、「かれがれになりにし女の山里に籠りゐにけりと聞きて」（三五八）と次第に恋が不調になり始めたと思いきや、「はじめてあひたる女に」（三六一）、「忍びて物申す女の夜深けてあひたるに」（三六二）などのように再び恋の初期段階を詠むような歌が現れる。その後も「絶えて久しく成りにける女のもとより」（四六四）、「女にはじめてあひて朝につかはしける」（五三二）と、恋の時間軸は行きつ戻りつ定まらず、相手も小侍従以外は「女」と記されるのみで不明である。

以上のように、『頼政集』恋部では、題詠歌と贈答歌は混在し、恋の経過に沿った配列はなされておらず、相手の素性や人数も不明である。

二　贈る女／待つ男

『頼政集』恋部の収載歌は、全二三三首のうち一五一首が題詠歌であり、残りの八二首が贈答歌など題詠以外の歌である。恋部の約三五パーセントが題詠以外の歌ということになるが、この中には他人詠二八首が含まれる。また相手の返歌がないため頼政の独詠ともとれる歌や、他人の代作をした歌なども存する。だがこうした歌を除いたほとんどは頼政自身の恋の贈答歌であり、これらを読み解くことで、自らの恋をどのように家集に残そうとしたのか、頼政の意図が見えてくるはずである。

まず着目したいのは、女の側から贈られた歌が多いという点である。ただし女からの贈歌といっても様々なシチュエーションがあり、全てを一緒くたに考えることはできまい。高木和子氏は『源氏物語』の手紙や和歌に関する言及の中で、女からの贈歌にも「男の働きかけに女が応じる流れを男側が演出する場合」、「女側が手習いや独白を装って振る舞う場合」、「そうした作為や配慮も全くなく女側が積極的に男に歌いかける場合」など様々な状況があることを指摘している。(5) また高野晴代氏は「女からの贈歌にも、「促された贈歌」という視点を取り入れると、女たちが贈歌に託した意志の強さの度合いが見えてくる。贈歌を詠むことだけで、強い意志を持つ女と書かれているわけではない」と述べる。(6)『頼政集』にも次のような贈答がある。

かれがれになりにし女の山里に籠りゐにけりと聞きて、さすがにあはれにおぼえて音信つかはしたる返しに、
ここにはあるまじきよしを申して

世のうさを思入りにし山ざとを又あとたえむことぞかなしき（三五八）

返し

思ひやる心ばかりをさき立てて行くらんかたへ我もまどはむ（三五九）

此暮にと契れる女のもとにさはることありておとづれ侍らで、次の日人をつかはして過ぎぬる夜はあしわけなることのありしなり、今夜はかならずまてとたのめつかはしたりし返しにことばはなくて　小侍従

筏おろす杣山河のあさきせはまたもさこそはくれのさはらめ（三六四）

返し

昨日より涙おちそふ杣河のけふはまさればくれもさはらじ（三六五）

どちらも女から歌を贈っているが、その直前に頼政の方から便りを送っている。男からの働きかけがあって女から歌を贈っていることになり、女の側が完全に自発的・積極的に贈歌しているとは言い難い。だが、次に挙げる六例は頼政の側から何らかの行動や促しがあるわけではなく、女から自発的に歌を贈っているように読める。

女のもとより雨の降る日つかはしたりける

雨も世に思ひ出でじとおもへども思ふこころをもらすけふかな（三八三）

返し

雨もよにおもふ心のもるけにやあやしくぬるる我がたもとかな（三八四）

絶えて久しく成りにける女のもとより五月五日あやめに付けて云遣したりし

よそにのみ人は軒ばのあやめ草うきねはたえずかかる袖かな（四六四）
返し
あやめ草其根にいかでみをなしてかくといふなる袖をはなれじ（四六五）
袖の氷を思ひやれとて女のもとより
ながれてと憑むべきにはあらねども心にかかるしら川の里（四七六）
返し
逢ふ事のとどこほれとや白河のながれどきみはたのまざるらん（四七七）
久敷くおとづれぬ女のもとより恨みつかはすとて
しらざりきあまのかるもに住む虫の名をばいつより我につけしぞ（四八七）
返し
あまのかるもに住む虫の其なをば君にはつけず我が物にして（四八八）
物申しそめて後二三日おとづれ侍らざりしを、小侍従かのもとよりいひつかはしたりし
とへかしなうき世中にありありて心をつくる恋のやまひを（五三六）
返し
いかばいきしなばおくれじ君故に我もつきにしおなじやまひぞ（五三七）

ひさしくおとせざりける女のもとより云ひつかはしける

忘れじと契りし文のもじならひかねて見えにしかかるべしとは（五三八）

返し

玉づさにかきけるもじは君と我ならはんことをみせしなるらん（五三九）

恋部の他人詠二八首のうち六首もが女からの自発的な贈歌なのである。いずれも頼政のつれない態度や訪れの途絶えを恨むような歌であり、恋のやり取りにおける頼政の優位性や女の危機感が見て取れる。このように『頼政集』恋部には、積極的に歌を〈贈る女〉の存在が散見される。こうしたやりとりを家集に収めた意図としては、数々の恋において自らが優位にあったこと、また多くの女から求められていたことを書き記し、色好みとしての自己像を家集に定位しようとしたことが想定できる。だが、頼政の意図はそれだけではないように思われる。次の二組の贈答に着目したい。

ある宮づかひ人をよびいだすとて木陰に立ちかくれて侍りしに、時雨のしてしづくの落ちかかり侍りしかば

君まつとたてる木陰のしづくさへ涙につれておつとしらなむ（四三〇）

ある宮ばらの女房をむかへにつかはしたりしにあか月に成りてまうできたりしかば

ことしげき大宮人をまちまちて逢ふほどもなく明くるしののめ（四四二）

ともに宮仕えの女房を出仕先から呼び出し、逢引きしようとしているのだろう。頼政が女を待っており、〈待つ男〉という状況が生じている。男から歌を贈り、女は待つ立場というのが、通い婚に代表される当時の恋の形の定番であろうが、『頼政集』恋部においてはその限りではない。女からも積極的に歌を贈るし、男が待つこともある。いかに

自分が女たちから人気があったかを語るだけなら、〈待つ男〉としての肖像を書き残す必然性は弱い。だがこうした贈答まで収載しているのは、様々な恋のバリエーションを集めようと意図したからではないだろうか。

高木和子氏は『和泉式部日記』における女からの贈歌が、「女の不安や危機感と無縁だと言うつもりはない」としながらも、「男女の贈答のかけあいの様々なバリエーションを披露するために、物語的場面設定として、より新鮮な形を模索し続けた結果ではなかろうか」と述べる。(7)また『和泉式部日記』の様々な贈答歌のパターンについて、「それらのすべてが、帥宮と女との経験的な現実そのものであったとは、いささか考えにくい。ちょうど『伊勢物語』があらゆる階層や境遇や年齢の男女の関係を描くことで、恋のバリエーションを収集したように、ここではあらゆる贈答歌の駆け引きの形をあますところなく模索することを通して、女版の恋のバリエーション集たろうとするのである」とも論じている。(8)

『頼政集』恋部もこれと同じく、豊かな恋の諸相を描くために、〈贈る女〉や〈待つ男〉など様々なシチュエーションの贈答歌を積極的に収めようとしたのではなかろうか。自発的に歌を贈る女や待つ男の他にも、女の代作をする歌（四一〇・四六一・四八二）、衣を脱ぎ捨てて去っていった女との恋を物語風の詞書で記す贈答（五一七）、居所より連れ出した女を翌朝送り返した折の歌（五四四〜五四五）など、実に様々な状況の恋歌が収められている。このように、様々な恋のバリエーションを収めることが恋部の構想意図だとすると、そこには『伊勢物語』への意識があったと考えられる。

三　『伊勢物語』への意識

『頼政集』恋部冒頭を再掲する。

恋

思へどもいはで忍ぶのすり衣心のうちにみだれぬるかな（三三七）

歌林苑会

もえ出でてまだ二葉なる恋草のいくほどなきにおける露かな（三三八）

三三七番歌「忍ぶのすり衣」は『伊勢物語』初段の「春日野の若むらさきのすりごろもしのぶの乱れかぎりしられず」を踏まえており、既に『頼政集新注　中』では、「当該歌がこの位置に置かれた理由としては、恋の最初期の段階を詠んだ歌だからであろうが、主人公の男が信夫摺りの狩衣を着ていた伊勢物語の初段に倣い、恋部そのものを伊勢物語になぞらえる意図もあったとも考えられる」と注する。(9) 首肯すべき指摘であり、この点について本節ではさらに検討を重ね、『頼政集』恋部が『伊勢物語』になぞらえて構想された可能性について考察する。

『伊勢物語』の各段は必ずしも時間軸に沿って並んでいるわけではないが、初冠の初段に始まり、最終段では「むかし、男、わづらひて、心地死ぬべくおぼえければ」と死が提示される。おおよそ男の一生を追うように読むことができ、その中で人生における様々な恋が描かれる。こうした時間の流れを暗示する首尾は、『頼政集』恋部にも通底する。先述したように『頼政集』恋部冒頭三三七番歌は、『伊勢物語』初段・初冠直後の男の歌を踏まえていることから、若年時の恋を彷彿とさせる。また三三八番歌の「まだ二葉なる恋草」という初々しさを表す語は、恋の初期段階を表したものではあるが、同時に作中主体の若々しさをも想起させる。こうして始まった『頼政集』恋部の末尾は次のように閉じられる。

老後恋

あふ事ぞまたでけぬべきさらぬだに残すくなき我がみと思へば（五六一）

年老いて後むかひわたりなりける女をやさしきさまにはあらで申しかたらひて遣しける

心をばむかひのきしにかくれどもよせぬは老の浪にぞ有りける（五六二）

返し

老の浪つひによるべき岸なればそなたを忍ぶ身とはしらずや（五六三）

おなじ人のもとにつかはしける

年ふりて色かはりぬる黒かみのあらぬすぢなる物をこそ思へ（五六四）

返し

朝ねがみさこそは老のみだるらめ鏡の影のかはるすぢにも（五六五）

おなじ人のもとより五月五日あやめ草にはあらぬ草につけてつかはしける

けふとてもとはぬあやめのうきなかにあらぬすぢこそうれしかりけれ（五六六）

返し

日にそへてねぞみまほしきあやめ草あらぬすぢをば思ひかへして（五六七）

遂夜増恋

日をへつつそふるつらさをおもににてもだえはつべき心ちこそすれ（五六八）

祈仏恋

人心うづまさになほ祈りみむ恋のやまひもやめざらめやは（五六九）

題詠歌、贈答歌ともに老いた後の恋歌が並び、最後は仏に祈念する歌によって締めくくられる。もし勅撰集に準じた配列を意図するならば、忍恋という恋の初期段階から始まった恋部は、恋の終焉段階を描いて終えるべきだろう。だが『頼政集』恋部の巻軸には老年の恋歌が並ぶ。瀬尾博之氏は『伊勢物語』における「老い」に関する論考の中で、『伊勢物語』後半の「老い」をモチーフとする各章段では、「老い」に導かれて「懐旧」の意識が登場し、それによって「若さと「老い」を対照させ、時の流れを強調させることになる」と述べる(10)。『頼政集』恋部も、末尾に老いの歌が並ぶことで若年から老年への時間の流れを意識させ、冒頭の「まだ二葉なる恋草」（三二七）などが若年時を指すかのように読める。つまり『頼政集』恋部は『伊勢物語』と同じく、人生の胎動と終焉を暗示する歌を首尾に置く構造によって、時間軸としては恋の時系列ではなく人生の時系列を採用したと言えよう。そう考えれば、恋の初期や終局の歌が混在し、相手の女の素性や人数が朧化されていることも、人生で経験した様々な恋をバリエーション豊かに並べた結果と解釈することができる。

さらに、『頼政集』恋部には、『伊勢物語』の各段を想起させるような状況が散見される。

　ある女にはじめてあひて物ごしに夜もすがら申しかたらひて帰る朝につかはしける

あひもせずあはずもあらぬけふやさはことありがほにながめくらさん（五二八）

　ひをりの日の車の心ちこそすれ

右の一首は女と初めて会った夜、物を隔てて語り明かした際の一首であるが、『伊勢物語』には次のような章段がある。

むかし、つれなき人をいかでと思ひわたりければ、あはれとや思ひけむ、「さらば、あす、ものごしにても」といへりけるを、かぎりなくうれしく、またうたがはしかりければ、おもしろかりける桜につけて、〈以下略〉

（九十段）

むかし、二条の后に仕うまつる男ありけり。女の仕うまつるを、つねに見かはして、よばひわたりけり。「いかでものごしに対面して、おぼつかなく思ひつめたること、すこしはるかさむ」といひければ、女、いと忍びて、ものごしにあひにけり。物語などして、男、〈以下略〉（九十五段）

いずれも女と「ものごし」に会うことが語られており、特に九十五段では『頼政集』五二八番と同じく物を隔てて語り合っている。さらに『頼政集』五二八番では歌の後に「ひをりの日の車の心ちこそすれ」とあるが、これは『伊勢物語』九十九段「むかし、右近の馬場のひをりの日、むかひに立てたりける車に、女の顔の、下簾よりほのかに見えければ」に典拠する。次に『頼政集』三六三番を確認する。

つれなかりける人のもとにまかりたりけるに、なほあはざりければ帰りていひつかはしける

あひみてもかへればこやの池水となれる涙にうきねをぞする（三六三）

右の一首は頼政がつれない女のもとを訪れながらも、結局会えずに帰ってきた折の詠であるが、『伊勢物語』九十二段も「むかし、恋しさに来つつかへれど、女に消息だにえせでよめる」と恋しい女を訪ねながら、手紙を渡すことさえできない嘆きを詠んでおり、両者の状況は通底する。

また『頼政集』では四六二番「時時物申す女浪こしてけりとききて」、五四七～五四八番「かたらひ侍りける女ひさしうおとし侍らざりければ絶えはてぬとや思ひけむ、いとわかき新枕をなんしたり」のように、相手の女が他の男に心を移してしまった場面が描かれるが、『伊勢物語』六十・六十二・百十二段でも、別の男になびいてしまった女が登場する。さらに題詠歌においても、五四三番に『伊勢物語』の影響が見て取れる。

欲盗恋

夜どこをば汀となしていもをわれ引く白浪の名をやたたまし（五四二）

「欲盗恋」は他に例を見い出せない珍しい題だが、恋しい女を盗むという状況は物語的で、特に『伊勢物語』六段「女のえ得まじかりけるを、年を経てよばひわたりけるを、からうじて盗みいでて」や、十二段「人のむすめを盗みて、武蔵野へ率いてゆくほどに」などを想起させる。また「白浪」は「風ふけばおきつ白浪たつた山よはにや君がひとりこゆらむ」（古今集・雑下・九九四・よみ人しらず）に関して『俊頼髄脳』が「しらなみといふはぬす人をいふなり」とあるように盗人を指すが、「風ふけば」の歌は周知の如く『伊勢物語』二十三段で詠まれているから、やはりここでも『伊勢物語』を踏まえていると考えて良かろう。

また前節では自発的に歌を贈る女の存在に言及したが、『伊勢物語』でも「むかし、「忘れぬるなめり」と、問ひ言しける女のもとに」（三十六段）、「むかし、男、後涼殿のはさまを渡りければ、あるやむごとなき人の御局より、「忘れ草を忍ぶ草とやいふ」とて、いださせたまへりければ」（百段）のように、歌ではないものの、女の側から男に働きかける場面が描かれる。

さらに『伊勢物語』百七段では「例の男、女にかはりて」のように男が女に代わって恋歌を詠んでいるが、『頼政集』でも「やうやうかれがれになるをとこを恨むる女にかはりて」（四一〇）、「久しうおとせぬをとこのもとへ恨みつかはしたりけれども、なほまてどこざりければ申しつかはしける女にかはりてすすきに付けて」（四六一）と、頼政が女の代作をするケースが記される。

ほかにも詞書の表現を確認すると、『頼政集』四五八番「うらめしく侍る女を夜もすがら恨み明して」は、『伊勢物語』五十段「むかし、男ありけり。うらむる人をうらみて」、三五七番「心より外に中たえたる女のもとへつかはしける」は、三十五段「むかし、心にもあらで絶えたる人のもとに」と類似するなど、似通った表現がいくつも見られる。

以上のように、『頼政集』恋部は『伊勢物語』になぞらえて構想されており、一見、無作為に見える配列も、人生における様々な恋のバリエーションを集め、提示した結果と考えると説明がつく。

四　題詠歌と女房の役割

『頼政集』恋部が『伊勢物語』に見立てられ、恋の諸相を描くことを企図していたとすると、題詠歌にも役割があったと考えられる。

『頼政集』恋部の歌題には新奇なものが多い。一例を挙げると、迎えの車を送ったのに女が乗らなかったため空の車が帰ってきたことを詠む「返迎車恋」（三七二）、名前を変えて身を隠す女を詠む「改名隠恋」、かつての恋人の荒れた家を見て詠む「見家思出恋」（三八二）、友人に秘密にしておく恋を詠む「秘知音恋」（四三七）、恋の仲介者に気持ちが移ってしまったことを詠む「思移媒恋」（四四六）、一度しか会えなかった恋を詠む「一会之後不会恋歌」（五四九）などである。これらの題は恋の状況を詳細に規定しており、いずれも物語的である。なお第二節で触れた〈待つ男〉の姿は、題詠歌でも次のように見られる。

橋上待人

いもをいかで木曾路の橋にまちかけむよく方もなき道とこそきけ（五五九）

『頼政集』恋部の歌題に、先行例が少ないもの、もしくは先行例がないものが多く、新奇な恋題が目立つのは、様々な恋のバリエーションを集めようとした結果ではなかろうか。私家集は物語と異なり、実在しなかった贈答を創作してしまうことは考え難い。したがって、頼政自身が経験しなかった恋のシチュエーションは、贈答歌としては家集に残せない。だが題詠であれば、詠作者の経験に関わらず自由に詠むことができる。恋部の題詠歌が表現する様々な恋の状況は、頼政自身の経験では網羅できなかった恋の諸相を補う役割があったと考えられる。

例えば『伊勢物語』では、都以外に様々な土地の女との恋が描かれる。大和国（初・二十・二十三段）、河内国（二十三段）、摂津国（三十三段）、伊勢国（七十一・七十二段）、武蔵国（十段）、陸奥国（十四・十五段）、筑紫国（六十一段）などである。頼政は実体験として諸国をめぐることはしていないが、題詠歌において様々な土地の女との恋を詠んでいる。

　　隔河恋、尾坂歌合

わたりこぬいもがすみかを尋ぬればあぶくま河のあなたなりけり（三八六）

　　行路恋といへることを

うちすぎし野上の里のいもをみて帰りくだるは涙なりけり（三八七）

三八六番では陸奥国・阿武隈川の対岸に住む女、三八七番では美濃国・野上の里に住む女との恋を詠む。さらに次に挙げる五〇七番では陸奥国、五六〇番では、丹波国・生野と近江国に関する恋が詠まれる。

　　恋遠所人、同

みちのくのかねをばこひて掘るまなしいもがなまりの忘られぬかな（五〇七）

　　恋東西人

いく野こそいくかひなくてかへされめなどやあふみのあふ人のなき（五六〇）

また『伊勢物語』では地方在住の鄙の女だけでなく、下女（四十段）や宮仕えの女房（十九段）、二条后（五・六段や斎宮（六十九段）、自分より身分の高い女（八十九）など、さまざまな階層の女との恋が描かれる。『頼政集』恋部でも、「下女を恋ふといふことを読み侍りしに」（五一五番）、「恋自我下人」（五五五）のように、下女や自分より低い身分の女との恋の歌がある。なお頼政の身分を考えると、貴顕女性との恋は実体験としてなかったと思われるが、次のような題詠がそれを補っている。

会後隠恋

身のほどを思ひしらましなかなかにあひみぬさきになしといひせば（三六九）

「私の身の程があなたと釣り合わないと思い知ったでしょう」と自身の身分に比べて相手の身分が高貴であることを詠じており、身分の高い女との恋を示している。だが下女や貴顕の女性以上に存在感を示すのは、女房たちである。『頼政集』恋部に登場する女は贈答歌、題詠ともに女房階層が多い。

第二節で挙げた「ある宮づかひ人」（四三〇）、「ある宮ばらの女房」（四四二）は、宮中もしくは宮家に仕える女房との恋であるし、次の二首は題詠ではあるが女房階層の女を想定している。

改名隠恋

あふみてふ名をばたがへて忍ぶれば我を秋とやいまはたのまむ（三七四）

隠傍女恋、法住寺殿会

しらすなよつぼねならびの下口は物云ひあしき宮とこそきけ（五〇六）

三七四番では「近江」「安芸」という女房名が詠まれ、五〇六番は宮家に仕える女房たちの生活を彷彿とさせる。恋部に女房が多く登場するのは、実際に頼政が交際した女性たちに女房が多かったことも一因であろうが、もう一つの理由としては、女房を媒介として宮中と繋がっていたことを誇示したかったのではないだろうか。

二月の廿日あまりのほどに南殿の花さきさかずみむとてまゐりたるをりしも、ある女房のもとよりあるかなきかと尋ねにつかはしたりしかば候ふよしを申したりし後、おともせざりしかばこれより云遣しける

まことには雲ゐの花をみむとてや我によそへて空尋ねせし（五一八）

返し　小侍従

尋ねつる心のうちをしるならば花にもかくや恨みられまじ（五一九）

其後大内にまゐりたるに聞きておなじ人のもとより

尋ねつつけふをまちつる心をば花を思ふになほやなるべき（五二〇）

返し

我をのみ日をかぞへつつまちけるかあなかまさらば花にきかせじ（五二一）

右に挙げた小侍従との贈答は南殿の桜（紫宸殿の前の左近の桜）を端緒としているが、五三〇～五三一番「南殿の花ゆかしがりてみせよと申したる女の返しに」も同様に、南殿の桜に関する女房との贈答である。また五三四～五三五番には「藤つぼの藤をみせにつかはして」と藤壺（飛香舎）の藤をめぐる女房との贈答がある。南殿の花にまつわる詠は春部（三四～三七、六四～六五、七六、八〇～八一、八六～八九、九五）にもあり、『頼政集新注　上』は「「大内守護」（頼政集五七五）とも称された頼政が、戯れに南殿の桜の花守に擬せられていたことを推測させる」と指摘する。[11]また五三四・五三五番の藤壺の藤に関する贈答についても『頼政集新注　上』は「頼政が「大内山の山守」（頼政集五七五）として管理権限を行使したのであろう」と述べる。いずれも頼政が「大内守護」として宮中に侍していたから詠ずることができたのであり、前掲の五一八～五二一番なども恋の贈答である一方、自らが禁中と深く関わっていたこ

とを顕示する役割も果たしている。他の部立に比べると、恋部には身の不遇や昇殿・昇階を詠ずる歌が見出せないが、御所の女房たちとの恋の贈答は、自身が宮中と深く繋がっていたことを誇示する意図もあったのではなかろうか。

おわりに

『頼政集』恋部は一見すると未整備で、全体を貫くような構想意図は見出しにくい。しかし、巻頭に若年期を想起させる歌を、巻末に老年期の恋歌を配置することで、恋部全体を一生の縮図のように見せ、人生における様々な恋のバリエーションを集め、提示するという構想があったのではなかろうか。そう考えると、無作為に並べたような配列にも説明がつく。そしてそこには、恋部そのものを『伊勢物語』になぞらえようとした意識が想定でき、『伊勢物語』を彷彿とさせる状況や表現、歌題などはその傍証と言えよう。また恋部に多く登場する女房は、頼政と宮中の紐帯たる存在であり、自身が宮中と深く繋がっていたことを顕示しようとしたのではないか。なお恋部を『伊勢物語』になぞらえる意識は、同時代の歌人である藤原隆信の家集にも見出せる。

二条院、東宮と申しし時、おなじよはひなる人をしのびわたりし程に、人人あやしきさまにもてさわぐよしをききていひつかはしし

春がすみ霞のころもほころびてしのぶのみだれあらはれやせん（五八三）

かへし

人ごころはなとしみずは春霞あらはれゆくもなげかざらまし（五八四）

右に挙げたのは元久本『隆信集』恋四の冒頭である。先述したように元久本『隆信集』恋部は恋一〜三が題詠歌、

四～六が贈答歌と整理されており、恋四は恋の贈答歌の冒頭となる。五八三番歌の「しのぶのみだれ」は明らかに『伊勢物語』初段を踏まえて詠まれたものであり、『頼政集』恋部冒頭と重なる。『隆信集』の『伊勢物語』享受に関しては既にいくつかの指摘があるが[12]、橋本令子氏は『隆信集』の「恋四～六全体は、ゆるやかな時代順配列に拠る一代記的構成をとると考えられる」と指摘したうえで、「恋を中心とする業平の生涯を集約した『伊勢物語』全体が恋四～六構成の規範とされたと推断してよいと考える。換言すれば、業平の生涯と自身の生涯の恋の体験を重層化して呈示しているのである」と述べる[13]。『頼政集』と元久本『隆信集』が、ともに恋部を『伊勢物語』になぞらえていることは極めて示唆的である。成立年代を鑑みると、元久本『隆信集』より『頼政集』の方が早くに成立しており、『隆信集』恋部の構想には『頼政集』恋部が影響を与えた可能性も十分考えられよう。また『殷富門院大輔集』（一類本）二一六番詞書に「ならのほとけをがみにまゐりたるついでに、ざい中将のたう、おきつしらなみ心にかけけるすみかなどみて」とあるように、大輔は業平の旧跡を巡っているが、これら歌林苑に集う歌人たちの『伊勢物語』に対する高い関心を考えると、やはり頼政も『伊勢物語』に強い関心を寄せ、そうした意識が恋部の構想に反映したと考えられる。

なお第二節で触れた通り、『頼政集』恋部では〈贈る女〉や〈待つ男〉の姿が印象的であった。かつては女からの贈歌は女の危機感の現れであり、そこに特別な意味を見出すことが多かったように思われるが、高木和子氏や高野晴代氏が論じるように[14]、女からの贈歌というものを今一度考えなおす必要があるのかもしれない。『頼政集』恋部を読む限り、平安末期の恋の贈答歌には相当に様々なバリエーションがあったと思しい。もちろん家集には、編纂者の手による虚構が施されていることを想定すべきだが、全くの創作物である物語とは異なり、収められる贈答歌は実際に詠まれた歌と考えて良かろう。詳細な検討は稿を改めて行いたいが、女からの贈歌や待つ男など、これまで特異なものと思われてきた恋の姿については、私家集が描く当時の恋の実態と照らし合わせながら考えることで、新たな発見があるかもしれない。その意味で『頼政集』を含めた私家集の贈答歌は、物語や日記の研究にも応用し得る大きな可能性を秘めている。

注

(1) 森本元子『私家集の研究』(明治書院　一九六六年)。
(2) 注(1)森本論文、『和歌文学大辞典』(古典ライブラリー　二〇一四年)ほか。
(3) 中村文「『頼政集』雑部冒頭歌群の構想」(『日本文学』六四―七　二〇一五年七月)。
(4) 拙稿「『小侍従集』の構想―雑部を中心として―」(『和歌文学研究』一一四　二〇一七年六月)。
(5) 高木和子「『源氏物語』に現れた手紙―求愛の和歌の贈答を中心に―」(『歴史語用論の世界　文法化・待遇表現・発話行為』(ひつじ書房　二〇一四年)。
(6) 高野晴代「源氏物語講演　源氏物語と和歌―促された贈歌をめぐって―」(『むらさき』四七　二〇一〇年十二月)。
(7) 高木和子『女から詠む歌　源氏物語の贈答歌』(青簡舎　二〇〇八年)第三章「女から歌を詠むのは異例か」。
(8) 高木和子「平安仮名日記文学における虚構性」(『日本文学』六一―一　二〇一二年一月)。
(9) 頼政集輪読会『頼政集新注　中』(青簡舎　二〇一四年)。引用箇所執筆、鋳武彦。
(10) 瀬尾博之「『伊勢物語』の「老い」」(『文学研究論集』二〇〇五年二月)。
(11) 頼政集輪読会『頼政集新注　上』(青簡舎　二〇一一年)。
(12) 樋口芳麻呂「藤原隆信の恋」(『国語と国文学』五二　一九七七年二月)、橋本令子「藤原隆信朝臣集研究―長重女哀傷歌群について―」(『東京女子大学日本文学』五七　一九八二年三月)、橋本令子「藤原隆信朝臣集恋四～六小考―物語受容を中心として―」(『国文』六〇　一九八四年一月)ほか。

（13）　橋本令子「藤原隆信朝臣集研究―長重女哀傷歌群について―」（『日本文學』五七　一九八二年三月）。
（14）　注（5）（6）参照。

※引用は次の通り。
和歌…『新編国歌大観』（日本文学Ｗｅｂ図書館　古典ライブラリー）。ただし『頼政集新注』を参照し、必要に応じて表記を改めた。
『伊勢物語』…新編日本古典文学全集（小学館）
『俊頼髄脳』…日本歌学大系（風間書房）

「扇のつまを折りて」和歌を書きつけるということ
―頼政集三六・三七番の贈答歌補説―

安井重雄

はじめに

頼政集・春部・三六・三七番歌に次の贈答がある(1)(傍線は私意による。以下同。なお傍点は『頼政集新注』における底本校訂箇所。三六番歌第三句は〔ゞ〕を持つ伝本が多いので付しておく)。

南殿の華さかりに侍ころ、内女房、里大内より見にまゐりて帰りざまにあふぎのつまを折てかきつけて、花のしづ枝にさしはさまれたるをみれば

百敷の花に心をと〔ゞ〕めおきて帰らん道にふみやまどはん　(三六)

返し

花にあかで道にまどはゞとゞめけん心のかたへ帰れとぞ思ふ　(三七)

『頼政集新注』において、稿者はこの贈答歌を担当し、現代語訳として、詞書「南殿の花が盛りに咲いている頃、天皇に仕える女房が里内裏から見物に参って、帰る時に檜扇の端の一枚を折って書きつけて、桜花の下の方の枝と枝

の間に差し挟まれているのを見ると」、和歌「宮中の桜花に我が心を残しておいて、帰り際には、（心が失われていて）道に踏み迷うであろうか（残した消息も行く先が定まらないであろうか）」（三六）、「花に満足しないままに帰って道に迷ったならば、あなたが残しておいただろう、その心のある方向へ帰ってくればよいと思います」（三七）と付した。

しかし、「扇のつま」とはどの部分なのか、なぜ「扇のつま」を折って書きつけたのかなど、特に傍線部の行為が意味するところがわかりづらいと感じていた。一応同書〔語釈〕には「檜扇の端の板を一枚折取って和歌を書き付けて。扇には、檜または杉の薄板を重ねて綴じた檜扇と、竹や木などを扇骨として紙・絹などを貼付した蝙蝠（かわほり）扇とがあるが、端を折っているところから檜扇と知られる」と注したが、不充分であったと考えている。また頼政は女房が心を残した南殿の花のもとに帰れと詠じているが、そもそもなぜ女房にそのように強く訴えかけたのか、といったことも疑問として残った。そこで本稿では、この贈答歌についてあらためて考えてみたい。

一 「扇のつまを折りて」書きつける用例の概観

まず、管見に入った「扇のつまを折りて」書きつける用例①〜⑧を掲げる（近世の例は省略）。なお、「扇のつま」ではなく「扇のはし」と記す例、「檜扇を折る」（③のみ）と記す例は同じ行為と判断して加えた。和歌の用例が①〜⑤、物語の用例が⑥〜⑧である。また、「折りて」と記さずに「扇のつま」あるいは「扇のはし」に書くとする例があるが、それを⑨〜⑱（⑱は物語）に掲げた。詞書等は適宜省略した箇所がある。また、＊を付して若干の注を記した。

①〈大斎院前の御集〉

りんじのまつりみてかへりまゐりてしばしあるほどに、ひるもたるあをずりのあふぎのつまをりて、かくかきつけてやる、みちつなの少将に

ゆきずりにみつるやまがつのころもでを（二〇八）

とてわたるほどにさしとらせたれば、またあしたにかざしの枝にさして

めづらしとこそおもひけらしな

とあり、さまざままゐりて、これかれとものいひしかばなべし

＊道綱は、永観元年（九八三）二月二日左少将、寛和二年（九八六）十月十五日右中将に転。

②〈四条宮下野集〉

ひだりのむまのかみつねのぶの六条に、宮の女ばうたちぐしていきたりしに、あるじもなきに、とさのあけさせて、みなおりてみれば、いとはるかにみづのながれて、かきねばかりぞみゆるままに、あふぎのつまををりて、からめきたるすずりのはこのあるに、みゆまじくして

はるかなるしもがれののにすむみづはかきねをやどのあるじとやみる（六二）

ほどへてみつけて、つねのぶ

かきねをばしめやはしたるはるかなるみぎはながめにくるひとのため（六三）

＊源経信は、寛徳二年（一〇四五）四月二十六日任左馬頭。永承四年（一〇四九）正月五日、左馬頭労にて従四位上。

③〈経盛集〉
法勝寺の花見侍りしに、三条大納言三位中将と申しし時、まかりあひたりしかば、檜扇ををりてかきつけて
つかはし侍りし
桜花をりもうれしくたづねきてともににほひをみつるけふかな（一九）
かへし　　　　　　　　　　　　　　　　大納言実房卿
さくらばなみすててかへる君なればをりうれしともおもはざりけり（二〇）
＊三条大納言実房は、平治二年（一一六〇）十月三日（十四歳）から仁安二年（一一六七）正月二十八日（二十一歳）の間、三位中将。

④〈清輔集〉
新院御位におはしましける時、臨時祭の四位の陪従にめされて侍りけるに、弘徽殿のほそ殿に立ちよりて、
先帝中宮女房をたづねいだして火あふぎのつまををりて、書付けてとらせける
むかし見し雲のかけ橋かはらねど我が身ひとつのとだえなりけり（四二五）
かへし
やしまもる雲のかけ橋かはらねばとだゆとなどかふみみざるべき（四二六）
＊新院は六条院、先帝は二条院。

⑤〈建礼門院右京大夫集〉

はるごろ、みやの西八条にいでさせ給へりしほど、（中略）いふかたなくおもしろかりしを、御返し給りてたかふさいでしに、ただにやはとて、あふぎのはしをりてかきてとらす
かくまでのなさけつくさでおほかたに花と月とをただ見ましだに（九五）
少将、かたはらいたきまでえいじずむじて、すずりこひて、この座なる人人なにともみなかけとて、わがあふぎにかく
かたがたにわすらるまじきこよひをばたれも心にとどめておもへ（九六）
＊宮は建礼門院。西八条は清盛邸。たかふさは藤原隆房で、仁安元年（一一六六）六月六日右少将、治承三年（一一七九）十一月十七日右中将に転。

⑥〈源氏物語〉「葵」、古典ライブラリー日本文学Ｗｅｂ図書館
いかなる好き者ならむ、とおぼされて、ところもげによきわたりなれば、ひき寄せさせたまひて、「いかで得たまへるところぞ、とねたさになむ」とのたまへば、よしある扇のつまを折りて、
はかなしや人のかざせる葵《あふひ》ゆゑ神の許しの今日を待ちける
注連《しめ》の内には
とある手をおぼしいづれば、かの典侍《ないしのすけ》なりけり。あさましう、古りがたくもいまめくかな、と憎さに、はしたなう、
かざしける心ぞあだにおもほゆる八十氏人になべて葵《あふひ》を
女はつらしと思ひきこえけり。

＊賀茂祭見物。

⑦〈栄花物語〉日本古典文学大系　巻第三十二「謌合」三七二頁
八月つごもりに、殿上の人〴〵、嵯峨野に花見に行きたるに、中宮の大盤所に、女郎花の小き枝を、扇のつまをひき破《や》りて挿したるに書き付け侍る、春宮権大夫、
　一枝の花の匂もあるものを野辺の錦を思ひやらなん
返、御前の撫子を折りて、源少将
　百敷の花や劣れる霧わけてたちまじるらん野辺の錦に
＊長元六・七年（一〇三三・一〇三四）頃。春宮権大夫は藤原頼宗。源少将は資綱。

⑧〈増鏡〉「第十　老のなみ」　日本古典文学大系三七八・三七九頁
去年の春、御乳母按察の二位殿失せにしかば、一めぐりの仏事に亀山殿へをはしまして、いかめしう八講行なはせ給日、雪いたう降りければ、九條の三位隆博、桧扇のつまを折りて、
　跡とめてとはるゝ御代のひかりをや雪のうちにも思ひ入らん
女房の中にきこえたるを、院（亀山）御覽じて、返しにのたまふ。
　なき人のかさねし罪も消えねとて雪の中にも跡を問かな
＊弘安十年（一二八七）、亀山院乳母按察二位の仏事。

⑨〈三条右大臣集（定方）〉

中将としい《本》ますかりけるとき、祭の使つとめ給へりけるに、ひさしくかよひ給はざりける女のもとへあふぎてうじてとのたまはせたりければ、いといみじうけうらにてうじてたてまつりたりける扇のつまにかきつけてはべりける

ゆゆしとていむともいまはかひもあらじうきをばこれにおもひよせけむ（二一）

御かへし

ゆゆしとていみけるものをわがためになしといはぬはつらきなりけり（二二）

＊定方は、延喜六年（九〇六）二月十五日右権中将から延喜十三年（九一三）正月二十八日任中納言まで中将。

⑩〈為信集〉

清水にこもりたるに、女に、あふぎのつまにかきて、物の上よりなげこす

おこなひをたのみていづるしるしにはあふぎのつまときみをこそおもへ（五二）

⑪〈承暦二年内裏歌合〉

殿の女房ものみけるくるまより、こむまかきたるあふぎのつまに、すだれのさきして

うれしきはみたらしがはのためしにてひきくらべつるこまのかずかな（三四）

かへし　頭弁

みそぎして心くらべにかちぬればはやくはこまもみゆるなるべし（三五）

＊歌合の勝方左方による賀茂社への競馬奉納時、師実家女房と頭弁藤原実政との贈答。

⑫〈顕綱集〉

おなじ人、臨時祭見けるに、舞人にてわたるをみて、あふぎのつまにかきて車よりなげいでたり

いにしへはなほぞこひしきあしびきの山井のころもきたるひなれど（五〇）

かへし

ゆきずりのよそにみよとやいにしへのやまゐのころもきてはちぎりし（五一）

＊「おなじ人」は直前の詞書の「内わたりにてかたらひし人」。

⑬〈散木奇歌集〉

稲荷にまゐりたる人の、すぎをこひければつかはすとて、たたうがみにかうがいのさきしてかきつけてつかはしける

人しれずいなりの神にいのるらんしるしのすぎとおもふばかりぞ（八六五）

返し、扇のつまにかけり

君をとはいなりの神にいのらねばしるしの杉のうれしげもなし（八六六）

⑭〈実家集〉

九月十三夜に、山ざとにて人のもとをかいばみはべりしに、ふけゆくほどに、あるじの女、はしにいでて月をながむるけしきなれば、もともすこししるよしありし人なれば、ものなど申さむとてたちよりたるに、ひ

とめづつみのあやしさにとて、はしをたてて《ママ》いりはべりしかば、いとつらくて、もののはざまより、あふぎのはしにかきて

いとはるるわがみのゆゑになにたかき月をもめでずなりにけるかな（二九二）

かへし

なにたかき月をばいかがめでざらんくもりなきよをつつむばかりぞ（二九三）

＊実家は、久安元年（一一四五）生、建久四年（一一九三）没、四九歳。

⑮〈建礼門院右京大夫集〉

（前略）大納言君と申ししは三条内大臣の御女とぞきこえし、その人かく申すと申させ給へば、わらはせおはしまして、御あふぎのはしにかきつけさせ給ひたりし

ふえたけのうきねをこそはおもひしれ人のこころをなきにやはなす（一二）

＊右京大夫歌に対し、高倉天皇が扇のはしに書いて遣わす。高倉天皇は、仁安三年（一一六八）即位、治承四年（一一八〇）退位。

⑯〈続古今集〉

僧正信憲山階寺別当になりて初めて三十講おこなひ侍りける、聴聞に雪のふりけるひまかりて侍りけるに、難義のいできたりけるを、増弁法師みすのうちへ、これはいかにとたづねたりければ、ひあふぎのはしにかきていだし侍りける　貞慶上人

いにしへはふみみしかどもしらゆきのふかきみちこそあともおぼえね（釈教・七九五）

＊貞慶は、久寿二年（一一五五）生、建保元年（一二一三）没。『僧歴綜覧』に「増辨（一一八三―一一八五）寿永二年「興福寺学生。常士々。四十六。三十六。学頭覚憲」（残）」。

⑰〈玉葉集〉

承久三年八月、駒引上卿にまゐりて侍りける時、前中納言定家参議にてまゐりて侍りけるに、殿上の硯にてひあふぎのつまにかきつけて、いでける車につかはし侍りける

常磐井入道前太政大臣

ひきかへてけふはみるこそかなしけれさやはまたれしもち月のこま（雑一・一九七〇）

返し

前中納言定家

物ごとにこぞの面かげひきかへておのれつれなきもち月の駒（雑一・一九七一）

＊承久三年（一二二一）、定家は参議正三位、六〇歳。常磐井入道は実氏。

⑱〈堤中納言物語〉「このついで」　日本古典文学大系三七四・三七五頁

乳母だつ人などはなきにやと、あはれにおぼえ侍りて、扇のつまにいと小さく、

おぼつかなうき世そむくは誰とだに知らずながらもぬるゝ袖かな

と書きて、幼き人の侍（る）してやりて侍りしかば、このおとゝ、にやと見えつる人ぞ書くめる。

＊語り手少将君から、出家する尼へ扇のつまに和歌を書いて差しだしたところ、女童を使いとして尼の妹かと思

われる女性から返歌。

右の①~⑱の他に、「扇のかたはし」に書くとする例が粟田口別当入道集（惟方）にある。

少納言資隆の、しほゆにあはぢのかたへ、とききしかば、扇おくりし中に、ゐもかかざりしあふぎのかたはしにかきつけたりし

かへりきてとふ人あらばみすばかりゐじまをこれにうつせとぞ思ふ（一六二）

かへし

ゐじまをばうつしたりともかひあらじわかのうらをぞかきとどむべき（一六三）

右の例は、絵島を描くために空白で残した扇の一面の片隅に和歌を書きつけたというものであろう。ここでいう「かたはし」は、本稿で考察する「扇のつま」「扇のはし」とは異なると思われるので、用例から除外した。

さて、①~⑧及び、⑨~⑱の該当箇所の記述形式は、次のように分類できる。

〈①~⑧〉

扇のつまを折りて（書く）　①②⑥

扇のはしを折りて（書く）　⑤

扇のつまをひきやりて（書く）　⑦

檜扇のつまを折りて（書く）　④⑧

檜扇を折りて（書く）　③

〈⑨~⑱〉

扇のつまに（書く）　⑨⑩⑪⑫⑬⑱

扇のはしに（書く）　⑭⑮⑯
檜扇のつまに（書く）　⑰

③⑦の例外はあるが、①〜⑧及び⑨〜⑱ともに、基本的には「つま」と「はし」の相違のみである。また、扇の種類については、「檜扇」と記す例はあるが、「かはほり」と記す例はなく、また新編国歌大観等の検索においても、「かはほり」に「つま」「はし」と記す例は見いだせない。よって、「扇のつま（はし）」を「折る」、あるいは書きつける場合の扇は檜扇である可能性が高いと思われる。

二 「扇のつま（はし）を折る」ということ

扇に文字を書きつける例は多く、特に檜扇は日常の出来事を雑記する用途として使用されたことが指摘されている。平安時代の檜扇の遺品として著名な元慶元年（八七七）銘東寺檜扇は板に文字と絵が書かれているが、中村清兄は「実は雑記用としてこの桧扇が用いられているということが重要なのである。それはおのずから、このことが桧扇というものの出自を示しているからである。この雑記用的な用途をもっているという点はこの時代に世に流布していた木簡の用途と同一であるので、ただに形の上の類似というばかりでなく用途の面からも桧扇と木簡とのつながりがわかるのである」[2]と論じている。檜扇が雑記に用いられたことは、たとえば『古今著聞集』に次のように見える。万寿二年（一〇二五）踏歌節会における大納言藤原斉信が警蹕を誤ったことを、権大納言藤原行成は暦に記すために扇に書き付けておいたという（公事・九二）。扇は日常の出来事を記録する媒体であった。

ところで、「扇のつま」とは扇のどの部分であろうか。①〜⑱の作品の注釈書について、当該箇所の「語釈」を参照すると、①「この檜扇の端を折って歌を書き付けた(3)」のように「端を折って」と注するものの、「端」が何かを示さないものもある。それに対して、②「◯扇のつま　女性の持つ扇は檜扇で、檜の薄板を重ね綴じて作ってある。その薄板の一片を折り取って、それに歌を書きつけた(4)」、②「扇《あふぎ》の端《つま》＝檜扇の一片(5)」など、檜扇の骨（板）の一枚と指摘するものが見える。「折りて」と記さない⑰においても「桧扇の端の一枚に書きつけて(6)」と檜扇の骨（板）の一枚との理解が見える。稿者もそれらの指摘通り、「つま」は檜扇の骨（板）の一枚であろうと考える。

ただし、檜扇の「つま」が常に骨（板）の一枚を指すのか考えさせられる例もある。『大鏡』「師輔伝」に、次のようにある。

この當代（後一条）や東宮（敦良親王）などのまだ宮たちにておはしましゝとき、まつりみせたてまつらせたまひし御さじきのまへすぎさせたまふほど、ゝの《道長》ゝ御ひざに二所《後一条 後朱雀》ながらすへたてまつらせたまひて、「このみやたち、みたてまつらせたまへ」と申させたまへば、御輿の帷より、あかいろの御あふぎのつまをさしいでたまへりけり。殿をはじめたてまつりて、「なを心ばせめでたくおはする院《選子》なりや。かゝるしるしをみせたまはずば、いかでか、みたてまつりたまふらんともしらまし」とこそ、感じたてまつらせたまひけれ(7)。

賀茂祭の見物のため、道長が幼い後一条と敦良を膝に載せて桟敷から見物させたが、斎院選子内親王は、輿に乗って大路を渡る際に二人の親王を見た合図として「御あふぎのつまをさしいで」たという場面である。「赤色の御扇の端を差し出されました」（新編日本古典文学全集）のように口語訳されるが、この場合の「つま」は扇の先端を意味するようにも思われる。しかし、『古今著聞集』に後二条師通が蒔絵の手筥の蓋に盛った雪を「桧扇のさきにて、すこしすくひて」（巻十一・蹴鞠・後二條師通白川齋院にして鞠會の事）という記述が注意される。雪を掬うために扇をある程度開いて先端部で掬ったと捉えるのが自然であろう。そうだとすると、扇の先端部は「扇のさき」と表現した可能性がある。よって、『大鏡』の「御あふぎのつま」はやはり扇の骨（板）の一枚で、檜扇を開いてその親骨のあたりを輿の垂れ布から差し出したと一応考えておきたい。

それでは、檜扇の板一片を折り取ることは可能なのかを確認しておきたい。檜扇は要で各板が綴じられ、先端部は糸で編まれていることが多い。折り取るならば、要から抜き取るか、要のあたりで折ることになるが、糸で編まれていれば、容易に折り取れない。たとえば、平安時代の遺品として著名な元慶元年銘東寺檜扇も「緘穴が各板片の上方左右の両側にうがたれている(8)」と指摘があり、糸で編まれていた。ところが、やはり平安時代の遺品とされる佐太神社蔵檜扇は「これはたいへん奇妙なことであるけれども、この桧扇は板の上方にこれを互いに編綴するための緘孔が全く存しない(9)」と指摘されている。このような扇であれば、折り取ることが容易である。また、京都大学総合博物館蔵壬生家伝来杉横目扇（平安あるいは鎌倉）は板を横目に使用して、自然の木目を文様として活用しているが、正目よりも壊れやすいとされ右半の欠失が著しい(10)。しかし、折り取ることは容易であるといえよう。横目檜扇は、次のように和歌に詠み入れられており(11)、流布していたことが知られる。

〔七月〕

あききぬとふるきあふぎをわすれなば又はりかへよよこめならぬに（相模集四五八）

衣笠内大臣

ひあふぎにけづりかさぬる綾杉のよこめにみれど人もとがめじ（六華集一二二一）

相模歌は、古い蝙蝠を忘れたならば、張り替えればよい、横目ではないので、の意。板が横目ならば、欠損しやすいので張り替えることができないことを含意しているのであろう。家良（衣笠内大臣）歌は「ひあふぎにけづりかさぬる綾杉の」が「横目」を導く序詞となっているが、実際壬生家伝来杉横目扇は「綾杉の素地(12)」とされている。

一応右のように、扇の条件にもよる可能性もあるが、「扇のつまを折る」ことは可能であり、それは檜扇の板一枚を折り取る、あるいは要から抜き取る行為を意味すると考えたい。

なお、⑦「扇のつまをひき破《や》りて」とあり、④清輔集歌が治承三十六人歌合では「ひあふぎのつまをひきをりて」とあるので、折り取るためにはある程度強い力で引っ張る必要があったと思われる。

次に確認したいことは、「扇のつま（はし）を折りて」書く（①～⑧）のと「扇のつま（はし）」に書く（⑨～⑱）のは同じことか否かである。後者も骨（板）を折って書くけれども「折る」の語を略しているのか、それとも折り取らずに和歌を書きつけた扇そのものを相手に送るのか、が問題となる。

後者も同じく折っている可能性を示す例としては、④清輔集がある。④歌は、清輔集の他にいくつかの歌集に採られており、その詞書の該当箇所は次のようである。

a「火あふぎのつまををりて、書付けてとらせける」（清輔集）

b「ひあふぎのつまををりて、かきつけてとらせける」（中古六歌仙）

c「ひあふぎのつまを折りて、とらせ侍りける」（歌仙落書）

d「ひあふぎのつまをひきをりて、書きつけてとらせける」（治承三十六人歌合）

e「ひあふぎのつまにかきて、中宮の御かたの女房の中にさしおかせける」（風雅集）

右の通り、eは「折りて」を記していない。風雅集撰者が清輔集から採歌したとすると、「檜扇のつまを折りて」書くのと「檜扇のつまに」書くのとは同じ行為と考えていたことになる。

しかし、⑨～⑱の「扇のつまに」書く例を検討すると、折らないで書くと思われる例もある。⑨三条右大臣集では、定方が臨時祭使を勤めた際に女のもとに扇の調進を依頼し、女は扇を仕立てて、和歌一首を「扇のつまにかきつけて」定方に送っている。この例では、折って送るのは不自然に思われる。⑩為信集の例では、清水参籠の折、「扇のつま」に書いた和歌を障屏具を隔てて隣の局に籠もる女へ投げてよこしたと思われるが、折って書いたのか否かは判然とせず、他の用例も同様である。ただ、⑭実家集はあるいは扇の骨一枚を折り取った可能性もあろうかと推測される。実家は「すこししるよしありし」女の家に立ち寄り、人目を忍んで部屋に入った女に「もののはざまより、あふぎのはしにかきて」歌を送る。「はざま」と歌で思い起こされる例に『源氏物語』「真木柱」の「姫君、檜皮色《ひはだいろ》の紙のかさね、ただいささかに書きて、柱の干割《ひわ》れたるはさまに、笄《かうがい》の先しておし入れたまふ」があるが、「柱の干割《ひわ》れたるはさま」は相当に狭いはずである。実家集の場合も、扇の骨（板）一枚をようやく通す程度の隙間であったようにも想像される。以上、「扇のつま（はし）に書く」という表現は、骨（板）一枚を折り取って書く場合もあったと思われるが、檜扇の板（表骨か）に書いて扇そのものを送る場合もあった可能性がある。

三　扇のつまに書きつける時と場

それでは、「扇のつま（はし）を折」って書きつけるのはどのような場合なのかを検討したい。

①〜⑧の中、目立つのが賀茂祭に際しての例で、①④賀茂臨時祭、⑥賀茂本祭である。①では、賀茂臨時祭を見物して帰った選子内親王女房が、舞人を勤めた道綱が斎院に参上したところに青摺の「扇のつま」を折って差し取らせている。④は、臨時祭の陪従に定められた清輔が弘徽殿の細殿に立ち寄って先帝二条院の女房に「扇のつま」を折って取らせている。⑥は、賀茂祭見物に出かけた源典侍の車から光源氏の車へ歌を送った例である。

実は、「折る」と記さない⑨〜⑱においても、⑨⑫が賀茂臨時祭に際して、⑬が賀茂社報賽に際しての例である。

⑨では、祭の使を務めることとなった定方が久しく通っていない女に扇の調進を依頼し、女が美麗に作り上げて献じている。⑫では、臨時祭舞人を勤めた顕綱に懇意の女房が物見車から「扇のつま」を「なげいで」ている。⑪は、内裏歌合の勝方が報賽に賀茂社に競馬を奉納し、見物の師実家の女房が物見車から歌合の勝方（左方）の頭であった実政に「扇のつま」に簾の先で書いて差しだした例である。

右のように、つまを折るか否かは別にして、賀茂祭という場で「扇のつま」が和歌を贈るための媒体として利用されている。中でも①⑫のように物見車の女から舞人に扇を送る例に注意したい。騎乗して一条大路を渡る舞人は、祭礼の行列の中でもことに注目を集める存在であった。『風葉集』に次のような歌もある。

しのびたるをとこの、りむじのまつりのまひ人にてわたりけるに、くるまよりあふぎをさしいでたりければ、

五せち

馬をうちよせたるに

をみのきる山あゐの衣めづらしく只ゆきずりにけふはみよとや（四一三）

物見車の女が賀茂臨時祭の舞人として一条大路を渡る恋人の男に扇を差しだし、男は馬を寄せて受け取っている。賀茂祭においては、心を懸ける舞人に物見車から扇あるいは「扇のつま」を遣わす慣習があったのであろう。そうだとすると、⑥⑪は、賀茂社を背景とした非日常の場での右のような慣習のもと、舞人ではないけれども、見物人の中でも注目を集める光源氏や歌合の勝方の頭であった実政に心を懸けて、車の中から「扇のつま」に書いた和歌を遣わしたのかもしれない。つまり、賀茂社の祭や神事に際して、物見車の女性たちがその中心的役割を担う男性に向けて、扇あるいは「扇のつま」に書いた和歌を投げ出したり差し出したりしていたのである。

実は賀茂社以外にも神仏に関わる例が、③法勝寺花見、⑩清水寺参籠、⑬稲荷詣、⑯山階寺三十講と四例見え、(13)「扇のつま」に書く行為が神仏を背景とした場と親近性を持っていたことがうかがえる。

そしてもう一点重要なこととして、車の内と外とのやり取りは⑰にも見えるが、それを遮断された空間の内と外とのやり取りと考えれば、御簾や障屛具を隔てたやり取りも「扇のつま」によって行われていることである。⑯は貞慶が御簾の内から増弁に「扇のはし」に書いて差し出している。④も弘徽殿の細殿は御簾で隔てられていたであろう。⑩は清水寺参籠の際であるが、隣に籠もる女に障屛具の上から投げて寄こしたものであろう。元来、「あふぎにこまかにかきたるうたを、これめすうたどもとて、すだれのしたよりさしいれたる」(四条宮下野集三一詞書)、「さか月は、もやのすだれのしたより、みづからあふぎにすゑてさしいづ」(四条宮下野集一四〇詞書)などとあるように、簾の内側と外側とのやり取りは扇に書いたり扇に物を載せたりして行うことが多かった。次のように、御簾の内から檜扇に和歌を書いて差し出した例もある。

かへしせよとうけ給はりて、ひあふぎにかきてさしいでける

女房六角のつぼね

君がいなんかたみにすべき桜さへ名残あらせず風さそふなり(山家集一一四四)

右の歌は、菩提院前斎宮(上西門院)のもとを訪れた西行が詠歌したのに対し、斎宮の仰せを受けた六角局が御簾から差し出したものである。このように、扇は隔てられた空間を内から外へ、また外から内へ連絡する際に必要な媒体であったように思われる。

右のように考えた時、頼政歌及び、②下野集、⑦栄花物語はその場に不在の相手に「扇のつま」を利用して和歌を贈っているわけであるが、物見車や御簾の内外だけでなく距離的空間的に隔たった相手との連絡にも「扇のつま」が利用されたかと推定したい。

四　「花のしづ枝にさしはさまれたる」

次に、頼政集三六番歌の女房の、「扇のつま」を差し挟んで去るという行為について考えてみたい。和歌のやり取りは枝に差し挟むよりも、次のように枝に結びつける方がはるかに用例は多い。

法金剛院の花ざかりなるよしうけたまはりしかば、まかりてみはべりしに、さくらのえだにむすびつけ侍りし

花みてはいとど家ぢぞいそがれぬまつらんとおもふ人もなければ（林下集二七七）

これをつたへ見て　　上西門院兵衛

はなみてもむかしにかはるこのもとはさこそかへさのものうかりけめ（林下集二七八）

法金剛院は春の桜だけでなく、多くの貴族たちが季節ごとに訪れて梅・菊・紅葉などを賞翫したが、この当時、上西門院御所となっていた。右の歌は、北方を亡くした翌春、花見に訪れた実定が桜の枝に和歌を結びつけ、それが上西門院兵衛の手に渡り、返歌を認めたというものである。実定の詠歌の場の一つが上西門院御所であり、兵衛と数多くの贈答が交わされたことについては中村文に詳しい指摘があり(14)、実定は結びつけた和歌が兵衛の手に渡ることを想定していたと思われる。このように、和歌を枝に結びつけて相手に届けることも可能であったわけであり、わざわざ「扇のつま」に書いて差し挟むことには何らかの意義が存したと思われる。

和歌を差し挟む例としては、隆信集に次のような歌がある。

内わたりなる人に、ひさしくたいめむ給はらぬといひしを、さらぬだになき名たつなればとて、あはざりし

かの女のすみけるざうしのみすのへりにさしはさみてにげにし

かば、ごせちのころ、雪ふりにしに、くしつつみたるさまにて、

今はただふみそめよかししら雪のあとなきなのみよにやふるべき（隆信集六六〇）

隆信は、噂が立つことを恐れて逢わない内裏女房の曹司の御簾の縁に和歌を差し挟んで逃げたという。あるいは、四条宮下野集の記事には、下野ら女房が東三条殿内をそこに住む師実（頼通男）に知られずに歩けるか否か競い、まんまと忍び込んで目的を達したが、次には師実が下野たちに知られず早朝に寛子御所の御簾に歌を差して立ち去ったとある（四条宮下野集一一一「御かへし、あけぼのに宮のみすにぞさされたりし」）。

これらの例からは、歌を差し挟む場所は相手の占有する空間に接した外縁であること、差し挟んだ当人は相手に見つからないようその場を立ち去っていることが知られる。(15) また、隆信集の例では、隆信と女の関係は良好なものではないし、下野集においても、下野と師実は互いに競い合うなど、穏やかな場面ではない。これに対して結びつけるという行為は、品物を相手に献上する際にその品物に結びつけることも多く、良好な関係の中での優雅な贈答行為であったと思われる。ただし、差し挟む場合も、隆信と女、師実と下野ら女房との間は厳しく対立しているわけではなく、気の置けない間柄であったからこその粗野を装う振舞とも考えられる。親しいながらも距離を保つ関係、それが差し挟むという行為の背景に存しているように思われる。

おわりに

頼政集三六・三七番歌の贈答は次のようなものであったかと考えられる。花盛りの頃、里内裏から大内の南殿を訪

れた女房は、「大内守護」である頼政が南殿の花を管轄する存在であることをよく知っており[16]、その場にいない（空間を隔てた）頼政に花を見捨てて帰る名残惜しさを伝えるため、「檜扇のつま（板の一枚）」を折り取って和歌を詠じて書きつけた。「扇のつま」に書きつけて贈ろうとしたのは、花の時期の大内は多くの貴族が訪れて、頼政と盛んに和歌がやり取りされており[17]、花の時期の頼政はさながら賀茂祭の舞人のごとく注目される存在であったためであろう。懐紙に書いて結びつけるという選択肢もあったはずだが、舞人に差し出すごとく「扇のつま」を折って書きつけて折って花の下枝に差し挟むという方法を選んだ。それは、今注目を浴びる頼政と自らとは存在する空間を異にしており、頼政に知られずにこの場を立ち去る立場であったからでもあろう。この「扇のつま」を手にした頼政は、自らを賀茂祭の舞人のごとき栄えある存在と見なし、また自らを「大内守護」と認めて管轄する南殿の桜の枝に「扇のつま」を差し挟んで去った女房に感銘を受け、「とゞめけん心のかたへ帰れ」と強く訴えかける歌で応えたのではなかろうか。「扇のつま」を折って和歌を書きつける例は少ない。自らがその贈答相手となったことは、頼政にとって貴重で忘れがたい出来事であったと思われる。

注

（1）頼政集の本文と歌番号は新注和歌文学叢書『頼政集新注　上・中・下』（頼政集輪読会、二〇一一～二〇一六年、青簡舎）の「整定本文」による。その他の和歌は、特に指示しない限り、新編国歌大観による。
（2）『扇と扇絵』（一九六九年、河原書店）七〇頁参照。
（3）『大斎院前の御集全釈』（天野紀代子・園明美・山崎和子、二〇〇九年、風間書房）参照。
（4）清水彰『四条宮下野集全釈』（一九七五年、笠間書房）参照。

（5）新日本古典文学大系『平安私家集』「四条宮下野集（犬養廉、一九九四年、岩波書店）参照。
（6）岩佐美代子『玉葉和歌集全注釈　下巻』（一九九六年、笠間書房）参照。
（7）日本古典文学大系『大鏡』（一九六〇年、岩波書店）参照。
（8）注2中村著六二頁参照。また古代の檜扇については『日本の美術　扇面画（古代編）』（江上綏、一九九二年、至文堂）も参照した。
（9）注2中村著七七頁参照。
（10）注2中村著七一・七二頁、注8江上著一六頁参照。
（11）扇ではないが、杉の横目を詠む例に次のようなものもある

人にうたがはるる女にかはりて
杉くれをひく杣人はあまたあれど君よりほかによこめやする（清輔集二九一）
うちつくりはべりしころ、きのけづりくづにつけて、こ侍従の命婦に
ひだたくみいかにふしするいたなればひきそぎすててよこめするぞは（道成集七）
また、綾杉の目が癪に障ると詠む歌もある。
此暮もまたみだれなばあや杉のめみをにくくや人の思はん（信実集一一七、現存六帖六九〇）
（12）注2中村著七一頁参照。
（13）扇の神との関わりについては指摘が多くなされている。本論に示した、元慶元年銘東寺檜扇、佐太神社蔵檜扇など平安時代の扇で神社に伝わるものも多い。『日本の美術　扇面画（中世編）』（宮島新一、一九九三年、至文堂）「扇と儀礼」等参照。
（14）『後白河院時代歌人伝の研究』（二〇〇五年、笠間書院）六二・六三頁。
（15）和歌を差し挟む例には他に次のようなものがある。
〈増基法師集〉
あるそうの、みやしろに一夜さぶらひてまかでけるに、しものみやしろにまうでて侍りしほどに、かくかきて、すだ

れにさしはさみてまかりにける

たびのいもねで心みつ草枕霜のおきつるあかつきぞうき（六〇）

〈古今著聞集〉「一四三　玄賓僧都位記を樹枝に挿みて詠歌の事」

嵯峨天皇、玄賓上人の徳をたうとび給て、僧都になしたまひけるを、玄賓、位記を木の枝にさしはさみて和歌を書付てうせにけり。

外つ国は水草きよしことしげきあめのしたにはすまぬまされり（五八）

やはり、いずれも差し挟んだ後、立ち去っていることが注意される。

(16)「扇のつま」を折って差し挟む女房の行為は、頼政が「大内守護」職にあったことと深く関係している。「大内守護」職については中村文による『頼政集新注　下』解説二一四～二一六頁参照。

(17)　頼政集三二・三三・三四・三五・七三・七四・八〇・八一・八六・八七・八八・八九・九五・五一八・五一九・五三〇・五三一・六六六・六六七番歌参照。

『頼政集』の女性たち

兼築　信行

一　はじめに

『頼政集』は、源頼政晩年の自撰家集と考えられる。同集雑部冒頭歌群を検討した中村文が、「家集編纂のための歌稿整理が、晩年にさしかかった頼政に生涯を振り返らせたことは容易に想像しうる」(1)と述べるとおりであろう。すなわち頼政にとって家集の編纂とは、和歌を軸とした自己像の創出・提示にほかならなかったはずである。そもそも私家集、就中自撰の私家集は日記文学、極言するならばひいては近代の私小説の一部なども、性格の似通ったジャンルといえるのではないだろうか。

十二世紀の歌人として、頼政の家集の中心は題詠歌となっているが、もちろん当時、和歌はコミュニケーション・ツールとしても大いに機能しており、多くの贈答歌や実情詠もまた収録されている。事は構成と配列の問題となるが、『頼政集』の部立は、上が春・夏・秋・冬・賀・旅・哀傷、下が恋・雑により構成されている。平安期の歌集の基本的な部立は四季・恋・雑、そして雑は下位分節され、さまざまな構成を生じていく。十二世紀の大規模自撰家集に大きな影響を与えたのは、源俊頼の『散木奇歌集』であった。同集の部立構成は、春・夏・秋・冬・祝・別離・旅宿・

悲歎・神祇・釈教・恋上・恋下・雑上・雑下で、『頼政集』とよく似ている。『頼政集』に近い時期に成立した自撰家集群に目をやると、藤原俊成の『長秋詠藻』の部類歌部分（中・下）は春・夏・秋・冬・賀・恋・雑・釈教・神社・（雑）の構成をもつ。いっぽう俊恵の『林葉集』や藤原清輔の家集は、春・夏・秋・冬・恋・雑とし、雑に下位分類を置いている。『散木奇歌集』や『頼政集』は、四季と恋の間に、広義の雑に包括される賀（祝）ほかの部を置くが、これは『古今集』を踏襲したと考えてよい。『古今集』の構成は春上下・夏・秋上下・冬・賀・離別・羇旅・物名・恋一〜五・哀傷・雑上下・雑体（長歌・旋頭歌・誹諧歌）・大歌所御歌・神遊歌・東歌であるが、権威性の高い第一勅撰集の構成を襲い、晩年に自撰された当該家集は、自身の歌業をまとめ、後世に伝える意識をもって編纂されたものといえる。

二　掉尾の贈答歌

十年余にわたる『頼政集』の輪読に参加し、『頼政集新注』(2)（以下『新注』と略称する）の雑部最末部を担当した稿者には、大きな宿題が残った。ここでは、その問題を俎上にのぼせ、検討を行いたい。

年比かたらひ侍りける女、みやこに住みうかりけん、をとこに具してあづまの方へまかりける日、ことさらに形見にもせんと、きならしたる物ひとつこひければ、つかはすとて

とにかくに我が身になるる物をしもはなちやりつることぞ悲しき

返し

はなたるるかたみはたぐふから衣心しあらばなれもかなしき（雑・六八六〜六八七）

『頼政集』(3)は、右の贈答歌をもって雑部、そして家集全体を閉じる。東国へ他の男と下向していく、年来馴染んだ女が、頼政の生身を包んだ衣を所望したというのである。頼政は、去りゆく女、与える衣という、ともに我が身体に接してきたものの喪失を重ね合わせることで、女への執心を表し、惜別の挨拶とする。Ⅱ類本などに(4)、女の返歌の第二句を「我が身になるる」とする伝本も多いが、女も、もし衣に心があったならば私と同じく離別が悲しいはずだと、頼政への愛着を歌い、挨拶を返していることになる。

『新注』の補説でも述べたが、直前までは往生への希求や神祇を主題とした歌が配列され、それなりに家集終末部として相応しい方向性を辿ってきたのが、突然、このフェチシズム的な匂いも濃厚な、恋歌とも称すべき離別贈答が提示される。その意味はただちに理解し難く、錯簡や集の未完成を疑いたくなるものの、読者の意表を衝く頼政の企図を読み取るべきかと考えておいた。そこで改めて『頼政集』全体を見直してみると、女性との交流・交情を示す贈答歌や歌群が、ところどころに配置されていることに気づくのである。

三　女性たちの呼称（一）

『頼政集』には数多くの女性たちが登場するが、それらはいくつかに分類できるように考えられる。大きく分けると、その名を明らかにする、もしくは指示する女性群と、明らかにしない女性群とになる。

前者では、まず貴顕の女性たち、令子内親王（春・一五「二条大宮」）、官子内親王（恋・三四八「清和院斎院」、恋・三五四同前、恋・三六六「清和院斎院宮」。恋・四六三「斎院」も同内親王か）、暲子内親王（春・七五「八条院」）、藤原多子（春・一二三「大宮」、夏・一五二同前、雑・六七〇同前）、平滋子（雑・六〇七「女院」）は、詠歌の場や舞台にかかわる人物たちであった。次いで女房たちでは、二条天皇に仕えた丹後内侍（春・八一）、丹波内侍（雑・五七五、「丹後内侍」とする伝本もある）、大納言三位（哀傷・三二八）、するつむ（哀傷・三二八）の名が明記される。兵衛内侍（春・二二）も同断。このほか、大輔と小侍従が見えるが、顕名・隠名の両様が認められるので、後述する。また、天王寺歌群には、「きりじ」「ことぢ」という女性芸能者も登場する（雑・六五三〜六五六）。なお素覚の「つま」（雑・六四一）は源俊頼女の新少将であり、源通家の「はは」（哀傷・三三二）とともに、素性明らかな女性に分類できるだろう。

いっぽう後者では、まず「女房」と表示される人々がいる。春部には「ある宮ばらなる女房」（一六）、藤原実房が引率する「女房」（三四）、「内女房」（三六・八六）が見えるが、女房仕えを職掌とする女性を意味すると考えられる。このうち最初の「ある宮ばらなる女房」は、頼政と関係をもっており、恋部の「ある宮ばらの女」（四四二、Ⅱ類本は「ある宮ばらの女房」）と呼応する（後述）。恋部に記す「ある女房」（五一八）は小侍従で（後掲）、以下五二七まで同人との贈答歌が続く。雑部では、和歌の献上を仲介する「女房」（五七四）が見える。歌林苑（和歌政所）に集う「ある宮ばらの女房」（六五九）のうちの一人は大輔であり、六六二までその贈答は続くので、ここでの「ある宮ばら」は、亮子内親王となる。

大輔は雑部詞書に「女房大輔」（五九三・六四五）として登場する。次の例は、代作を示す作者名表示である（以下、傍線・傍点は私意による）。

有る人のもとに千鳥をつかはすとて申しつかはしける
是をみよ人もさこそはつまこふる春のきぎすのなれる姿を
返し、人にかはりて　女房大輔
我はただかりの憂き世ぞ哀れなる春のきぎすのなれるさまにも（雑・六五七〜六五八）

このように詞書中ではなく、撰集の作者名表記の体裁で詠者を示す例は、『頼政集』中ほかに、兵衛内侍（春・二二）、読人不知（春・二四）、小侍従（春・三三）、丹後内侍（春・八一）、藤原実家（夏・一四四「宰相中将」）、小侍従（恋・三六四、恋・四六七、恋・四九九）、藤原重家（雑・六〇一「中宮亮重家」）の例が見え、雑・五七三は多くの本が作者名を「女房よみ人しらず」とする。以上は、恋・四六七の小侍従と、重家とを除いて、他は贈答歌において頼政の贈歌に対する答歌について表示されている。後人による注記が本文化した可能性、あるいは脱落も考慮すべきであり、慎重に扱うべきだが、このような体裁は、俊頼の家集に倣ったものではないだろうか。『散木奇歌集』（新編国歌大観本文に拠る）において、贈答歌のどちらかに撰集のような形で作者名を標示する人物を順に掲げると（作者名「 」の後に贈歌か答歌かを示す）、藤原仲実（春・二七「仲実朝臣」答）、藤原顕季（春・七九「修理大夫」答）、藤原長実（春・一一二「大弐」答）、藤原家綱（春・一六七「家綱」贈）、女（秋・五二七「女」贈）、藤原家道（冬・六五八「家道朝臣」答）、高階経成（祝・七三四「経成朝臣」答）、藤原顕輔（祝・七四一「加賀守」答）、源経兼（祝・七四六「経兼」答）、肥後（祝・七五四「肥後君」答）、女（恋上・一〇〇八「をんな」答）、上総（恋上・一〇九九「中宮上総」堀河院艶書合・答）、甲斐（恋上・一一〇〇「四条宮甲斐」堀河院艶書合・贈）、大弐（恋下・一二三〇「大弐君」贈）、隆源（雑上・一三〇四「阿闍梨」答）、大弐（雑上・一三〇九「大弐」贈）、永縁（雑上・一三二四・答）、藤原家道（雑上・一三二六「家道朝臣」答）、源行宗（雑上・一三八三「修理大夫〈三宮御製云云〉」答）、となる。なお雑上の「恨躬恥運雑歌百首」には俊頼の仮名「沙弥能貪」を記し、雑下末尾の連歌には、俊頼の句に対する前句・付句の作者名が、それぞれに記されている。

四　女性たちの呼称（二）

小侍従はさまざま男性と交渉をもったが、頼政とも長らく恋愛関係にあり、『頼政集』に贈答歌を多く見出すことができる。集中で頼政がもっとも交渉をもつ相手として示される人物ということができるが、その表示状況はいささか複雑である。

詞書中に示されるのは、次の三組の贈答においてである。

大内の桜さかりに咲きて侍るに、雨ふる日、小侍従がもとへつかはしける

今日は雨あすはみぞれと成りぬべき雲井の桜みん人もがな

返し

雪とだに見るべき花のなどやさは雨やみぞれとふらんとすらん（春・六四〜六五）

五月雨のころ、内に候ひてまかり出でたる夜、めづらしく月あかかりしかば、大宮に小侍従候ふと聞きて、

ちかきほどなりければ申しつかはしける

あま雲の晴れまに我も出でたれば月ばかりをやめづらしとみる

返し

雨のまにおなじ雲井は出でにけりもりこばなどか月におとらん

（夏・一五二〜一五三／小侍従集・一五五〜一五六、小侍従集★九八〜九九）(5)

小侍従尼に成りにけると聞きてつかはしける

我ぞまづ出づべき道にさきだててしたふべしとは思はざりしを

返し

おくれじと契りしことを待つほどにやすらふ道も誰ゆゑにぞは（雑・六二五～六二六）

次に示すのは、詞書中に「人」「女」「女房」など朧化して語り出しながら、作者名の形で小侍従の詠であることを明示する事例、これが一番多い。

きさらぎの廿日比に大内の花みせよと申す人に、いまだひらけぬ花につけてつかはしける

思ひやれ君がためにと待つ花の咲きもいでぬにいそぐ心を

返し　小侍従

逢ふことをいそぐなりせば咲きやらぬ花をしばしも待ちもしてまし（春・三二～三三）

このくれにと契れる女のもとに、さはること有りておとづれ侍らで、次の日人をつかはし、過ぎぬる夜はあ・・・・・・し分けなること有りし也、こよひはかならず、まて、とたのめつかはしたりし返事に、ことばはなくて

小侍従

いかだおろす杣山川の浅きせは又もさこそはくれのさはらめ

返し

昨日より泪おちそふ杣川のけふはまさればくれもさはらじ

（恋・三六四～三六五／小侍従集・一五三～一五四、小侍従集★九六～九七）

久しくおとづれ侍らぬ女のもとに、しはすの廿日あまりのほどにつかはしける

とどこほる春よりさきの山水を絶えはてぬとや人はしるらん

かく申しつかはしたれども、物にこもりたるよしを申して、返事もなかりしが、年かへりて、正月十日ごろにかれよりつかはしたりける

小侍従

とどこほるほかともきかじ山川の絶えはてぬとは春ぞしらるる（恋・四二一〜四二二／小侍従集・一五一〜一五二）

絶えて久しく成りたる女の、おもひ出でて、五月五日ながきねをつかはすとて

あはぬまにおふるあやめのねをみつつたたふ泪のふかさをばしれ

かへし

小侍従

かけてだにみぬ間におふるあやめ草あさきためしのねにぞくらぶる（恋・四六六〜四六七）

久しくおとづれ侍らぬ女に、十月ついたちごろに、まだひらけぬ菊に付けてつかはしける

君を我あきこそはてね色かはる菊を見よかしひらけだにせぬ

返し

小侍従

いさやこのひらけぬ菊にたのまれず人の心のあきはてしより

さて後、うつろひたる菊に付けて、かれよりつかはしける

ひらけぬをあきはてずとや見し菊のたのむ方なくうつろひにけり

返し

うつろはば菊ばかりをぞ恨むべき我が心には秋しなければ

（恋・四九八〜五〇一／小侍従集・一五七〜一六〇、後半二首＝小侍従集★一〇二〜一〇三）

次の長大な歌群は、春部の贈答（三二一〜三二二、六四〜六五）と関係があるかもしれない。

二月の廿日あまりのほどに、南殿花咲きさかずみんとてまゐりたるをりしも、ある女房のもとより、あるかなきかとたづねにつかはしたりしかば、候ふよしを申したりし後、音もせざりしかば、これよりいひつかはしける

まことには雲ゐの花をみんとてや我によそへて空尋ねせし

返し　　　　　　　　　　　　小侍従

たづねつる心の内をしるならば花にもかくや恨みられまし

其後、又大内にまゐりたりと聞きて、同人のもとより

たづねつるけふを待ちつる心をば花を思ふに猶やなるべき

返し

我をのみ日をかぞへつつ待ちけるかあなかまさらば花にきかせじ

おなじ人のもとへつかはしける

さても猶人づてならでとひみばや花かあらぬか我がことかと

かへし

花きかばさすがこたへまうきことを人伝てならで問ひは見られじ

おなじ人のもとへつかはしける

逢坂をこえぬ物からてにかけししみづはなにぞ袖のぬるるは

返し

くみてしる相坂山の岩し水手にかけけるはあさきこころを

おなじ人のもとより、からの桜のさまをうつしたるなり、ここのに見合はせよとて、つくりたる桜の花をつかはしたりければ

もろこしの花もここには渡りけりましてまぢかき人はいかがは

返し

もろこしの花はわたりの舟よりもあやうき道はゆかじとぞ思ふ（恋・五一八〜五二七）

さらに、表面上は小侍従との関係が消去されている事例がある。

物申しそめて後、二三日おとづれ侍らざりしを、女のもとよりいひつかはしたりし

とへかしな憂き世の中にありありて心とつける恋のやまひを

かへし

いかばいきしなばおくれじ君ゆゑに我もつきにし同じ病を

（恋・五三六〜五三七／小侍従集・一四九〜一五〇、小侍従集★九二〜九三）

ただしⅡ類本は、詞書の「女」を「小侍従」に作る。贈答相手は『小侍従集』によって裏が取れるので、Ⅱ類本本文であれば詞書に名が明示されていることになる。しかし、後人が実名をわざわざ朧化するとは、やや考えにくいのではないだろうか。注記などが本文化した蓋然性のほうが高いか。当該贈答は、二人の関係が生じた当初のものであり、実名を伏せる何らかの動機があったのかもしれない。しかし、五三六に付された「小侍従」の作者名が脱落した可能性も考えられる。

あひしりて侍る女房、二月廿日比に大宮に候ふよしを聞きていひつかはしける

春ながら秋の深山に入る人は紅葉を恋ひて花をみじとや

返し

あだにみしはなのつらさに春ながら秋のみ山を出でぞわづらふ（雑・六七〇〜六七一）

右の贈答、詞書の「廿日」は、Ⅱ類本「十日」とする伝本が多いのだが、『新注』の担当者藏中さやかによって、「あひしりて侍る女」は小侍従と推定された。その根拠は、大宮（藤原多子）に伺候する状況が、先掲の夏・一五二〜一五三と類似していることによる。

詞書中に「あひしる」女という表現を用いる例は、他にも見える。

祝して侍りけるころ、あひしりたる女のよろこびつかはさざりければ、これよりつぼみたる梅のえだにつけて、いひつかはしける

まだしとや梅をみつつも問はざらんひらくる物をわれが思ひは

返し

かねて君思ひひらくる梅が枝にならぶ人なき身成るべしとは（春・一八〜一九。「あひしりたりける女」に作る伝本多し）

あひしりける女、三とせばかり過ぎて、いかなることか有りけん、もとすみける山里へおくりつかはしてけり、其後、あるかんだちめのもとにをかれたるよし、ききわたり侍りしほどに、俄にわづらふこと有りて身まかりけり、もと見しものとや思はれけん、かのかんだちめのもとより、かかる哀れなる事こそあれ、世中のつねなき今にはじめぬことなれども、心うくこそなどいひつかはしたりしかへりごとに、あはれなるよし申して

げにもさぞ有りて別れし時だにも今はと思ふはかなしかりしを

返し

あるをだにさこそは人は思ひつれなきは哀れをそことしらずや

（哀傷・三三〇〜三三一。「あひしり侍りける女」に作る伝本多し）

あひしりて侍る女、わづらふ事有りけるが、久しくやまざりければ、ひのにこもりて日比になる由を聞きて、おぼつかなさに人々つかはすとて、つかはしける

あかねさすひの出づる方に妹をおきて明くれば山のはをぞながむる（雑・六六三）

右のうち、哀傷の「女」は死去してしまうので、小侍従でないことは明らかである。小侍従を指すと推定される六七〇詞書には「女房」とあり、区別されているように思われる。

『頼政集』の女性はこのほか、「女」もしくは「人」と朧化される事例が散見されるが、それはおおむね恋部に集中して見られる。既掲を除き「女」の例を拾うと、「心より外に中絶えたる女」（三五七）、「かれがれに成りにし女」（三五八）、「はじめてあひたる女」（三六一）、「忍びて物申す女」（三六二）、「このくれにと契れる女」（三六四）、「人しれず心にかけたる女」（三八二）、「女」（三八三）、「忍びて物申す女」（四二三）、「ある宮ばらの女」（四四二）、「うらめしきこと侍る女」（四五八）、「かたらひ侍る女」（四五九）、「これかれあまた申すときく女」（四六〇）、「申しつかはしける女」（四六一）、「時々物申す女」（四六二）、「たえて久しく成りにける女」（四六四）、「紀伊のかみ三河のかみにふるされたる女」（四七四）、「絶えて久しく成りたるをとこのもとへ文つかはしける女」（四八二）、「久しく音信侍らぬ女」（四八七）、「あひかたらひ侍りし女」（四九〇）、「をさなくてみたる女」（四九二）、「女」（五〇九）、「あひかたらふ女」（五一七）、「ある女」（五二八）、「南殿の花をゆかしがりてみせよと申したる女」（五三〇）、「久しくおとづれざりける女」（五三八）、「かたらひ侍りける女」（五四七）、「絶えて久しく成りたる女」（五五七）、「むかひわたりなりける女」

（五六二）など。また「人」と朧化する例は、前の人物をうける場合を除くと、「まだふたつ文をだにかよはすまじかりける人」（三五五）、「せめてうらめしき人」（三五六）、「つれなかりける人」（三六三）、「ある宮づかへ人」（四三〇）がある。

五 恋する頼政

『新注』は当初、上下の二冊で出版する予定であった。しかし、輪読参加者がそれぞれ多忙となり、また恋部にいたってその歌数分量が多く、注解作業が難渋した結果、恋に一冊を充て上・中・下の三冊となった。出版元に大きな迷惑をかける次第となったわけである。そのことを考えると、『頼政集』は、恋部のボリュームが大きいことに気づかされる。

四季・恋・雑の比率を計算してみると、『頼政集』は、四季が三百八首、恋が二百三十三首、雑が上の賀・別・旅・哀傷も加えて百四十六首である（総歌数六百八十七首）。百分比を求めると、およそ四季が四五％、恋が三四％、雑が二一％という数値が得られる。『堀河百首』の組題構成が、四季が七〇、恋が一〇、雑が二〇、『久安百首』では、四季が六〇、恋が二〇、雑が二〇であることを考えると、恋の比率が極めて高い。同時代の部立構成による大規模私家集を比べると、『長秋詠藻』の中・下では、四季が二七％、恋が一七％、雑が五六％と、釈教歌を多く収録するところから雑の比率が極めて高くなっている。これと対照的なのが俊恵の『林葉集』で、四季が六六％、恋が二八％、雑にいたっては六％ほどしかない。逆に四季の題詠歌を中心とする内容であることを物語っていよう。ちなみに藤原教長の『貧道集』では、四季が六五％、恋が一四％、雑が二一％と『堀河百首』に近く、『清輔集』は四季が五一％、恋が一七％、雑が三一％となる。さらに恋歌の中の題詠と実情詠との比率などをも斟酌する必要があるかもしれないが、ともあれ『頼政集』における恋歌の占める割合は大きく、また前節までに煩く引用したとおり、さまざまな女性との交流・交情が、時に詳細な詞書をともなって示されている。こうした集から浮かび上がってくるのは、いわば、「恋する頼政」という人物像とは言えないだろうか。

恋愛的な男女関係の贈答歌は、恋部のみに限定されない。春部には、既掲した小侍従との贈答などのほか、次の贈答歌も恋愛がらみである。

ある宮ばらなる女房にかたらひて時々まかりかよひけるほどに、あし分けなることや侍りけん、久しうまからざりしかば、きさらぎのついたちごろ、梅の枝につけてつかはしける

きまさずはさても散りなで梅が枝の猶待ちがほに匂ふさまみよ

返し

梅の花ちらばちらなんちりて後それゆゑならでゆかんと思へば（春・一六〜一七）

右の贈答だが、既掲の小侍従との贈答（恋・三六四〜三六五）と、詞書に記す「あし分けなること」の語句（傍点を付した）が共通する。冒頭から『頼政集』を読み進んできた読者は、春部の贈答の相手も小侍従であったのではと、振り返って思うかもしれない。「宮ばら」といえば、

ある宮ばらの女をむかへにつかはしたりしに、暁に成りてまうでこしかば

ことしげき大宮人をまちまちてあふ程もなくあくるしののめ（恋・四四二）

右の「女」はⅡ類本では「女房」となっているが、関連付けて読みたくなる。ただしこれも既掲の通り、「ある宮ばらの女房」が大輔らを指す場合もあった（雑・六五九）。

さらに雑部にも、女性との交情を背景とする贈答が収められている。

有る女のもとへ山のはに月いらんとするほど書きたるあふぎをつかはすとて

山のはに入りなんとする月かげを我によそへて哀れとも見よ

返し

千世までと君によそへてみる月ぞ山のはかけていらずもあらなん（恋・六三七〜六三八）

内容は死も近い老境を添えたものだが、この「有る女」を『新注』（野本瑠美）は、恋部の次の贈答の相手と同一人物の可能性を示している。

ある女にはじめてあひて、物ごしに夜もすがら申しかたらひて、帰りて朝につかはしける

あひもせずあはずもあらずけふはさはことありがほに詠めくらさん

ひをりの日の車の心ちこそすれ

といひつかはしたりければ

けさこそはならはぬ身にもあひて逢はぬ恋とはこれを思ひしりぬれ

おもひをしるべにせし車はうつつにてこそ、これはよひとにぞさだめまほしくといへり（恋・五二八〜五二九）

いずれの贈答も『伊勢物語』を踏まえたもので（恋部贈答は九十九段、雑部贈答は八十二段）、野本が述べるように、たしかに「朧化しながらも同一人物を指していると思しい例」と認められる。これは『頼政集』を読む上で重要な視点であり、やはり家集は通読されることを前提に、詞書が執筆されていることを示唆するものだろう。

やさしき方にはあらで申しかたらひける女のもとより、雪の降りたりけるあしたにつかはしたりし

朝戸明けてまたれやせましけさ雪にとふべき人の有る身成りせば

返し

朝戸あくるほどにはゆかじ降る雪のつもれば暮れにふみ分けてこそ（雑・六七五〜六七六）

この贈答の相手は、恋部の次の応酬の相手と同一人物であるかのように見える。

とし老いて後、むかひわたりなりける女を、やさしきさまにはあらで申しかたらひて後、つかはしける

心をばむかひの岸にかくれ共よせぬは老いの波にぞ有りける

返し

老いの波つひによるべき岸なればそなたを忍ぶ身とはしらずや

おなじ人のもとにつかはしける

年ふりて色かはりぬる黒髪のあらぬすぢなる物をこそ思へ

かへし

朝ねがみさこそは老いをみだるらめ鏡のかげのかはるすぢかも

おなじ人の本より、五月五日、あやめ草にはあらぬ草につけてつかはしける

今日とてもとはぬあやめの浮き中にあらぬすぢこと嬉しかりけれ

返し

日にそへてねぞ見まほしきあやめ草あらぬ筋をば思ひかへして（恋・五六二〜五六七）

「やさしき方」あるいは「やさしきさま」には「あらで申しかたらふ」とは、色恋沙汰では無く交際するという意味になろうが、歌の応酬自体はかなり際どく、前歌（恋・五六二）の歌題が「老後恋」であることも意味深長に響く。このキーワードで、前述「ある女」の事例と同様、恋部の歌と雑部の歌が結び合うように読めるのである。ただし、

表現が似ていたりキーワードが共通していたりするからと言って、ただちに同一人物であった保証は無い。あくまでもそのように読めるようにも、詞書が処理されているに過ぎない。事実としては別々の恋において詠み出された歌が、紡ぎ合わされ、新たな関係性を創出しているかもしれないのである。

ともあれ『頼政集』においては恋歌の比重が高く、それは恋部を溢れ出て、他の部立にも配置されている。中村文は「述懐する頼政」をとらえ、その政治的自己像を家集に読み取ったが、(6)もうひとつ、「恋する頼政」という自己像が、ここには刻み込まれているのではないか。そうであるならば、家集の掉尾(雑・六八六〜六八七)をあのような贈答で締めくくる意図も、理解できなくはない。もちろん読者の意表を突くものであったが、「恋する頼政」像の完結、そしてその強烈な印象付与が、このような家集巻軸を構成させたと考えておく。

六　家集の読者

『頼政集』の成立に近接して、有力歌人の大規模な私家集が集中的に成立した。俊成の『長秋詠藻』、『林葉集』、また『重家集』などは守覚法親王に献ぜられたものだったが、『貧道集』や『清輔集』もその可能性がある。守覚法親王の蔵書目録と考えられる、『桑華書志』所載「古遺蹟歌書目録」(7)の「第十〈諸家集、近代〉」には、教長・俊成・重家・頼政・清輔・資隆・寂然・俊恵・登蓮・顕昭・堀河・兵衛の集が掲載されているが、これらこそ、十二世紀後半に成立した、当代を代表する歌人たちの家集群と考えてよいだろう。『頼政集』の成立は、こうした同時代的動向と連動していたと考えられるが、その第一次享受者を考えるうえで、集の人物呼称は示唆的である。というのも、いったん朧化され、後に誰かを指示する人物がひとり、浮かび上がってくるからである。

きさらぎのついたち比に、花まだしきほどに、ならより、つくりたる桜をまぜたくだ物の上にかざしてつかはしたるを、ひとりみんがくちをしさに、むかひなる所にさくらのこずゑがみゆるがまださかぬほどに、あるじのもとへこのつくりばなをつかはすとて

君が住む宿のこずゑのさかぬまにめづらしかれと華たてまつる

返し

みさへなるちらでやむべき花みれば宿のこずゑはまたれざりけり（春・三八〜三九）

この贈答の相手は、藤原実家であることが、集を読み進めると明らかになる。

となりなる所に桜のさきたりけるが、こずゑばかり見えたりければ、あるじのもとへ

桜咲く梢をみれどよそなればそなたの風を待つとしらなん

返し

花さそふ風を待ちえてうれしくはやがて隣の歎きとをしれ（春・四八〜四九／実家集・四三〜四四）

むかひなる所に、桜おほく咲きたる、すゑをのみ見て過ぎ侍るほどに、五月になりてほととぎすの啼きければ、隣にきこゆらんと思ひて

時鳥きけば聞くみれば見しなりは花の梢のみかは

返し　宰相中将

時鳥ともには聞けど猶きませしづえまでとて花もさぞ見し（夏・一四三〜一四四／実家集・八四〜八五）

八月十七日、月つねよりもくまなく侍りしに、むかひの中将のもとより

我見てのたぐひおぼえぬ月のよはふりぬる人ぞ先づとはれける

返し

七十の秋にあひぬる身なれども今夜ばかりの月は見ざりき（秋・二一一～二一二／実家集・一三三、一三五）

これらは、藤原実家との贈答歌なのだが、頼政は実家姉の多子と邸を交換、実家邸の向かいに住んだことが歌の背景となっている。(8) 頼政と実家には、四十一歳の年齢差があった。ただし四八の詞書が「となりなる所」であるのはやや不審で、「むかひ」でありたいところだが、向かい隣の意と解しておく。

しかし、なぜ春部の最初の贈答では、実家の実名を明示しないのであろうか。実家同母兄の実定の場合は、次のように記載されている。

大納言実定卿のもとより、菊をこはれて侍りしかば、むすびつけて侍りし

玉しける庭にうつろふきくの花もとのよもぎの宿なわすれそ

返し

うつしうゑて此一もとはめかれせじ菊もぬしゆゑ色まさりけり（秋・二五〇～二五一／林下集・一二一～一二二）

昇殿の時、かれよりこれよりよろこびの歌つかはしけるに、前大納言実定おそくいひつかはしければ、これより

雲の上を思ひ絶えにしはなち鳥つばさおひぬるここちこそすれ

かへし

雲の上に千世も八千世もあそぶべき鶴は久しき物としらなん

（雑・五九七～五九八／林下集・三一九～三二〇、ただし詠者が逆）

雑部の贈答はこれに続けて、もう一組の贈答を収録するが、実定ははっきりと実名が明記されている。ではなぜ、

その同母弟実家の名は、当初示されないのだろう。
実家との秋部の贈答だが、実家は同じ歌を、頼政のほか上西門院兵衛にも贈り、両者から返歌を得ている。
月くまなきよ、おなじうたを、ふたりがもとへ
我みてのたぐひおぼえぬ月のよはふりぬる人ぞまづとはれける
かへりごと　　　　兵衛殿
としへぬるあはれをそふる月なればたぐひなしとはいかがみざらむ
かへりごと　　　　よりまさの朝臣
ななそぢの秋にあひぬるみなれどもこよひばかりの月はみざりき（実家集・一三三～一三五）
実家は、兵衛から家集を借り、披見したことが知られている。
兵ゑどのの、いへのしふをみせて、よろしからんにしるししてとて、つかはしたるを、かへしやるとて、そのなかにわきてめとまるをべちにかきて、そへたるさうしのおくにかきつけはべりし
ふかきいろはことのはごとにみゆれどもちしほをわきてかきぞあつむる
かへりごと
ふかからでくちばになれることのはもこのもとにてぞいろもますらむ（実家集・三六五～三六六）
兵衛どののしふを、あながちにみむといへば、さらばなどはありて、なほほどのふれば、たづねにやるとて、
ことばはなくて、ころは春のすゑなり
さくらばなうかぶみぎはのしらなみはたちてひかずをへたるとぞみる
かへりごと

さくらばなうかぶながれはしろたへにみづにきえせずよするなみかな
かくてさうしはくはへられたり（実家集・三七七～三七八）

後者は、実家が「さうしたべ（草紙賜べ）」と言い、兵衛が「さうしみよ（草紙見よ）」と応じた折句贈答である。おそらく前者と後者は、事の順序からいえば逆であったろう。『実家集』には、兵衛そして頼政との、敬意と親愛の情のこもった交流が、細やかに記録されている。同集には、三十六人集の所持に関する情報も見え（三八六詞書）、実家が家集に強い関心を持っていたことがうかがわれる。こうした状況を考えると、実家が頼政にその集の披見を乞うたことを想像するのは、ごく自然であろう。実家は頼政と昵懇で、『実家集』には多くの贈答歌等が収録されている（三七～三八、四三～四六、四九、六八～六九、八四～八五、一三三～一三五、三二一～三二二、三五二～三五三）。頼政が、実家に見せることを意識しつつ、詞書を執筆したとは、考えられないだろうか。もちろん、ただちに実名が明示されることは、名誉であるに相違ないが、むしろ読者にしか分からない形で朧化されていることは、特別な取り扱いとも言えるのではないか。

『実家集』中に頼政家集披見を証拠立てる記述等は見当たらないが、その最後は哀傷で、巻軸は次のようになっている。

しのびてもの申しはべりし女みまかりてのち、ほどへて、そのあとにゆきてみれば、つねにありしところの、かうしをおろされたるまへをたたずみあるきはべりしかど、たれぞといふ人もなし、みしよのことをおもひて
たづねきてしられぬよははありしかどかくかなしきはなかりしものを
かくてなほそれにとまりて、心におぼえし

なれしあきのふけしよどこはそれながらこころのそこのゆめぞかなしき（実家集・四一八〜四一九）

愛する女の喪失を噛みしめる男の姿は、季節こそ違え、『伊勢物語』第四段を髣髴とさせるが、このような家集の閉じ方は、どこか『頼政集』に通底しているように思われる。もちろん、愛する女を失ったといっても、その色合いには大きな懸隔があるのだが、実家が頼政の家集を早い段階で読み、影響を受けた痕跡である可能性を、あえて考えてみたい。

七　おわりに

自撰家集は、歌人が自己像を創出した産物と考える。本論では、なぜ『頼政集』の掉尾があのような贈答歌で閉じられるのかという疑問に発して、集に登場する女性に焦点を絞って、その呼称を分類、考察してきた。その結果、「述懐する頼政」のほかに、「恋する頼政」という自己像が提示されていることを述べた。自己像は、何を提示しているかと同時に、何を表出していないかを考えることも重要であろう。例えば「女房」では、二条天皇に出仕している人々が多く登場していた。しかし、同じく二条天皇に仕えた、歌人である頼政女讃岐の姿は、まったく見当たらない。そういえば、特異な歌人として活躍した父仲正や、また男仲綱等の影も見えないのである。頼政の直接の血族は、まるで家集から排除されているかのように見える。従兄弟である藤原範兼（頼政母と範兼母は姉妹）とは昵懇で、たびたび登場し、その死を悼んでいるが（哀傷・三三五〜三三六）、これは血縁もさることながら、気の合った歌人同士の厚誼と捉えるべきであろう。血族の影が見えない点が、『頼政集』に表出されない要素のひとつである。

また、武弁としての頼政の姿もまったく出てこない。「大内守護」（雑・五七五）として、大内裏の警護を担っていたことは記されるが、収録されているのは南殿の桜をめぐる話柄や、述懐との絡みばかりである。武士としてのありようは、和歌の世界とは切り離されている。

そうなると、『頼政集』は何のために、誰に読まれることを想定して編まれたのかという問題に、立ち戻らざるを得ない。生涯を振り返り、創出された頼政の自己像の享受者のひとりとして藤原実家を想定したが、もちろん俊恵といった他の同時代歌人、また間違いなく小侍従に読まれることは、十二分に意識したはずである。と同時に、人生の総括としての家集編集においては、見ぬ世の読者をも意識していただろうことは、言うまでもあるまい。

注

（1）中村文「『頼政集』雑部冒頭歌群の構想」（『日本文学』六四—七、二〇一五年七月）。
（2）頼政集輪読会『頼政集新注　上・中・下』（二〇一一、一四、一六年　青簡舎）。
（3）本稿における『頼政集』の引用は、『新注』の整定本文に拠る。ただし表記や仮名遣いを改め、活用語尾等を補った箇所がある。なお、他の歌集等の引用は、原則として新編国歌大観に拠った。
（4）『新注』解説（中村文）参照。
（5）『小侍従集』の他出は、新編国歌大観第七巻所収のものに★を付した。
（6）中村文前掲論文。
（7）太田晶二郎「「桑華書志」所載「古遺蹟歌書目録」「今鏡」著者問題の一徴証など」（『日本学士院紀要』一二—三、一九五四年十一月）。
（8）櫻井陽子『平家物語の形成と受容』（二〇〇一年　汲古書院）第四章「二代后藤原多子の〈近衛河原の御所〉について」参照。初出は『延慶本平家物語考証二』（一九九三年　新典社）。

後記

本書は、このたび埼玉学園大学教授の任期を定年により満了される中村文さんの、退職を記念する論文集である。

私が大学院の修士課程（博士課程前期）に進学した当時、五大学大学院野球大会というものが行われていた。中央大学、東洋大学、日本大学、立教大学、早稲田大学の大学院の国語国文学系専攻による対抗野球大会が、年に一度、各校持ち回りで開催されていたのである。かつて、『日本国語大辞典』の編集作業のため都内の大学院生が総動員され、その過程で多くのロマンスなども生まれたが、編集が終了した後、そうしたインカレの交流機会が全く無くなったことを惜しんで行われるようになったのだと、先輩からは聞かされた。私たちの研究指導教授連は、ちょうど学徒出陣前後の世代にあたり、野球好きが多かったことも、関係していたのかもしれない。

ともあれ、その野球大会には特殊なルールがあって、必ず女性が選手として加わっていなければならないのであった。そして立教チームにおいて、颯爽と（たしか）ライトを守っていたのが、中村文さん。ああ、この方があの藤原隆信年譜を作成された、井上宗雄門下の俊秀なのだなと、憧れの視線を送ったものだ。

井上宗雄先生が早稲田の大学院へも出講しておられた関係で、立教と早稲田の院生間に交流の機運が高まり、『散木奇歌集』の輪読を、かなり長い間続けた。結局、この輪読の成果は形にはならなかったのだが、和歌を注解することの難しさ、楽しさを存分に味わい、注釈のスキルを高めることにも、大いに役立つところとなった。

二〇〇六年の秋学期、中村文さんは埼玉学園大学より研究休暇を得、早稲田大学の訪問学者となられた。この機会に、何か読もうよという話がまとまって、『頼政集』を輪読することになった。当初四名で始めた輪読会は、メンバーの出入りはあったものの、代表役の中村文さんの強い領導によって最後の最後まで注釈作業を継続、この間に『頼政集夏部注釈』（二〇〇七年度早稲田大学戸山リサーチセンター個別研究課題研究成果）を皮切りとして、『頼政集本文集成』（二〇〇八年度早稲田大学戸山リサーチセンター個別研究課題研究成果）、『頼政集新注　上』（二〇一一年　青簡舎）、『同　中』（二〇一四年　同前）、『同　下』（二〇一六年　同前）をリリースすることができたのである。

十年余にわたる輪読の成果を、各自の論文としてまとめたいとの思いを、メンバー有志は抱いた。それに、会の代表中村文さんの定年退職時期が重なり、本論集の企画立案となった。

歌人源頼政を軸として、歴史学の永井晋氏、軍記研究の日下力氏、藤原清輔研究の芦田耕一氏に寄稿をお願いしたところ、快諾を得た。明月記研究会の仲間でもある櫻井陽子さん、家永香織さんも、快く論文をお寄せくださった。久保木秀夫、藏中さやか、野本瑠美、北條暁子、安井重雄、渡邉裕美子の面々は、頼政集輪読会の参加メンバーである。中村文さんには、たびたび早稲田大学大学院文学研究科で講義を担当していただいたが、その薫陶を受けた小林賢太、穴井潤の両君にも寄稿を願った。そして、源頼政というユニークな歌人をめぐるユニークな内容の論集が出来上がった。刊行にあたっては、青簡舎の大貫祥子さんにお世話をいただいた。記して深甚の謝意を表する次第である。

本書は、中村文リスペクトの研究成果である。そのことを最後にもう一度大書して、筆を擱くことにしたい。

二〇一九年三月

兼築信行

編者紹介

中村　文（なかむら　あや）
一九五三年生
埼玉学園大学人間学部教授、三月をもって定年退職
著書等『後白河院時代歌人伝の研究』（笠間書院　二〇〇五年）、「『頼政集』雑部冒頭歌群の構想」（『日本文学』七四五　二〇一五年七月）、「経盛家歌合の性格―〈平家歌壇〉の再検討」（小原仁編『変革期の社会と九条兼実　『玉葉』をひらく』勉誠出版　二〇一八年）

執筆者紹介（掲載順）

永井　晋（ながい　すすむ）
一九五九年生
関東学院大学非常勤講師、四月より関東学院大学客員教授
著書『金沢北条氏の研究』（八木書店　二〇〇六年）、『源頼政と木曽義仲』（中公新書　二〇一五年）、『平氏が語る源平争乱』（吉川弘文館　二〇一八年）

櫻井陽子（さくらい　ようこ）
一九五七年生
駒澤大学文学部教授
著書『平家物語の形成と受容』（汲古書院　二〇〇一年）、『『平家物語』本文考』（汲古書院　二〇一三年）

北條暁子（ほうじょう　あきこ）
一九七八年生
近江兄弟社中学校高等学校教諭、京都女子大学大学院文学研究科博士後期課程在学
論文「『とはずがたり』の虚構―父雅忠は大臣になり得たか」（『国文学研究』一五八　二〇〇九年六月）、「『とはずがたり』における父雅忠像―御産記事と二条の家意識」（『中世文学』五五　二〇一〇年六月）

家永香織（いえなが　かおり）
一九六二年生
白百合女子大学他非常勤講師
著書等『転換期の和歌表現　院政期和歌文学の研究』（青簡舎　二〇一二年）、「源仲正の寄物型恋題歌群―『夫木和歌抄』『三勇和歌集』を資料として―」（『中世文学』六三号　二〇一八年六月）

藏中さやか（くらなか　さやか）
一九六三年生
神戸女学院大学文学部教授
著書等『尾崎雅嘉増補和歌明題部類―翻刻と解説―』（青簡舎　二〇一三年）、『和歌文学大系四八　王朝歌合集』（共著、明治書院　二〇一八年）、「『明題抄』の一面―為広周辺からの照射」（全国大学国語国文学会『文学・語学』第二一四号　二〇一五年十二月）

久保木秀夫（くぼき　ひでお）
一九七二年生
日本大学文理学部教授
著書等『中古中世散佚歌集研究』（青簡舎　二〇〇九年）、「『伊勢物語』根源本再考」（『ビブリア』一五一号　二〇一九年五月）、「元禄八年刊『新撰古筆手鑑』」（『日本文学研究ジャーナル』九号　二〇一九年三月）

渡邉裕美子（わたなべ　ゆみこ）
一九六一年生
立正大学文学部教授
著書『新古今時代の表現方法』（笠間書院　二〇一〇）、『歌が権力の象徴になるとき　屏風歌・障子歌の世界』（角川学芸出版　二〇一一）

日下　力（くさか　つとむ）
一九四五年生
早稲田大学名誉教授
著書『平治物語の成立と展開』（汲古書院　一九九七）、『平家物語の誕生』（岩波書店　二〇〇一）、『平家物語という世界文学』（笠間書院　二〇一七）

芦田耕一（あしだ　こういち）
一九四六年生
島根大学名誉教授
著書等『六条藤家清輔の研究』（和泉書院　二〇〇四年）、『清輔集新注』（青簡舎　二〇〇八年）、「源頼政の内昇殿をめぐって」（『国語国文』二〇一四年五月号）

穴井　潤（あない　じゅん）
一九九二年生
早稲田大学大学院文学研究科博士後期課程在学
論文「『保延のころほひ』再考」（『早稲田大学大学院文学研究科紀要』第六三輯　平成三〇・三）、「流布本『忠盛集』伝本再考

付・尊経閣文庫本翻刻」（『国文学研究』一八五集　平成三〇・六）

野本瑠美（のもと　るみ）
一九八一年生
島根大学法文学部准教授
論文「崇徳院と長歌」（『国語と国文学』九十五巻二号　二〇一八年二月）、「『久安百首』の短歌―長歌形式による述懐の方法」（『島大国文』三五号　二〇一五年三月）

小林賢太（こばやし　けんた）
一九八四年生
学習院女子中・高等科教諭　四月より福岡女学院大学人文学部専任講師
論文「『小侍従集』の構想―雑部を中心として―」（『和歌文学研究』一一四　二〇一七年六月）、「『林下集』題号考―自撰家集の名称と編纂意識―」（『日本文学』六七（二）　二〇一八年二月）

安井重雄（やすい　しげお）
一九六一年生
龍谷大学文学部教授
著書『藤原俊成　判詞と歌語の研究』（笠間書院　二〇〇六年）、『和歌文学大系四八　王朝歌合集』（共著、明治書院　二〇一八年）

兼築信行（かねちく　のぶゆき）
一九五六年生
早稲田大学文学学術院教授
論文「真観奥書本古今集の面影」（『中世文学』六二　二〇一七年六月）、「藤原定家最晩年の感懐」（『国文学研究』一八六　二〇一八年一〇月）

歌人源頼政とその周辺

二〇一九年三月三一日　初版第一刷発行

編　者　中村　文
発行者　大貫祥子
発行所　株式会社青簡舎
〒一〇一-〇〇五一
東京都千代田区神田神保町二-一四
電　話　〇三-五二一三-四八八一
振　替　〇〇一七〇-九-四六五四五二
装　幀　水橋真奈美（ヒロ工房）
印刷・製本　株式会社太平印刷社

ISBN978-4-909181-16-9 C3092